Das Bergische Land

33 Tippeltouren mit 240 Farbabbildungen und Karten

Peter Squentz

Das Bergische Land

33 Tippeltouren

mit 240 Farbabbildungen und Karten

J.P. BACHEM VERLAG

Titelbild: Michael Bengel
Innenklappe hinten: Nützliche Adressen

Bildnachweis:
Alle Abbildungen: Michael Bengel auf Kodak Ektachrome
Karten: Barbara Köhler, Bergheim

Gewidmet meiner Frau und meinen Kindern

Bibliografische Information Der Deutschen Bibliothek
Die Deutsche Bibliothek verzeichnet diese Publikation in der Deutschen Nationalbibliografie; detaillierte bibliografische Daten sind im Internet über **http://dnb.ddb.de** abrufbar.

1. Auflage 2004

Lektorat: Frauke Severit, Köln
Umschlag, Satz und Innenlayout: Barbara Meisner, Düsseldorf
Reproduktionen: Reprowerkstatt Wargalla, Köln
Druck: Druckerei J. P. Bachem GmbH & Co. KG, Köln
Printed in Germany
ISBN 3-7616-1497-7

www.bachem-verlag.de

Inhalt

Schlinghofen
Kreis Mülheim a. Rh.
41
DENKMAL

Zu diesem Buch

Das Bergische Land ist Wanderland. Seit mehr als 25 Jahren gibt es die Tippeltouren, in mehr als 250 Folgen liegen sie vor. Die allererste führte hierher, und die zweite von allen genauso. Von Anfang an hatte das Bergische Land eine Sonderstellung unter den Wanderzielen. Die 33 Tippeltouren, die in diesem Band versammelt sind, gehören zu den schönsten der insgesamt weit über 80 im Bergischen Land. Sie alle wurden ausnahmslos noch einmal neu erkundet, neu erwandert, vielfach neu beschrieben, neu bebildert sowieso. Mit neuen, einheitlichen Karten, allesamt in Farbe wie der ganze Band, wurden sie so völlig aktuell und unverwechselbar gemacht. Nicht selten wurden dabei Wege streckenweise neu geführt, um den Verlauf noch schöner oder schlüssiger zu gestalten.
Der Schwerpunkt der Auswahl lag dabei auf dem Herzstück des Bergischen Lands zwischen Altenberg und Burg an der Wupper, den beiden historischen Zentren der alten Grafschaft Berg. Vielfach liegen die Wege dicht an dicht beisammen, sodass sich viele auch verbinden oder variieren lassen. Immer war ihr landschaftlicher Reiz Voraussetzung für die Aufnahme in die Tippeltouren; daneben aber ermöglichte gerade die Konzentration eine dichte thematische Verknüpfung mit der naturräumlichen Gliederung des Wandergebiets, seiner vielfältigen Geschichte, seiner Überlieferung in Sagen und Legenden.

Wo liegt Schlinghofen? Auf jeden Fall in diesem Buch.

Seit einigen Jahren ist in den entsprechenden Wissenschaften das Interesse zu beobachten, Landschaften und Städte als Zeichensysteme zu „lesen". Dies macht schon von Anfang an den Publikumserfolg der Tippeltouren aus: Wanderung auf der Grenze hin zum Feuilleton zu sein, die Verbindung von verlässlicher Detail- und Wegbeschreibung, die der Wanderer braucht, mit dem erzählerischen Zugriff als Lesebuch, Geschichtsbuch, Anekdotensammlung, der den Tippeltouren seine Leser bringt. Als eine Einladung ins Freie soll auch dieses Buch verstanden sein. Es will aus seinen Lesern Wanderer machen, die das Bergische im Kern erwandern, „lesen", vor Ort wie im Buch, und in beidem besser kennen lernen.

Wer wandert, kommt herum. Und sieht vor Ort die schönsten Äpfel, herrliche Einkehrmöglichkeiten, gesundes Vieh. Das hat mich dazu bewogen, bei den zusätzlichen Hinweisen, wo es eben möglich war, neben Gasthäusern und Restaurants am Weg auch Bauern als Direktvermarkter aufzunehmen. Selbstvermarkter zu sein, ist gewiss noch ein kleiner Wirtschaftszweig. Entsprechend unterschiedlich waren die Möglichkeiten einzelner Gemeinden, hier mit Adressen auszuhelfen.

Was die Informationsquellen betrifft, zu denen mittlerweile eine eigene Bibliothek gehört, viele, manchmal lange Telefongespräche, Kopien alter Aufsätze wie das, was die Gemeinden bei Interesse zusammenstellen, so sind auch die Internet-Auftritte von Gemeinden, Forschern und Vereinen gründlich genutzt (und für die weitere Recherche aufgenommen) worden.

Schreiben ist eine einsame Tätigkeit. Wandern nicht, und Recherchieren auch nicht. Viele haben bei den neuen Tippeltouren im Bergischen Land mitgeholfen – als Wegbegleiter, zuverlässige Auskunft, durch eigene Arbeiten, auf die man zurückgreifen konnte. Hier kann nicht annäherungsweise allen gedankt werden. Beispiele müssen genügen. So danke ich den Herren Michael Roth, Clemens Herkenrath, Dr. Wilhelm Backhaus und Dr. Fritz Rosenberger, allesamt aus Köln, sowie Herrn Detlef Stentenbach aus Leverkusen für ungezählte Hinweise auf Details am Wege, die ich gerne aufgegriffen habe und denen ich gerne nachgegangen bin. Stellvertretend für die Vertreter der betroffenen Gemeinden danke ich Frau Ute Gerhards aus Leichlingen für ihre unermüdliche Unterstützung selbst bei Details. Und was die neue Auskunftsquelle Internet betrifft, so kann ich nur voller Dank und Anerkennung auf die Internet-Präsenz von Michael Tettinger (www.tetti.de) aus Solingen verweisen, die für seine Stadt eine buchstäblich unerschöpfliche Quelle und eine vergnügliche Werbung sind.

Frau Gudrun Eder-Sievers vom Landesvermessungsamt Nordrhein-Westfalen danke ich für die großzügige Überlassung aller aktuellen Wander- und Freizeitkarten, der Firma Kodak für die Ausstattung mit Ektachrome Dia-Material.

Eifgenbach

Köln, im Mai 2004
Michael Bengel / Peter Squentz

Bergisches Land

Burg an der Wupper

Im Anfang war ein Mord. Schauplatz: eine hohle Gasse zwischen Schwelm und Gevelsberg, nicht weit entfernt von Hagen in Westfalen. Auf dem Weg zu einer Kirchenweihe fiel Engelbert I., Erzbischof von Köln, Herzog von Westfalen, Reichsverweser, Vormund und Erzieher des Königssohns Heinrich, einer der mächtigsten Männer des Reiches, als Engelbert II. Graf von Berg am 7. November 1225 in einem Hohlweg einem Überfall zum Opfer.

Die Macht am Rhein war rasch durch einen anderen ersetzt, doch die Menschen in der Grafschaft Berg hatten einen Märtyrer und „großen Sohn". Er war nicht der Begründer, aber die Blüte des Bergischen Landes – mit einer Blüte im Wappen, der berühmten Altenberger Rose. Die führte freilich auch sein Mörder im Schild, der Graf von Isenburg, und deshalb änderte Heinrich von Limburg, durch Heirat nächster Graf von Berg, das Wappen. Sein roter Löwe ist seither das Wappentier von Berg, zahllos und in ungezählter Nachbarschaft mit Fischen, Zinnen und Gerät im „Bergischen" vertreten. Beide, Engelbert und Heinrichs Löwe, stiften zwischen Sieg und Düssel, Rheinland und Westfalen Tradition und Identität, eben im „Bergischen Land".

Es ist bei weitem kein Gebirge, deshalb „bergisch" und nicht „bergig", auch wenn der Stammsitz Altenberg, mons vetus, auf einen Felssporn an der Dhünn zurückzuführen ist und die Grafen von Berg auf Urkunden durchaus „de Monte" hießen. Es ist weit eher eine Hochfläche, von ungezählten Wasserläufen eingekerbt, mit wassergleich fließenden Grenzen im Laufe der Geschichte wie im Bewusstsein seiner Menschen. Doch wenn auch niemand allge-

Wappenfenster in Schloss Burg

Wasser genug

meinverbindlich sagen kann, wo das heutige Bergische Land zu Ende ist, so weiß man doch, wo seine Mitte ist, sein Kern, sein Herzstück, die Substanz: Es ist das Hügelland am Wupperbogen, die Landschaft nahe Remscheid, Solingen und Leichlingen mit dem wiederhergestellten Schloss des Märtyrers als Anker: Burg an der Wupper.

Aus dem Rheintal steigt es ostwärts auf und baut sich aus devonischen Gesteinen auf, Grauwacke vor allem, Tonschiefer, Sandstein. Vereinzelt, an der Düssel und in Herrenstrunden, gibt es Kalkvorkommen. Tektonische Bewegungen im Tertiär führten zur Absenkung im Westbereich dieser Region („Kölner Bucht") und Auffaltungen im Nordosten. Tektonisch erklärbare Risse und Klüfte ließen Erzvorkommen nahe der Erdoberfläche entstehen, die durch Erosion freigelegt wurden. Gemeinsam mit dem Waldreichtum und der allenthalben verfügbaren Wasserenergie sind sie die Grundlage der bergischen Eisenindustrie, die schon früh dem eher unwirtlichen, rauen Bauernland bescheidenen Wohlstand sicherte. Die vielen Flüsse, deren Fließrichtung meist von Nordost nach Südwest verläuft, haben das Bild der bergischen Landschaft geprägt, zu dem heute auch die bergischen Talsperren gehören.

Überhaut das Wasser: Mit 1200 – 1300 mm Jahresniederschlag im Osten werden die bergischen Flüsse zuverlässig genährt. Selbst im Jahrhundertsommer 2003, als viele Flüsse trockenfielen, führte die Wupper Wasser genug für den Solinger Paddelclub und die Leichlinger Wildwasserfahrer. Aus der bergischen Statistik fiel der Sommer allerdings heraus: Remscheid beispielsweise, nur 300 Meter höher gelegen als das 30 Kilometer weit entfernte Köln, ist mit 155 trüben Tagen, 55 Nebeltagen und 203 Niederschlagstagen eher das Wasser gewöhnt als die Sonne. Meteorologisch heitere Tage im Jahr zählt die Remscheider Statistik denn auch nur 38.

Umgekehrt sind die Winter, bedingt durch das atlantische Klima, vergleichsweise mild, sodass die Jahresschwankung der durchschnittlichen monatlichen Lufttemperatur etwa in Vohwinkel bei nur 15 °C liegt (Januar 1 °C gegenüber Juli 16 °C).

Der Landschaftsaufbau und die Bodenschätze, zu denen nun auch das Wasser gezählt werden soll, haben gemeinsam mit sozialpolitischen Gegebenheiten bis hin zu religiösen Toleranzgeboten früh die Entstehung der bergischen Tuchmacher-, Bandwirker-, Färber- und Kleineisenindustrie

begünstigt. Erst im 19. Jahrhundert ist dem Bergischen Land sein Rang als führendes Industrierevier vom Ruhrgebiet abgelaufen worden. Der Wanderer wie der Autofahrer in den für den Verkehr früh erschlossenen Fluss- und Bachtälern trifft allenthalben noch auf die baulichen wie städtebaulichen Zeugen dieser Epoche. Wirtschaftsgeschichte lässt sich so noch oft zu Fuß „erfahren". Nun aber zu Bedingungen, die dem Erholungssuchenden in der Natur gemäßer sind: Die Flüsse, lange als Rohstoff genutzt und als Kloake missbraucht, sind wieder sauber, sodass sich zum Jahrtausendwechsel die ehedem kämpferische „Notgemeinschaft Abwassergeschädigter bergischer Bäche und der unteren Wupper (NAG)" auf geradezu wundersame Weise selbst auflösen konnte. Selten also war es schöner, im Bergischen zu wandern, als jetzt.
Die lange dynastische Tradition und Kontinuität von der Mitte des 11. bis zum Ausgang des 18. Jahrhunderts (1777 verlegte Kurfürst Karl Theodor seine Residenz nach München, 1795 nahmen die Franzosen das Bergische Land und die Hauptstadt Düsseldorf ein) begünstigte ebenfalls eine bergische Identität mit ideengeschichtlicher wie ideologischer Tradition, wie sie sich oftmals in der Überlieferung von Sagen wiederfindet. Auch diesen begegnet der aufmerksame Wanderer. Hinzu kommt, dass das Bergische von einer Insel im Rhein als einem Hauptverkehrsweg aus missioniert worden ist. Und wenn man den glücklichen Zufall mit veranschlagt, dass der erste Vertreter der vorher unbekannten Hominidenart „Homo neanderthalensis King" im Bergischen gefunden wurde, so ergibt sich für diese vergleichsweise kleine Region eine verblüffend lange Siedlungsgeschichte und -tradition, in der allein die alten Römer fehlen – oder fast: Bei Tour 2, die ausgeht von Karl Theodors Schloss Benrath, begegnet man auch ihnen.

Burger Ritterspiel

Tour 1

An der Feste wurde feste kassiert

Zum Missionar des Bergischen Landes nach Kaiserswerth

In Kaiserswerth sitzt nah am Rhein ein Mann, der zählt sich eifrig Taler in den Beutel; und weil er ganz aus Stein ist, tut er's umso beharrlicher. Selbstbewusst und ehrlich haben sich die Bürger am alten Zollhaus dieses ungeheuchelte Denkmal gesetzt: Das Geld fremder Leute hat Kaiserswerth einst reich gemacht, der Zoll der Treidelschiffe auf dem Rhein und das Pflastergeld der Fuhrleute, die sich durch zwei Tore zwängen mussten, ehe sie nach Norden oder Süden weiterziehen konnten. Liebevoll nannten die Bürger der Stadt deshalb den rheinseitigen Teil ihres Mark-

Kurzbeschreibung

Anfahrt	Kaiserswerth im Norden Düsseldorfs ist gut zu erreichen über die A 3/A 44 (Flughafen Düsseldorf) und B 8. Parkplätze (kostenlos und gebührenpflichtig, je nach Nähe zum Stadtkern) „An St. Swidbert" (Anfahrt zur Rheinfähre). Oder von Köln Hbf mit RE 11108 bis Düsseldorf Hbf, weiter mit U79 bis Klemensplatz.
Wegverlauf	Anfangs „D", und „A 1", ab Kalkum „Ober-" und „Unterdorfstraße", dann „Einbrunger Straße" bis Einbrungen, Kirche, dahinter links mit „A 2" am Schwarzbach entlang, „Max-Clarenbach-Weg" bis Wittlaer, am Rhein zurück.
Dauer	2-3 Stunden
Länge	9 km
Wanderkarte	Landesvermessungsamt Nordrhein-Westfalen: Ruhrgebiet (West). Freizeitkarte NRW Nr. 13, 1: 50.000
Gasthäuser	In Kaiserswerth zahlreich bis hin zum Nobelrestaurant „Im Schiffchen" Kaiserswerther Markt 20, 40489 Kaiserswerth, Tel. 0211/401 050 dienstags bis samstags ab 19 Uhr Am Weg: „Meyer & Freemann", www.meyer-freemann.de, Unterdorfstraße 60 40489 Düsseldorf-Kalkum, Tel. 0211/408 92 55, montags bis freitags ab 17.30 Uhr, sonntags ab 11 Uhr, samstags frei für Veranstaltungen „Schroeder in Einbrungen", Einbrunger Str. 60, 40489 Düsseldorf-Kaiserswerth Tel. 0211/405 15 78 „Brand's Jupp", Kalkstraße 49, 40489 Düsseldorf-Wittlaer, Tel. 0211/404 040 ab 11 Uhr (Dienstag Ruhetag)
Auskunft	Düsseldorf Marketing & Tourismus GmbH, Tel. 0211/172 020 www.duesseldorf-tourismus.de
www.	www.kaiserswerth.de

Eine feste Burg: Kaiserpfalz

tes, wo das meiste Geld zu machen war, „em goldene Bödeken“, im goldenen Boden.

Als Düsseldorf noch ein Dorf an der Düssel war, galt Kaiserswerth schon als Eckpfeiler und Kassenhäuschen des Reiches, hier saß der Zoll in der mächtigen Kaiserpfalz und wachte über dem Rhein; dann wechselten die Besitzer, kaum eine Stadt wurde so oft – und mit Erfolg – belagert wie diese, bis sie 1702, im Spanischen Erbfolgekrieg, mit einem gewaltigen Knall aus der großen Geschichte hinausflog: Die Preußen, im Verein mit den Holländern, schossen die damals französische Festung zusammen und sprengten die Pfalz in die Luft.

Zwar wurde die Stadt wiederaufgebaut, schön im niederländischen Stil mit Schweif- und Treppengiebeln und Backstein überall in den Fassaden, aber sie blieb fortan klein und unbedeutend – doch dafür lange unversehrt.

Als die Dampfschiffe sich aus eigener Kraft den Rhein hinaufschaufeln konnten, verfiel der alte Treidelhafen, und die Eisenbahnlinie von 1846 ließ das Städtchen am Rhein 3 Kilometer links liegen. So hat sich eine Idylle des 18. Jahrhunderts hinübergerettet ins 21. und lockt die Ausflügler nicht nur aus Düsseldorf zu Wasser, Land und in der Luft. Zumindest scheint es so: Der neue Großflughafen umzingelt das Kleinod am Rhein mit Zufahrten und Steig- und Landeanflügen.

Wir beginnen unseren Rundweg an der Zufahrt zur Rheinfähre nach Langst, steigen von der Straße „An St. Swidbert“ nah dem „Fährerweg“ den Damm zur „Burgallee“ hinauf, wo zwischen Linden ein schattiger Spazierweg liegt (Zeichen „D“ des Rundwegs um Düsseldorf und „A 1“).

Festungsanlage der Kaiserpfalz

Er führt uns hinter der Gaststätte „Burghof“ geradewegs in die **Festungsanlage der Kaiserpfalz** hinein. Unter den vielen „Pfalzen“, den wechselnden Regierungssitzen der ambulanten mittelalterlichen Herrscher samt ihrer Gefolge, ragte diese einsam weit empor: 57 kaiserliche Urkunden sind hier gesiegelt worden, hier wurde große Politik gemacht, einmal, 1062, wurde auch ein großes Ding gedreht: Da lockte Anno II., Erzbischof von Köln, den künftigen, doch vorerst noch unmündigen Heinrich IV. auf sein stolzes Schiff und entführte ihn nach Köln. „Köln-Düsseldorfer“ hieß die Unternehmung trotzdem nicht. Düsseldorf war weithin unbekannt, in jedem Falle unbedeutend. Erst 1929 wurde Kaiserswerth zu einem Teil des Vororts von dereinst.

Ursprünglich lag Kaiserswerth auf einer Insel („Werth“) im Rhein, und wäre es eine Insel geblieben, so wäre es vielleicht nie Kaisers-Werth geworden. Der erste bekannte Bewohner war Suitbertus oder Swidbert, ein angelsächsischer Missionsbischof, der von hier aus nach 710 das Bergische Land zum Christentum bekehrte. Dazu hatten Pippin der Mittlere und seine Frau Plektrudis ihm die Insel „Rhinhusen“ überlassen. Dann verlandete der alte Rheinarm, und da wurden die Strategen unter Kaiser Rotbart auf den Flecken aufmerksam, von dem aus sich der Rhein auf 13 Kilometer überwachen ließ: Aus Rhinhusen oder, wie es nun schon hieß, Suitbertuswerth wurde Kaiserswerth, neben der Klosteranlage wurden Festungstürme hochgezogen. Als Kaiser Friederich „Rotbart“ Barbarossa Kaiserswerth 1174 zur Reichszollstätte erklärte – und den Flecken selbst nur kurz darauf zur Stadt, wurden die Befestigungen auf den Stand gebracht, den man noch heute gut erkennt.

Stiftsplatz

Die Besonderheit der Bauart fällt als Farbunterschied gleich ins Auge: Zwischen hellen Säulen aus Drachenfelstrachyt ist schwärzlicher Basalt zu mächtigen Zyklopenmauern aufgeschichtet, wie man Brennholz stapelt. Nie zuvor und nicht noch einmal sind solche Wände aufgemauert worden, manche 4,5 Meter stark. Mit normalem Kriegsgerät waren sie denn auch nicht zu zerstören, das besorgte erst die Sprengung 1702: Der hohe Bergfried stürzte ein und riss die Nachbarbauten mit.

Nach der Besichtigung der stattlichen Ruine gehen wir weiter rheinabwärts, verlassen den umzäumten Pfalzbezirk nach Norden und erreichen den Uferweg. Am großen Anker steigen wir nach rechts wieder hinauf auf den Damm und drüben hinunter zur Suitbertus-Basilika. Suitbert hatte seine erste Kirche hier mit Vorbedacht nach Petrus benannt. Er wollte schließlich eine Kirche gründen. Dann wurde er selber heilig gesprochen, und so wurde noch im 9. Jahrhundert die Kirche seinem Patrozinium geweiht. Seit 1264 ruhen seine Gebeine dort im berühmten Reliquienschrein.

Bergischer Niederrhein

Auch wenn sie nach Zerstörungen im Zweiten Weltkrieg recht schmucklos wieder aufgerichtet wurde: Schöner kann kaum eine Kirche liegen als hier auf dem Stiftsplatz, der noch bis 1786 Friedhof war. Jetzt ist hier Pflaster ausgebreitet, eingerahmt nach allen vier Seiten von bunten Fachwerkhäusern und Backsteingiebeln.

713 wurde Swidbert in seiner eigenen Kirche beigesetzt. Sie wurde mit der Fertigstellung des Chors 1237 in die heutige Gestalt gebracht. Aber schon sechs Jahre später sah man, was es hieß, Barbarossas Zoll- und Bollwerk zum Nachbarn zu haben: Aus Gründen der Kriegskunst musste der nagelneue Kirchturm wieder abgetragen werden. Zwar gab der verantwortliche Graf Gernand schriftlich sein Versprechen, „in ruhigen Zeiten möge er ihn in besserem Stein wiederherstellen lassen“, aber diese Zeiten ließen lange auf sich warten. Erst nach 1870 bekam die Kirche endlich ihre Türme, und wie als Entschädigung gleich ein Paar auf jede Seite. Jeder Schüler der Düsseldorfer Akademie hatte wohl damals das berühmte Panorama in der Landschaftsmappe, und ausnahmsweise war Papier hier dauerhafter als der Stein: Die alliierte Artillerie ließ 1945 von den Türmen nichts mehr übrig. Gernandus hatte es gewusst.

Durch einen schmalen Durchlass neben Haus 12 nach Norden kommen wir auf den Kaiserswerther Markt, der hier an den Rhein stößt. Man braucht sich nur die Autos wegzudenken, dann ist man um Jahrhunderte zurückversetzt. Fuhrleute werden vorstellbar, die über den Rhein nach Neuss oder Xanten streben, Jahrmarktshändler mit Tuchen aus Krefeld, Rheinschiffer, Hausfrauen und städtische Honoratioren. Für jeden fiel hier etwas ab, und deshalb sitzt oben am Zollhaus der Zöllner und zählt die Dukaten. Wir gehen links zum Rhein hinüber mit dem **„Rheintor“** **Rheintor** und studieren die erstaunlichen Hochwassermarken, darunter zwei, an deren Wasser wir uns gut erinnern. Dann wenden wir uns rechts und fol-

Kalkum

gen dem „D“ über den „Herbert-Eulenberg-Weg“. Der Kölner Eulenberg, eigentlich Doktor der Jurisprudenz, lebte seit 1905 als Dramaturg in Kaiserswerth, seit 1910 als Schriftsteller, war 1933 einer der bekanntesten Dramatiker und Essayisten und schon drei Jahre drauf verboten. Nach dem Krieg hätte es um seine Gunst Gerangel geben können: Die Düsseldorfer machten ihn zum Ehrenbürger, die DDR verlieh ihm ihren Nationalpreis, aber Thomas Mann, der eine ähnliche Pikanterie von seinem Bruder Heinrich kannte, erklärte Eulenberg zum „Ehrenbürger der Welt“, darüber gab es nichts.

Hinter dem Mühlenturm biegen wir rechts ab und wandern auf dem Hochwasserdamm am Stadtrand entlang. Links liegt die „Insel“, wie das grüne Vorland noch immer heißt, Suitberts Werth.

Am Ende des Dammes überqueren wir die „Arnheimer Straße“, halten uns ein paar Schritte rechts, biegen dann in die „Kalkumer Schlossallee“ ein und kreuzen gleich darauf die U-Bahn-Haltestelle dieses Namens. Eine Zeit lang geht es links des Wegs an dem Gymnasium entlang, das nach dem Pfarrer und Sozialfürsorger Theodor Fliedner heißt. Der evangelische Pfarrer hatte 1836 in der Stadt eine „Pflegerinnen- und Diakonissenanstalt“ begründet, in der seit 1849 auch Florence Nightingale als freiwillige Krankenpflegerin den Dienst versah, bis sie sich im Krimkrieg den Ruf des „Engels der Verwundeten“ erwarb.

Kalkumer Schlosspark

300 Meter weiter knickt die Straße leicht nach links. Wir folgen hier nun weiter geradeaus der Lindenallee von 1825 bis in den **Kalkumer Schlosspark** hinein („A 2“). Als Königshof und „Calicheim“ ist Kalkum schon im 9. Jahrhundert schriftlich belegt. Unter weit ausladenden Bäumen kommen wir an das lachsrosa Schloss in der Gestalt des 18. und 19. Jahrhunderts heran, in dem heute das Düsseldorfer Staatsarchiv untergebracht ist. Das Nordportal, der alte Haupteingang, zeigt mit der Jahreszahl 1663 im Wappen der Vorbesitzer, dass das Schloss noch älter ist: Wir kommen über den ersten Wassergraben hinweg, dann rechts, und gehen bei der kleinen Brücke links, nun entlang der Südfront und auf die Kirche St. Lambertus und einen kleinen Pavillon zu. Rechts daneben hat die Mauer eine schmale Pforte, dahinter folgen wir der „Oberdorfstraße“ nach links, entlang am Weißdorn um den Wassergraben. An der Außen-

wand des Pavillons hängt eine Tafel aus Stein und erinnert an Lassalle, was anfangs wenig passen will. Zwar hatte Lassalle stets eine besondere Beziehung zur Nobilität, eine davon kostete ihn im Duell sogar das Leben, aber man sollte doch meinen, es gäbe zum Andenken an Arbeiterführer passendere Plätze als gerade Pavillons von Adelssitzen. Doch der heißblütige Lassalle hat eben nicht allein die Arbeiterklasse erweckt. Für die Gräfin Sophie von Hatzfeld auf Kalkum hat er als junger Anwalt jahrelang prozessiert vor 36 Gerichten, um sie von ihrem unbeliebten Mann zu scheiden, an den ihre Eltern sie verheiratet hatten. Alle Verderbtheit des Adels war in diesem einen Fall versammelt, dachte Lassalle, und er brachte alles auf den Tisch. Der Prozess endete günstig, nur der Klientin blieb fürs Leben der Beiname „die rote Gräfin".

Hier verlassen wir den Rundweg „D" und folgen der „Oberdorfstraße" und dem Rundweg „A 2" am Schlosspark entlang, am Kriegerdenkmal vorbei und über die „Kalkumer Schlossallee" hinweg. Gegenüber lockt der Landgasthof „Meyer & Freemann" mit einem Biergarten. Gleich daneben folgen wir der Sackgasse „Unterdorfstraße"; es geht im Knick vorüber an der Sackgasse „Am Klompenkothen", wo der Weg kurz den Schwarzbach berührt, und durch den nächsten Schwenk mit einem Bildstock für Maria, an kleinen, feinen, hübsch geschmückten Häusern weiter geradeaus. Am Ende ist die Straße dem Verkehr versperrt. Hier erreichen wir rechts die kleine Landstraße („Einbrunger Straße") und folgen links bis Einbrungen, wo wir den alten, wiederhergestellten Backsteinbau der „Graf-Recke-Stiftung" passieren und neben der kleinen Kirche den Gedenkstein des Stifters entdecken: Adalbert Graf von der Recke von Volmerstein, ein Pionier der Jugendhilfe im 19. Jahrhundert. Er hatte 1819 eine „Gesellschaft der Menschenfreunde zur Rettung und Erziehung verlassener Waisen und Verbrecherkinder" begründet und 1822 sein erstes „Rettungshaus" errichtet. In seinem Geiste wurde 1905 in Einbrungen das „Recke-Stift" gebaut als handwerkliches Erziehungsheim. Mit seinem Programm des 19. Jahrhunderts sähe sich der Graf wohl heute dem opportunen Generalverdacht politischer Inkorrektheit ausgesetzt, dafür aber tat er was in einer Zeit, als schon die Kinder aus den Dörfern rings umher in Kaiserswerth am Webstuhl oder in Zigarettenfabriken arbeiten mussten.

Auf und ab

Gleich hinter der kleinen, dunklen neuromanischen Stiftungskirche von 1908 (mit noch immer eigener Ge-

oben:
Max bei Jupp
unten:
Rheintor

meinde) geht es links, vorbei am Restaurant „Schroeder in Einbrungen" und mit dem Fußweg weiter bis an den Schwarzbach mit der Einbrunger Mühle heran. Hier halten wir uns links, bachaufwärts, kommen mit dem Brückchen gleich auf das linke Ufer und gehen um den landwirtschaftlichen Betrieb nach rechts herum, vorbei am grünen Doppelturm des Silos. Unterhalb der Mühle, wo das Wasser wieder auftaucht unter dem Gebäude, überqueren wir erneut den Bach und folgen links ein Stück dem Fahrweg („Am Schwarzbach"). Am Ende der Biegung geht es links mit dem „A 2" ins Landschaftsschutzgebiet hinein, bald wieder an den Bach, entfernt vorbei an einer alten Mühle mit einem hohen viereckigen Schornstein, danach an einem Einzelhaus mit geradezu englischem Park. Zuletzt geht es vorüber an der Umgrenzungsmauer eines landwirtschaftlichen Betriebs.

Schließlich überqueren wir die Schienen der Straßenbahn nach Duisburg und kurz darauf die „Duisburger Landstraße". Auf der anderen Seite nehmen wir den „Max-Clarenbach-Weg", der schmal und angenehm schattig unter den ersten prächtigen Grundstücken von Wittlaer verläuft, bis wir nach einem Kilometer am Restaurant „Brand's Jupp" vor dem Reliefbild des Düsseldorfer Malers stehen („aus dem Gedächtnis"), der hier seit 1901 am Rhein gearbeitet hat. Er war wohl der bekannteste jener Düsseldorfer Maler, die der niederrheinischen Schönheit des alten Fischerdörfchens **Wittlaer** huldigten. Der Schwarzbach, den wir links zuweilen durch die Hecke sehen, nimmt noch eine weite Runde durch die Wiesen, ehe er den Rhein erreicht.

Wittlaer

Vorbei an „Brand's Jupp", folgen wir dem Schwarzbach auf seinem letzten Stück zum Rhein. Hier, dicht am Stromkilometer 758, wo sich fast unter unseren Füßen der Bach in den Fluss verliert, nehmen wir den Rückweg über Swidberts alte Insel. Bis Duisburg kann man jetzt schauen, das sich hier das Wasser holt, und im Süden weit bis hinter Kaiserswerth, links, an der alten Uferböschung, Wittlaer hinter Weiden mit dem Turm von St. Remigius, wie ihn nicht nur Clarenbach gemalt hat.

2 Kilometer sind es jetzt am Rhein entlang, und wer es noch genauer haben will, der muss den alten Meilenstein studieren: 234,48 Kilometer bis

Rotterdam. Das war auch früher gut zu schaffen, mit dem Schiff ging es wie von selbst stromabwärts. Aber wer nach Basel wollte, 590 Kilometer weit, der musste sich schon mächtig ziehen lassen; an der Treidelstation Haus Werth, gebaut um 1775, wie die Wandanker und eine Hinweisschrift verraten, und 1983/84 wiederhergestellt, gab es frische Pferde, aber dafür saß in Kaiserswerth dann einer, der die Hand aufhielt.
Inzwischen sind noch einige hinzugekommen, Kaiserswerth ist Ausflugsort mit einer lebhaften Gastronomie bis hin zum Sterne-Restaurant („Im Schiffchen"). Es geht den Markt hinab mit den Kastanien; wo sie enden, rechts mit „An St. Swidbert" und zum Ort hinaus, wo der Heilige und Missionar des Bergischen am Deichtor Abschied von uns nimmt.

Tour 2

Zwischen Pappeln am Altrhein

Von Benrath in die Urdenbacher Kämpe

Stellen wir uns vor, der Düsseldorfer Kurfürst Karl Theodor von Pfalz-Sulzbach hätte gelesen. Und stellen wir uns weiter vor, er hätte Voltaires

Kurzbeschreibung

Anfahrt
Benrath ist ein südlicher Stadtteil von Düsseldorf am Rhein, Baumberg der nördlichste Teil der Stadt Monheim am Rhein. Von beiden Ausgangspunkten aus ist der Weg zu gehen. Beide Ausgangspunkte sind über die A 59 zu erreichen. Oder von Köln Hbf mit S-Bahn 6 bis Düsseldorf-Benrath.

Wegverlauf
Von Benrath mit „X“ 19 durch den Schlosspark und den Rhein hinauf. 50 m hinter Haus 83 „Am Alten Rhein“ („Altes Fischerhaus“) rechts an den Rhein hinab und mit Kopfweidensymbol, später „A 6“, bis Baumberg. Mit Weg „M“ über „Haus Bürgel“ durch Ackerland und Naturschutzgebiet bis an den Dammweg am alten Rhein. Mit Froschsymbol bis Urdenbach.

Dauer
3-4 Stunden

Länge
17 km
Varianten: Der Weg verkürzt sich auf 15 km, wenn man in Baumberg durch die „Klappertorstraße“, rechts neben Restaurant „Zur Aue“ durch die „Schallenstraße“ und am Ende links/rechts „Im Sträßchen“ am Altrheingraben bis zum Dammweg wandert. Von Baumberg ist so, über Haus Bürgel und vom Damm „In Sträßchen“ zurück, auch ein Spazierweg von 5 km Länge möglich.

Wanderkarte
Landesvermessungsamt Nordrhein-Westfalen: Köln, Nördliche Ville.
Freizeitkarte NRW Nr. 18, 1: 50.000
Landesvermessungsamt Nordrhein-Westfalen:
Solingen zwischen Rhein und Wupper
Wanderkarte NRW Nr. 48, 1: 25.000

Gasthäuser
„Altes Fischerhaus“, Am Alten Rhein 83, 40593 Düsseldorf, Tel. 0211/714 597
www.altes-fischerhaus.com
Landgasthof „Haus Ausleger“, Am Ausleger 4, 40593 Düsseldorf
Tel. 0211/716 134
„Baumberger Rheinterrassen“, Klappertorstr. 47, 40789 Monheim
Tel. 02173/964 60, www.baumberger-rheinterrassen.de
Hotel „Zur Aue“, Hauptstr. 132, 40789 Monheim, Tel. 02173/966 90

Hinweise
Fischräucherei Anton Weber, 40789 Monheim-Baumberg, Klappertorstr. 34
Tel. 02173/636 84, www.anton-weber.de

Auskunft
Düsseldorf, Tel. 0211/172 020, www.duesseldorf.de
„Marke Monheim“, Tel. 02173/951 111, www.monheim.de

www.
www.benrath.com
www.bs-uk.de

Schlosspark

„Candide“ schon bald nach Erscheinen zu lesen bekommen: Er hätte sich wohl schwarz geärgert. Wieder einmal hatte da ein welsches Lästermaul den Spott gleich kübelweise ausgegossen über die Herren rechts des Rheins, und das bereits auf Seite eins. „Der Herr Baron“, so stand es da zu lesen über den Herrn von Thunder-ten-tronckh, „war einer der mächtigsten Edelherren Westfalens, denn (denn! Die Stelle las der Kurfürst, wie wir ihn uns denken, mehrmals: denn!) sein Schloss hatte Fenster und Tür.“ Erschien da nicht der Deutschen Glanz und Gloria als tölpelhaftes Streben tumber Bauern? Aber Karl Theodor wusste es besser: Seit vier Jahren baute sein Oberbaudirektor Nicolas de Pigage im nahen Benrath ein Schloss ganz im Stil der Zeit. Es war das dritte nach der Wasserburg der Herren von Benrode aus dem späten Mittelalter und dem Wasserschloss des 17. Jahrhunderts. Natürlich war Benrath bei Düsseldorf nicht Versailles bei Paris, doch das musste nicht für alle Zeit so bleiben! Und was war Versailles gewesen, bevor es Versailles geworden war? 20 Jahre – von 1755 bis 1775 – dauerten die Bauarbeiten, dann strahlte die Rokoko-Anlage in pfirsichrot getünchtem Putz und spiegelte sich in seinen Weihern, für die das Wasser der Itter abgeleitet, aufgestaut und selbst unter dem Schloss hindurch zum Spiegelweiher und den anderen Gewässern umgeleitet worden war. Der Kurfürst war's zufrieden. Doch nur zweimal weilte er im Schloss. Danach verwaiste der Palais. Heute würde ihm solche Verschwendung den Rechnungshof auf den Hof treiben, wenn nicht womöglich die Opposition, aber eine Opposition gab es 1775 nicht, weil es kein Parlament gab. So blieb nur die APO, und die stieg wenig später, wenn auch nicht in Benrath, auf die Barrikaden für Freiheit, Gleichheit und Brüderlichkeit und gegen solch feudale Pracht- und Machtentfaltung.

Den bürgerlichen Nachgeborenen ist es heute aufgegeben, die Pracht des Ancien Régime für kommende Geschlechter zu bewahren, dafür freuen sie sich denn am alten Glanz: Kinder mit ihren Vätern haben im Schlossteich Bötchen zu Wasser gelassen und dirigieren sie nun mittels Funk über den Weiher, andere füttern die Enten am Ufer oder drängen die Eltern zum Eisverkäufer, Spaziergänger flanieren an den viertelkreisförmigen Kavaliersflügeln des Schlosses entlang, an dem die Farbe immer wieder blättert.

Vier Löwen aus Stein liegen mit friedlich verschränkten Pranken vor dem Hauptgebäude und haben Acht, wer da über die große Freitreppe hinaufsteigt. Übergeworfene Satteldecken – aus demselben Stein gehauen – haben aus den zahmen Tieren Reitlöwen gemacht, aber reiten kann da niemand, denn jedem der Löwen hat eine besorgte Ordnungsbehörde vier spitze Eisendornen in den Rücken getrieben, damit sie niemand für Karusselltiere halte, und sei es auch nur für ein schnelles Foto.

Hinter dem Schloss wird man zum Opfer der Perspektiven: in langen Fluchten laufen die Wege, die Gärten und Wasseranlagen in die Weite des Parks. Vom Schloss nach Südwesten führt der Wanderweg 19 („X"), dem wir eine Zeit lang folgen müssen. Der Weg liegt als eine 1000 Meter lange Diagonale mitten im quadratischen Park, dann stehen wir am Rhein. Das Kreuz an den Linden der Uferpromenade führt uns nach links, mit der „Benrather Schlossallee" rheinaufwärts. Halb trocken fließt am Fuß der Uferböschung der Urdenbacher Altrhein in den Strom, auf dem die Schlepper tuckern.

Schloss Benrath

Rund um das Schloss

Von der Einmündung der „Heiligenstraße" an heißt die Uferstraße denn auch „Am Alten Rhein", und das erste Haus ist Nummer 83, das Restaurant „Altes Fischerhaus", das nach allen Seiten mit seiner denkmalgeschützten Jugendstilfassade („A. D. 1900") und üppigen Szenen aus dem niederrheinischen Landleben sowie einem Aussichtsturm glänzt. Rund 50 Meter weiter verlassen wir den mit „X" markierten Weg und steigen an der Hinweistafel auf die Urdenbacher Kämpe rechts hinab in die Wiesen am Rhein.

Unser Weg ist unterwegs mit symbolischen Birnen oder Kopfweiden markiert: Von beiden sieht man viele hier, alt, mit schweren Stämmen in den fetten Streuobstwiesen in der grünen „Kämpe". Wir passieren bald den Stromkilometer 720. Die Wiesen sind gelegentlich mit weichem Sand gepolstert, dass man barfuß gehen könnte. Der Wind lässt das flirrende Laub in den Pappeln rauschen. An Stromkilometer 719 und bald darauf am Campingplatz vorüber, erreichen wir die emsige Betriebsamkeit der **Fähre nach Zons**, dessen Türme wir drüben erkennen. Zwei Gaststätten („Zum Toni" mit „MS Franziska" und Landgasthof „Haus Ausleger") empfehlen sich hier für die frühe Rast – oder dem, der die Fähre verpasst hat. Dann geht es weiter, nun fürs Erste mit „A 6", nah am Fluss und dabei seine Kilometer rückwärts zählend: 718, 717, durch Auwald mit duftendem Bärlauch am Boden.

Fähre nach Zons

Der nächste Campingplatz heißt, was jeder einsieht, „Rheinblick" wie sein Restaurant. Wir ziehen weiter mit Weg „M" und folgen gleich dem unmarkierten Pfad rechts durch den Bruchwald, an den Caravans vorüber und auf dem Treidelpfad am Wasser bis zur Schiffsanlegestelle an den „Baumberger Rheinterrassen", unserem Ziel für die Rast. Auch hier ist Rheinblick, auch hier sitzt man schön in der Sonne oder, wenn man will, im Schatten von Kastanien und Linden und vertreibt sich das Warten auf Kaffee und Kuchen mit dem Studium der größten Wasserstraße Europas. Gegenüber die Schlote der Aal- und Forellenräucherei „Anton Weber", daneben sorgsam gestapeltes Holz für den Rauch und den Geschmack.

Haus Bürgel

Dann wandern wir zurück, mit der Strömung bis zum Campingplatz, folgen aber nun der Zufahrt nach halbrechts, 200 Meter weit, und nehmen bei der Schranke, wo die Zufahrtstraße rechts knickt, halblinks den Weg „A 6“ und wieder in den Wald der Urdenbacher Kämpe, bei der Gabelung nach 100 Metern weiter geradeaus („A 6“). Wo der Wald dann vor uns endet, halten wir uns leicht halbrechts, dann weiter geradeaus, an Ackerland entlang, nun wieder mit Weg „M“, und kommen so nach einem halben Kilometer durch den Pappelstreifen „Dornbüschchen“. Dahinter geht es rechts, und wir erreichen das alte befestigte Hofgut **„Haus Bürgel“**.

Haus Bürgel

Dass hier einmal ein römisches Kastell stand, 64 Meter im Quadrat, 1019 in die geschriebene Geschichte eingeführt als „Castrum in burgela“, ist weniger verwunderlich, als dass es damals auf dem linken Ufer stand, an der Heerstraße von Neuss nach Dormagen. Das Ufer gegenüber hatte man schon längst den Franken überlassen. Und noch im Mittelalter soll die Kirche von Haus Bürgel Pfarrkirche von Zons gewesen sein. Wie sich dann im 14. Jahrhundert der Lauf des Rheins veränderte und sich das nunmehr mittelalterliche Hofgut auf dem rechten Ufer wiederfand, wie die 150 römischen Soldaten seiner Frühzeit hier im Alltag lebten, was sie aßen – vom Kranich bis zu Elch und Braunbär alles, aber ausgerechnet hier nur wenig Fisch – und warum wohl und vor allem wo hier einer seinen Schatz versteckte, den man 1995 fand – 139 Bronzemünzen, die 17.556 Knochen, ausnahmslos vom Tier, nicht mitgerechnet: Das alles lässt sich sonntags im Museum lernen, wo sich der Lauf des Rheins per Knopfdruck ändern lässt.

Dann setzen wir die Runde fort, entlang der Vogelhecken an die Landstraße heran, kreuzen vorsichtig die Straße am Kruzifix von 1706, das unter hohen Linden steht, und gehen bei der Eisenschranke links und 50 Meter weiter rechts, längs der Weißdornbüsche um den Betrieb herum und dann für mehr als einen Kilometer schnurgeradeaus durch Ackerland.

Nach etwa einem Kilometer zweigt ein Weg nach links ab, der das weite Ackerland umfährt. Wir wandern weiter geradeaus, an den Hecken vorüber und im Naturschutzgebiet auf dicht gestellte Pappeln zu, dort geht es scharf nach rechts und dann nach 100 Metern, bei einer großen Pappel, links, über den Wassergraben hinweg und auf die Höhe des Dammwegs, der von hier bis Urdenbach den „Alten Rhein“ begleitet. Unser Begleiter für das nächste Stück ist ein gemalter Frosch.

Rund 2,5 Kilometer bleiben wir auf diesem Damm, durch Erlenbruch und Sumpflandschaft mit unvertrauten Vogelstimmen, Liliengewächsen, Teichhühnern und Enten auf dem brackigen Wasser. Immer wieder schimmern rechts die nahen Hochhäuser von Garath durch das Laub dieser seltenen Landschaft, man hört die Autobahn und dann und wann die Eisenbahn.

Nach langem Marsch erreichen wir den „Baumberger Weg", folgen ihm über den Altrhein und kommen über die „Urdenbacher Dorfstraße" nach Düsseldorf. Der Rest ist Rückweg: entweder mit der „Urdenbacher Dorfstraße", die später zur „Allee" wird, bis zur „Schlossallee", oder links, „Am Alten Rhein", wie wir gekommen sind, und durch den Park zurück.

Rast im Schlosspark

Tour 3

Der King erschien im Pleistozän

Ins Neanderthal

Kurzbeschreibung

Anfahrt

Das Neanderthal erreicht man am besten mit der Regiobahn Kaarst-Mettmann oder mit der S 28, Haltestelle Neanderthal. Mit RE 4 und RE 13 sowie S 8 und S 11 bis Hochdahl, von dort Abstieg über „Thekhaus" und „Thekhauser Quall". Mit den Buslinien 741, 743 Mettmann-Hilden bzw. Erkrath bis vor das Museum. Oder mit dem Auto über AK Hilden, A 46 bis AS Hilden, dort der Beschilderung folgen. Parkplätze am Eingang ins Tal gebührenpflichtig.

Wegverlauf

Vom Museum „X" 30 oder „A 2" Mettmanner Bach aufwärts bis zum 2. Damm, „A 4" rechts spitzwinklig hinauf, „A 3" bis Holz und mit Weg 4 (Raute), „X" 30 und „A 3" düsselabwärts zurück.

Dauer

2 Stunden

Länge

7,5 km
Varianten: vielfältig möglich mittels der „Freizeitkarte Neandertal". Der Weg lässt sich leicht verbinden mit Tour 4.

Wanderkarte

Landesvermessungsamt Nordrhein-Westfalen: Köln, Nördliche Ville. Freizeitkarte NRW Nr. 18, 1: 50.000
Landesvermessungsamt Nordrhein-Westfalen: Ruhrgebiet (West). Freizeitkarte NRW Nr. 13, 1: 50.000
Landesvermessungsamt Nordrhein-Westfalen: Solingen zwischen Rhein und Wupper Wanderkarte NRW Nr. 48, 1: 25.000
Im Museumsshop ist eine „Freizeitkarte Neandertal" erhältlich im Maßstab 1: 10.000

Gasthäuser

Zahlreiche, am besten (nicht nur wegen der Nachbarschaft zum Museum):
„Hotel Becher", Talstr. 310, 40822 Mettmann-Neandertal, Tel. 02104/755 54
„Neanderstuben", Neandertal 1, 40699 Erkrath, 02104/752 06
„Neanderhöhle", Neandertal 3, 40822 Mettmann, Tel. 092104/7820
„Schwarzwaldhaus", 40822 Mettmann, Tel. 02104/161 42

Hinweise

Direktvermarkter: Gut Bachelsberg, Diepensiepen 11, Tel. 02104/158 97
Familie Jäger, Im Holz, Tel. 02104/163 36
Das Neanderthal Museum ist dienstags bis sonntags von 10-18 Uhr geöffnet montags (außer Ostern und Pfingsten) sowie am 24., 25. und 31.12. geschlossen. Eintritt (incl. Fundort) 6,50 Euro, Kinder 4,- Euro, bei Anreise mit ÖPNV 1,- Euro Nachlass.
Neanderthal Museum, Talstr. 300, 40822 Mettmann, Tel. 02104/979 797
www.neanderthal.de

Auskunft

Kreisstadt Mettmann, 02104/980 121, www.mettmann.de

www.

www.michaelrouault.de/4656.html

Neanderthal Museum

Mit dem Fahrstuhl in die Römerzeit: Das war einmal. Wer will, kann hier und heute an der Düssel zweieinhalb Millionen Jahre weit zurück bis an den Ausgang des Tertiär, ins Pleistozän, von den ersten Hominiden aufrechten Ganges bis in die Jetztzeit und zum Mobiltelefon. Das Neanderthal bei Mettmann war schon immer gut besucht, aber seit man dem berühmtesten seiner Bewohner und dem mit 60.000 Jahren ältesten bekannten Europäer hier ein Museum eingerichtet hat, strömen werktags Schülergruppen, Wissenschaftler und Museumspädagogen und am Wochenende die Erholungssuchenden als Wissensdurstige in das noch immer schöne Tal.

Das weltbekannte Steinzeitbiotop trägt seinen Namen nach dem barocken Kirchenlieddichter Joachim Neander, eigentlich „Neumann", aus Bremen, seit 1674 Lehrer der Lateinschule zu Düsseldorf. „Lobe den Herren, den mächtigen König" ist sein bekanntestes Lied, und vorstellen, immerhin, lässt es sich leicht, dass es ihm hier zugefallen ist. Man weiß nur nicht, ob er tatsächlich jemals hier gewesen ist. Nach seinem noch bekannteren Kollegen Paul Gerhardt sind Straßen und Plätze benannt, den jung verstorbenen Neander aber hat ein ganzes Tal unvergessen gemacht.

Das sah vor 150 Jahren freilich völlig anders aus: Bis weit ins 19. Jahrhundert hieß es das „Gesteins", eine höhlenreiche Felsenklamm, die sich der Fluss gegraben hatte, 800 Meter lang und 50 Meter hoch, von Buchen und Gesträuch verstellt, Ziel von Malern wie Autoren. Zur Schlucht hin öffneten sich Höhlungen. Sie hießen „Wolfsschlucht" oder „Löwengrube", „Engels"- oder „Teufelskammer", die größte unter ihnen hieß „Neander-

höhle", sechs Grotten beiderseits der Düssel, mit Tropfstein dekoriert. Hier fanden vielfach Feste statt, bei Regen suchte man den Schutz der Höhlen und freute sich am Echo der Gewitter wie am Lichterspiel der Blitze, bei schönem Wetter stieg man hoch auf den „Neanderstuhl", eine Sitzgelegenheit im Fels, dem Tal und dem „Gesteins" so sehr enthoben, dass man das weite Kalkland überblicken konnte.

Fundort vermessen

Das Industriezeitalter machte Schluss mit der Romantik. Die Eisenhütten der Umgebung fraßen Kalk wie Brötchen, und in wenigen Jahrzehnten war Neanders Tal zerstört, stehen blieb allein der „Rabenstein" – zumindest doch sein Sockel. An ihm ist heute eine Inschrift angebracht: „Zur Erinnerung an die Entdeckung des Neandertal-Menschen durch Prof. Dr. C. Fuhlrott, Elberfeld, im Sommer 1856". Noch heute wird hier gegenüber Kalk gebrochen. Doch wie zur Wiedergutmachung nannte man das Tal flussaufwärts an der Düssel nun „Neanderthal". An seinem Ausgang, mit der Hausnummer 300, liegt das neue **Museum** und schimmert gläserngrünlich wie eine alte Limonadenflasche. Zwar hat der echte, einzige Neandertaler seine Knochen seit 1877 im Rheinischen Landesmuseum zu Bonn zur letzten Ruhe ausgestreckt, dafür aber haben sie ihm hier ein bauliches Denkmal gesetzt, das mehr erzählt als die Geschichte dieser Knochen: die Geschichte der menschlichen Evolution. Alles an dem hochmodernen Bau ist zeichenhaft. Seine Form ist die Spirale als Sinnbild unserer Entwicklung, und noch die Cafeteria verzichtet nicht auf tiefere Bedeutung: Sie öffnet sich mit einem Blick in Richtung auf die Fundstelle. Und weil das 1856 war, schreiben sie das Tal und den Neandertaler ab sofort wie damals, mit „TH" wie sonst nur noch Thron. Hier machen wir uns auf zu einer moderaten Runde, um später Zeit für das Museum und den Rabenstein zu haben.

Museum

Gegenüber dem Museum, neben dem Kiosk und der Haltestelle, folgen wir dem Hinweis „Wanderweg". Unter uns fließt der Mettmanner Bach in die Düssel. Gleich an der Düsselbrücke bleiben wir halblinks, vorbei an großen Kalksteinbrocken, und folgen dem Andreaskreuz des Wanderwegs 30 („Neandertalweg"). Es geht am Fuß der Böschung mit dem hohen Buchenwald den Bach hinauf, dessen Name „Mett" wohl „mittlerer"

„Homo Biergartensis"

bedeutet, nämlich zwischen Düssel und Schwarzbach gelegen, wenn man von Mettmann aus schaut.

Noch im Steigen gabeln sich die Wege; wir bleiben hier halblinks mit Kreuz und „A 1" und nähern uns erneut dem Bach. Nach einem Kilometer ungefähr passieren wir den Damm des Hochwasserrückhaltebeckens und wandern mit dem asphaltierten Fahrweg in der Böschung rechts hinauf. Nach etwa 50 Metern folgen wir halblinks dem Wanderweg („X") ohne Steigung in der Böschung. Es geht über den Zulauf eines Gewässers hinweg und sacht hinab. Dann steigt der Weg aus dem natürlichen Flutreservoir wieder auf in schönen Buchenwald. Auf dem nächsten Damm verlässt uns der Wanderweg 30 über die Dammkrone nach links, wir wandern mit „A 1“ ein kleines Stück noch im Bachtal. Wo wir den Wald verlassen und am Unterrand der freien Weidefläche stehen, gehen wir im spitzen Winkel rechts und steigen zwischen Wald und Weide mit „A 4“ hinauf, zuletzt auf Tritten bis in die Hofstatt Butzberg. Hier geht es zwischen den Häusern und Höfen hindurch und zwischen Weißdornhecken auf die Höhe und die freie Flur.

Nun überqueren wir am Hochspannungsmast den Fahrweg und wandern schnurgerade weiter auf dem Ackerrain („A 3“), dem Lauf der Masten nach. Wir kommen über die flache Höhe des Kretzbergs hinweg und erreichen so die Hofstatt „Im Holz“. Links gibt es Highlander, rechts Damwild, durch Hecken und Gesträuch den Störungen der Wanderer entzogen. Vor dem Wohnhaus und der Scheune gehen wir am Birnbaum links und folgen gleich am Rand des Grundstücks weiterhin dem Weg „A 3“ nach rechts. Über Tritte geht es so hinab in das Neanderthal, seit 1921 Naturschutzgebiet. Tief unten blinkt die Düssel durch die Zweige. Wir gehen auf dem Querweg rechts und weiter mit „A 3“, bald erreichen wir die Wanderwege 4 und 30 (mit Raute und „X“) und wandern so in Richtung „Museum und Wildgehege“ durch majestätischen Kalkbuchenwald mit Efeu und Gesträuch am Boden, auch hier gelegentlich an Spuren der alten Steinebrecher vorbei. An den Felsenlöchern kann man gut erkennen, wie flach die Krume ist, in der die Riesen wurzeln.

Wildgehege Neanderthal

Noch einmal steigt der Weg ein wenig an und nimmt zwei Wege auf, die von der Höhe kommen. Dann geht es endgültig hinab, und wir erreichen das eiszeitliche **Wildgehege Neanderthal** von 1935 mit Auerochsen, Wisenten und Wildpferden hinter einer Art von antifaschistischem Schutzwall, der diesmal wirklich schützt: Er schützt die Tiere vor dem Übermut der Gäste und jene vor der Wucht der Wisente. Wir bleiben auch bei einem Querweg rechts der Düssel, die wenig später, wie der Weg, einen Bogen macht. Bei einem flachen weißen Stallgebäude am jenseitigen Rand des Wildgeheges halten wir uns links und kreuzen nun mit Raute und Andreaskreuz die Düssel. Wir sind hier auf dem Kunstweg „MenschenSpuren“ mit Denkanstößen, die „Mutanten“ und „Memoria Mundi“ heißen und eher quer zu unserer Stein-Zeitreise und Suchbewegung liegen. Gleich darauf erreichen wir die neue „Steinzeitwerkstatt“ im alten, wiederhergestellten Neanderthal Museum von 1937.

Preisgekröntes Oval

Bei dem weißen Haus 15 stößt unser Weg „Thekhauser Quall“ auf den Weg „Thekhaus“. Wir gehen rechts, am Parkplatz vorbei und an den beiden Ausflugslokalen „Neanderstuben“ und „Neanderhöhle“, das eine in Erkrath gelegen, das andere in Mettmann, verstehe einer das Neanderthal! Hier steht, nun rechts des Wegs, das meistfotografierte Wesen des gesamten Tals: der weiße Rübezahl-Neandertaler aus dem alten Biergarten des Restaurants „Neanderhöhle“. Ein wenig schämt man sich wohl seiner im 21. Jahrhundert, und so versichert eine Tafel treuherzig, die Figur von 1927 erhebe keinen Anspruch auf Wissenschaftlichkeit. Die hätte in einem Biergarten vermutlich auch niemand erwartet, und die Fotografen hat das nie gestört.

Der Wissenschaftlichkeit ist ganz und gar, und vierfach preisgekrönt dazu, das imponierende Oval des Museums geweiht. Vom Vorzeit-Paar, das in damals noch unproblematischer Rollenverteilung Ziegen jagte und Beeren sammelte, bis hin zum „Global resident“ ist hier die Geschichte der Menschheit als Spiralparcours gebildet – mittendrin – als Homo sapiens sapiens – der „Museumsbesucher“. Ursprünglich hatte man, statt eines neuen Museums, das alte am „Thekhauser Quall“ modern erweitern wollen. Das scheiterte am strengeren Naturschutz. Dann fand sich der Platz des ruinösen Hotel Lenzen an der Straße, und so wurde dort gebaut. Am 13. Juli 1995 war Grundsteinlegung, am 10.10.1996 wurde das „Neanderthal Museum“ eröffnet.

Fundstelle

Links neben dem Museum beginnt der Weg zur **Fundstelle** von einst, mit der hier 1856 alles angefangen hat. Das erste Steinkreuz neben dem

Museum markiert den Eingang ins „Gesteins“, von dem fast 150 Jahre lang schon nichts zu sehen ist. Wir unterqueren mit dem Weg die Straßenbrücke, passieren den kleinen Busparkplatz und erreichen gleich darauf den Rabenstein. Hier beginnt die so genannte „Zeitachse“, im Boden ausgelegt, 200 Meter lang, die mitten durch den leidlich wiederhergestellten Fundort führt bis in die Gegenwart. Hier endlich können wir sagen, frei nach Christa Wolfs „Kassandra“: „Hier war es, hier lag er.“ – Der eigentliche Fundort lag genau genommen etwa 20 Meter höher, deshalb stehen stilisierte steinerne Liegen hier, auf denen man in Rückenlage sich die Feldhofer Grotte vorstellen kann, ehe sie abgetragen wurde: Hier war es, wo im August des Jahres 1856 Arbeiter beim Kalksteinbrechen 16 Knöchelchen und Knochen fanden, die Überreste eines „Höhlenbären“, wie sie dachten. In Elberfeld gab es den Realschullehrer und Hobbyforscher Fuhlrott, dem zeigten sie die Knochen. Fuhlrott tippte gleich auf menschliche Gebeine und äußerte die Vermutung, dass man hier auf Überreste einer älteren, primitiveren Menschenform gestoßen sei.

Kalkbuchenwald

Lange Jahre war es gar nicht ausgemacht, ob sich der kleine Realschullehrer mit dieser gewichtigen These nicht überhoben hatte. Er wurde von den größten Koryphäen angegriffen, die Knochen auf vielerlei Weise erklärt. Heute wissen wir, dass Fuhlrott mit der Annahme seines „Neandertalers“ Recht hatte, aber was mag er damals durchgemacht haben, zu einer Zeit, als ein Lehrer nur dann etwas galt, wenn er noch mindestens Reserveleutnant war? Was haben die Kollegen wohl gedacht? „Er wird schon sehen, was er davon hat. Warum legt er sich auch mit dem großen Virchow an?“ So mögen sie geredet haben, wenn er nicht im Lehrerzimmer war. Denn der berühmte Berliner Mediziner hatte sich die Knochen durch seine Pathologenbrille besehen und befunden, sie seien die eines Menschen, der als Kind an Rachitis gelitten habe. Solche Kinder kannte er. Auch Richard Wagner tippte mit und tippte gleich auf einen Holländer, womöglich einen fliegenden? Für andere galt zwingend,

dass es sich bei dem Fund um einen Kosaken handeln musste, der sich 1813 in den Befreiungskriegen in der Höhle verkrochen hatte. Schließlich weiß und wusste jedermann, dass der Kosak an sich als Reiter, also säbelbeinig, auf die Welt kommt. Alles in allem war es so ähnlich wie beim Mann vom Similaun, gemeinhin Ötzi genannt.
Aber Fuhlrott behielt Recht, andere Knochenfunde stützten seine Theorie, der Homo neanderthalensis King war – wenn nicht geboren – so doch getauft. „King" hieß er nach dem irischen Forscher William King, der den Fund 1864 als neue Spezies klassifizierte. Inzwischen ist der Neandertaler den Paläontologen bestens bekannt, von keinem Hominiden gibt es mehr fossile Knochen, und inzwischen weiß man auch, dass er mit uns so gut wie kaum verwandt ist. Bestaunenswert ist er in jedem Fall.
Der größte Fund vielleicht war einer von den kleinsten, und es wirkte wie die Belohnung für den Neubau des Museums, als zwei Forscher schon im Jahr darauf bei zielstrebigen Grabungen weitere Partikel des Neandertalers fanden, die wie das „missing link" in das Skelett von 1856 passten. Jetzt war, gut 140 Jahre nach dem Homoniden-Fund, endlich auch mit letzter Sicherheit die Fundstelle gefunden!

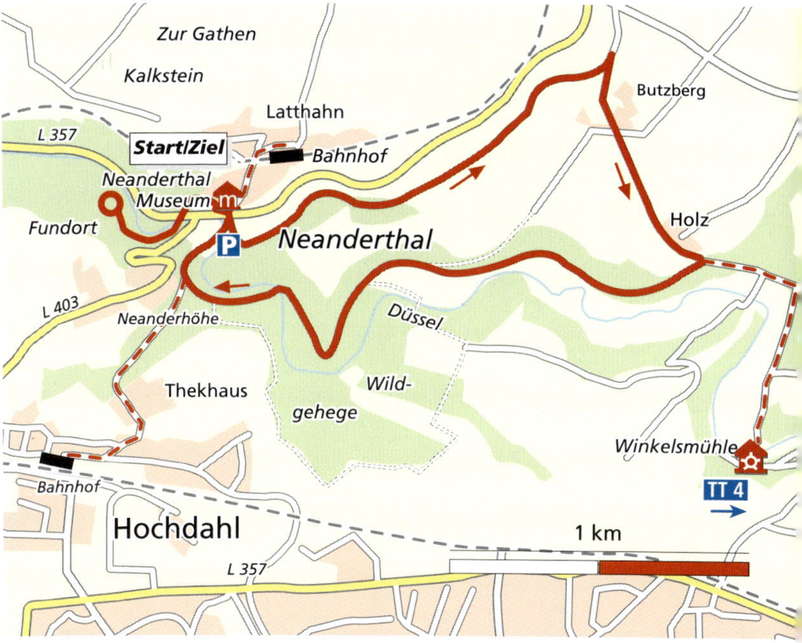

Tour 4

Der Quall wird gehegt und gepflegt

Nach Gruiten an die Düssel

Vom Tosen hat der kleine Fluss vermutlich seinen Namen: Tussela. Tief unten sprang er schäumend durch die Kluft, die er sich selber in den Kalk gegraben hatte. Dann grub man ihm die schroffen Felsenwände ab, verlegte später gar die Einmündung der „Kleinen Düssel" in die Düssel, und vom Tosen blieb nichts als der Name der Düssel. An ihrem Oberlauf wird schon seit jeher Kalk gebrochen, das Dörfchen Gruiten zeigt den grauen Stein beziehungsreich im Straßennamen wie im Wappen – dazu eine silberne Hacke mit goldenem Stiel.

Kurzbeschreibung

Anfahrt	Gruiten liegt am Oberlauf der Düssel. Von Köln Hbf mit RB 11266 sowie S 8 und S 11 bis Gruiten/Bhf.
Wegverlauf	Vom Bahnhof wie beschrieben ins Dorf, dort Weg 4 (Raute) oder „A 2" bis Bracken, mit Raute oder Winkel entlang der Düssel bis Winkelsmühle, zurück „X" 30 bis Weg mit Kreissymbol, mit Kreis hinab bis Bracken und mit Winkel zum Bahnhof zurück.
Dauer	ca. 3 Stunden
Länge	Rund 9 km Varianten: Der Weg lässt sich mit Tour 3 zu einer großen Runde verbinden.
Wanderkarte	Landesvermessungsamt Nordrhein-Westfalen: Solingen zwischen Rhein und Wupper Wanderkarte NRW Nr. 48, 1: 25.000 Landesvermessungsamt Nordrhein-Westfalen: Ruhrgebiet (West). Freizeitkarte NRW Nr. 13, 1: 50.000 Im Museumsshop im Neanderthal ist eine „Freizeitkarte Neandertal" erhältlich im Maßstab 1: 10.000, die den größten Teil des Wegs verzeichnet.
Gasthäuser	Im Oberdorf zahlreich: „Zum Schwan", Gruiten-Dorf, Am Quall 1 Tel. 02104/457 81, www.schwan-gruiten.de „Im kühlen Grund", Frenzberg 2, Tel. 02104/614 63
Hinweise	Direktvermarkter: Gut Scheifenhaus, Vohwinkeler Str. 37 (L 423) Tel. 02104/969 909
Auskunft	Auskunft Haan-Gruiten Tel. 02104/610 27, www.haan.de
www.	www.Haan-Gruiten.de www.Gruiten.de www.historisches-dorf-gruiten.de

Gruiten-Dorf

Rund tausend Jahre lag Gruiten verborgen im Tal, an der Düssel: Der ist kein echter Gruitener, geht hier ein Schnack, der nicht zumindest einmal in den Fluss gefallen ist. Dann wurde oberhalb die Eisenbahn verlegt, und oben wuchs ein zweites Gruiten an der Bahn, wo dieses Mal der Weg beginnt. Erst nach dem Zweiten Weltkrieg wurde die Lücke zwischen Gruiten an der Bahn und Gruiten-Dorf geschlossen. Die schönsten Häuser freilich stehen unten, nach wie vor. Dort oben war man überdies auch bald entdeckt, und 1975 hatte Haan das Nachbardorf im Zuge der Gebietsreform im Sack. Das hatte vorher nur Napoleon geschafft. In Gruiten trug man es mit Fassung: Man wäre sonst zu Wuppertal gekommen.

Am gelben Bahnhof überqueren wir die Straße und kommen gegenüber durch die kleine Grünanlage. Dahinter folgen wir der „Düsselberger Straße“ nach rechts, bis wir am alten Rathaus von 1896 auf die Hauptstraße stoßen, die aus vielen Gründen nach wie vor „Bahnstraße“ heißt. Hier halten wir uns links und wandern durch das schmucke Oberdorf. Wo rechts die „Gartenstraße“ abzweigt, macht die Straße einen Knick nach links und ändert an der Ampel ihren Namen. Jetzt heißt sie nach dem Gruitener Pastor und Ehrenbürger „Prälat-Marschall-Straße“. Sie bringt uns sacht hinab ins Düsseltal, vorbei, zumindest nach den Straßennamen, an der Geschichte deutscher Pädagogik im 19. und frühen 20. Jahrhundert, vorüber an der „Kalkstraße“ im Rechtsknick und dann am „Grünen Weg“ vorbei, hinunter in den malerischen Ort.

Jenseits der Fachwerkhäuser „An der Eick“ und „Rosenbaum“ erreichen wir den alten Kern von Gruiten-Dorf, jetzt liebevoll erneuert und herausgeputzt. Wir kommen links, in Richtung auf die neuromanische Nikolauskirche von 1879, an den alten Fachwerkbau der Gaststätte „Zum Schwan“ heran. Gleich hinter dem Gebäude, vor der „Pastor-Vömel-Straße“, folgen wir dem kleinen Fußweg nach links in den **„Quall“**. Das war einmal der Kern von Gruiten, als bäuerliche Siedlung „curtem in Grucena“ 1155 von Kaiser Barbarossa urkundlich bestätigt, eine Wehrburg nah am Wasser und vom Wasser bei Bedarf umringt, wenn man am Teich den Schieber zog, das „Schütt“, den „Quall“. Bis etwa 1800 hatte die Siedlung als Einheit Bestand, dann hob Napoleon die Rechtsgrund- **Quall**

Am Quall

sätze des Feudalzeitalters auf. Das mochte zeitgemäß und demokratisch sein: Es sorgte aber auch dafür, dass sich der Quall nicht länger halten konnte. Und 1968 wäre er zuletzt beinahe abgerissen worden, wenn nicht die Bürger heftig widersprochen hätten. Heute ist der Quall mit seinen renovierten Fachwerkhäusern ein Kleinod mitten im Dorf, gehegt von denen, die hier wohnen.

Kirche von 1721

Der Pfad läuft durch die Wiese längs der Rückfront schöner Häuser, gegenüber lugt der alte Kirchturm über die Dächer, davor mit breitem Walmdach und bisweilen nassen Füßen die evangelisch-reformierte **Kirche von 1721**. Am Ende der Wiese, gegenüber dem evangelischen Kindergarten zur Linken, kommen wir rechts auf einer Holzbrücke über die Düssel und stoßen auf den Wanderweg 4 mit einer Raute als Symbol, auch den „A 2“. Rechts bringt uns dieser Weg nach ein paar Schritten wieder an den hübschen Ort heran mit „Doktorshaus“,„Offershaus“ und einem „Schlösschen“ mit Laterne obenauf; dann aber folgen wir dem Wanderweg, der seinerseits der jungen Düssel folgt, und wandern so am rechten Ufer, vor der Brücke, auf einem Pfad nah am Wasser.

Der Weg verläuft zwischen Eichen und Erlen; dann stößt er auf das Endstück der „Sinterner Straße“: Die Straße wurde einst gebaut, als in den 1950er Jahren das Kalkgestein der nahen Gruben nicht mehr mit der Seilbahn und den Kleinbahnloren, sondern mit modernen Lastkraftwagen abtransportiert wurde. Sie führte weiter rechts als Tunnel in die Erde und unter Dorf und Friedhof geradewegs hindurch. Heute ist der Tunnel zugemauert.

Gegenüber führt der gepflasterte Privatweg „Heinhausen 6" auf die Kläranlage Heinhausen zu. Wir folgen ihm gut 100 Meter geradeaus, dann halten wir uns links und überqueren mit der Raute nun die Düssel und folgen ihr am Rand der Wiesen.
Bald treten Büsche an den Weg heran, dann wandern wir im Auwald weiter. Der kleine Fluss läuft stark gewunden durch sein tief gekerbtes Tal, wir müssen zwischendurch gelegentlich das Ufer wechseln, folgen dabei aber stets dem Lauf des Wassers, bis wir an die alte Grube eines Kalkbruchs kommen. Links des Wegs ist nun das Wasser aufgestaut zu einem Teich. Bei einer Eisenschranke haben wir ein Gartengrundstück neben uns erreicht. Beim nächsten Einzelhaus aus rotem Backstein links des Wegs (Nr. 12) verlassen wir den breiten Weg und folgen rechts dem Pfad hinunter an die Düssel. Hier überqueren wir den Fluss und gleich dahinter einen parallelen Graben, dann geht es in der Böschung etwas links und auf schiefrigem Felsgrund wieder aufwärts durch ein Stück mit Buchen, bis wir an einer schweren hölzernen Barriere auf einen kleinen Fahrweg stoßen.
Hier wandern wir nun links und folgen immer noch der Raute (auch „A 1"). Nach links zweigt gleich ein Reitweg ab zur Brackermühle, wir bleiben geradeaus und kommen in die **Hofstatt Bracken**, 1218 schon erwähnt. Den Namen „Brechen" glauben wir sofort, von hier aus soll auch Kalk zum Bau des Kölner Doms befördert worden sein.

Hofstatt Bracken

Hier überqueren wir die Düssel bei einem Backsteinkotten nah am Wasser und folgen mit Raute und nun auch einem Winkel dem Fahrweg düsselabwärts, also rechts, am linken Ufer weiter. Stellenweise hat der Weg zum Fluss hin ein grünes Geländer. Dann erreichen wir den alten Hupertsbracken, 1672 erstmals urkundlich erwähnt, 1985/86 als Ruine rekonstruiert aus Kalkstein mit einem runden Kern aus Ziegelstein. Kalköfen wie diesen hat man sich für die Vergangenheit im Tal der Düssel reichlich vorzustellen: Man sieht das Loch noch in der Böschung, in dem der Stein gebrochen wurde, der gleich an Ort und Stelle in gebrannten Kalk verwandelt wurde: Gestein und Kohlen wurden lagenweise aufgeschichtet, dann ein Feuer angezündet und ge-

Kalk, gebrochen

Winkelsmühle

duldig tagelang geschürt, bis zuletzt der Rauch verriet, dass alles „gar" war. Jetzt konnte man die Häuser mit Kalkmilch wieder gegen Ungeziefer schützen, die Bäume kälken gegen übergroße Hitze, die Felder düngen oder Mörtel mischen für den Bau.

Hier verbreitert sich die Düssel. Wenig später dann erreichen wir den Dreiweg aus asphaltierten Wegen. Wir wandern hier noch weiter geradeaus in Richtung Winkelsmühle, nach wie vor am Fluss, passieren dann im Linksknick mit der Thunisbrücke die große Hofstatt Thunis gegenüber und erreichen schließlich den Stauteich und die alte Winkelsmühle, ein hohes, hell verputztes Gebäude mit grünen Schlagläden und Blumenschmuck ringsum. Vor Zeiten mussten hier die Bauern ihr Getreide mahlen lassen, dann war die alte Mühle eine viel besuchte Sommerfrische, bis sie in den 1970er Jahren des 20. Jahrhunderts niederbrannte. Jetzt ist sie in Privatbesitz.

Der große Holzpilz links des Wegs am rechten Düsselufer lädt zur Rast, ehe wir uns an den Rückweg machen: Von der Brücke folgen wir, nun düsselaufwärts, rechts dem Wanderweg 30 des SGV, dem „Neandertalweg" von Duisburg nach Bensberg, mit der Raute in der Böschung rasch hinauf, dann durch den scharfen Rechtsschwenk weiterhin aufwärts, bis wir auf den Fahrweg von der Thunisbrücke stoßen, der hier mit einem weißen Kreis auf schwarzem Grund bezeichnet ist. Es geht vorbei an einer Ackerfläche und nochmals durch ein Stück mit Wald.

Nach 200 Metern, ehe wir bei einem Holzpfosten mit Hinweis „Winkelsmühle" ins Freie treten, folgen wir nun links dem eingekerbten Weg mit Kreis. Das ist die alte Trasse der kleinen Lorenbahn, die aus dem Tal den Stein hinauf nach Millrath brachte, an die Bahn. Mit sachtem, doch für Eisenräder deutlichen Gefälle geht es hier erneut dem Tal entgegen, durch den Wald und durch die freie Ackerfläche im schön gewellten Land, vorbei an einem Unterstand aus Holz mit einer Bank, und nochmals in den Wald.

Am jenseitigen Waldrand dann verlässt uns dieser Weg mit Kreis nach rechts (er brächte uns indessen ebenfalls zurück zum Bahnhof). Wir wandern weiter geradeaus („A 1", „A 6"), bis wir erneut im Tal der Düssel sind und wieder nah dem Fahrweg „Bracken-Schragen". Hier folgen wir nun rechts dem Fahrweg „Ehlenbeck" in Richtung „Gastwirtschaft"; dem Winkel auf der Spur, vorüber an der Gastwirtschaft „Im kühlen Grund", vorbei an der Abzweigung des Fahrwegs „Frinzberg" und ohne Düssel weiter geradeaus, noch immer durch den Wald.

Wo der Weg dann links schwenkt, finden wir den Schieferbau des alten **Hofes „Ehlenbeck"** am Weg. Gegenüber halten wir uns rechts, verlassen den bequemen Fahrweg und folgen vor dem alten Fachwerkhaus dem kleinen Weg. Der Pfad steigt in der Böschung an, schwenkt rechts und bringt uns zwischen Weidedrähten weiter und nach oben, wo wir auf Gärten und Häuser stoßen, auch auf den Weg mit Kreissymbol und an die S- und Eisenbahn nach Düsseldorf. Links geht es dann bequem mit dem „Neandertalweg" an den Ausgangspunkt zurück.

Hof Ehlenbeck

Seit 1841 fuhr die Bahn von hier nach Düsseldorf, seit 1872 auch bis Deutz am Rhein, jetzt hatte Gruiten Anschluss an die große, weite Welt, nur einer hatte dafür gar nichts übrig: Das war der Pächter Veit, der Bauer auf der nahen „Hansenheide". Der hatte so viel Weideland im Streit verloren an die Bahn, dass er sich schwor, sie sollte nicht an ihm noch Geld verdienen. Jetzt hatte er zum Schaden auch den Spott. Doch immerhin: Er soll nicht einmal mit der Eisenbahn gefahren sein.

Tour 5

Bergische Idylle

Rund um Gräfrath

„Der Krieg gibt Solingen Leben, wie er jeder anderen Gegend den Tod bringt“, schrieb 1810 ein polnischer Besucher, Brigadegeneral im Sold Napoleons: „Solingen fürchtet den Frieden ebenso und sogar noch mehr, als die anderen Fabriken des Kantons ihn ersehnen ...“ – Tatsächlich waren Bajonettspitzen aus Solingen auch fern der Wupper hoch gerühmt. Und dennoch war das leichtfertige Bonmot bloß auf Wirkung bedacht, nicht auf Wahrheit – und schon gar nicht hieb- und stichfest wie die Klingen aus der Klingenstadt. Als dann zudem die Kriege unpersönlich wurden,

Kurzbeschreibung

Anfahrt	Gräfrath ist zu erreichen über Solingen-Mitte und B 224 bis zum Historischen Marktplatz, Parkplatz dort an der „Gerberstraße" nahe dem „Klingenmuseum", oder über A 46 bis AS Haan-Ost und L 357 bis Gräfrath. Mehr Parkplätze am Tierpark Fauna, ggf. dort beginnen. Oder von Köln Hbf mit RB 11266 bis Solingen Ohligs, weiter mit Niederflurbus 682 bis Solingen Zentral, dort Bus 683 bis Solingen-Gräfrath.
Wegverlauf	Anfangs Klingenpfad („S") bis nah an die Wupper, Wiederanstieg mit „A 3" (bei weiterem Abstieg von „S"), auf „Kützowstraße" bis „Heider Hof", hier links und mit „Melanchthonstraße" („A 1") bis „Wuppertaler Straße", dort „N" folgen bis ins Ittertal und rechts mit „S" zurück.
Dauer	3-4 Stunden
Länge	Gut 12 km Varianten: Ab „Walder Straße" Verzicht auf Abstecher mit „N" möglich, Weg verkürzt sich so auf rund 8 km.
Wanderkarte	Landesvermessungsamt Nordrhein-Westfalen: Solingen zwischen Rhein und Wupper. Wanderkarte NRW Nr. 48, 1: 25.000 Landesvermessungsamt Nordrhein-Westfalen: Köln, Nördliche Ville. Freizeitkarte NRW Nr. 18, 1: 50.000
Gasthäuser	In Gräfrath zahlreiche
Hinweise	Deutsches Klingenmuseum, Klosterhof 4, 42653 Solingen, Tel. 0212/258 36-0 Täglich 10-17 Uhr, freitags 14-17 Uhr, montags geschlossen, an den Feiertagen Sonderregelungen, Eintritt 3,- / 1,50 Euro www.solingen.de/klingenmuseum/content/indexmus.htm
Auskunft	Solingen, Bürgerbüros: Tel. 0212/290 36 01 (sowie 02 und 03)
www.	www.solingen-graefrath.de/graefrath www2.solingen.de www.dinnebier-licht.de

Gräfrather Markt

geriet auch Solingen, die alte Waffenschmiede, unter die Opfer: In den Bombennächten 1944 ging die ganze Stadt zugrunde. Und auch der Pole mit der Pointe, Michael Sokolnicki, war schon lange seiner eigenen Begeisterung zum Opfer gefallen: Er starb durch einen Sturz vom Pferd – bei einer Militärparade.

Solingen ist heute als moderne Großstadt wiederaufgebaut, durchaus verwechselbar, wenn auch mit bergischen Reminiszenzen. Wer noch Ursprüngliches entdecken will, muss in die Randbezirke gehen, nach Gräfrath etwa, in den Norden der Stadt, so wie wir. Als Grevenrode ist der Ort 1135 schon urkundlich erwähnt, und da es in dem Dokument um Steuern geht, gilt als sicher, dass der Ort weit älter ist. Hier hat sich, schön wie selten, noch das alte Bild der Stadt erhalten, nicht Mittelalter, aber immerhin Barock, verwinkeltes Fachwerk im Schatten der Kirche, Schieferfronten rings um den Markt. Wo also könnten wir unseren Rundweg wohl besser beginnen als hier, im Herzen der Stadt, mitten auf seinem **„Historischen Marktplatz“**?

Historischer Marktplatz

Vom 1952 wiederhergestellten Marktbrunnen folgen wir dem Zeichen „S“ des „Klingenpfads“ die große Stadttreppe hinauf zur Kirche St. Mariä Himmelfahrt, der Klosterkirche alter Tage. 1187 weihte Erzbischof Philipp von Köln die Abtei, die bald zum Zentrum der gesamten Gegend wurde.

Geschützt in einer Mulde unterhalb wuchs schnell die Stadt. Darüber stand gebieterisch die Kirche, und als sie bei dem Brand von 1686 ein Raub der Flammen wurde, nutzte man die Chance, die in der Katastrophe auch zu sehen war, und steigerte den Neubau 1690 zu barocker Pracht. Das blieb etwas fürs Auge, dem Glauben half es wenig: Die Bür-

Bergische Bildlichkeit

ger waren schon zuvor dem Papst davongelaufen, Gräfrath wurde protestantisch, das Kloster sank zum Damenstift. Glaubt man der Überlieferung, so ist der Kirchturm damals brennend die Treppe hinuntergestürzt. Die Bürger in den Häusern an den Stufen suchten schon ihr Hab und Gut zu retten, nur einer nicht, der alte Olf. Er sagte, diesmal werde nur die Kirche niederbrennen – und so kam es auch. Da mochten dann die letzten Zweifler endlich auch an Luthers Lehre glauben.

Oben nehmen wir uns Zeit für die Besichtigung der Kirche mit den barocken Schmuckaltären, dann erreichen wir das ehemalige Augustiner-Chorfrauenstift von 1187, in dessen Keller einst die Nonnen lebend eingemauert wurden, wenn sie statt des Bräutigams im Himmel schon auf Erden einen zugelassen hatten, wie es heißt. Auch das Kloster brannte 1686 nieder und war beim nächsten Feuer in der Stadt, zwölf Jahre später, noch Ruine, ehe man ihm 1704 die heutige Gestalt gab. Es wurde 1803 wie alle aufgelöst, diente als Kaserne, Erziehungsanstalt, Altenheim und Stadtarchiv. Nach dem letzten Umbau 1990 ist es das **„Deutsche Klingenmuseum“**.

Deutsches Klingenmuseum

Auf der „Gerberstraße“ halten wir uns rechts und wandern wenig später, ehe sie nach rechts knickt, links mit „S“ und mit „A 1“ durch die Parkanlage. Dies ist der Stadtwald, die „Gräfrather Heide“, ein schmaler Streifen Wald im Quellgebiet der Itter mit kleinen Teichen für die Schwäne und die Enten. Der feste Fußweg führt hinauf, am Ehrenmal vorüber, dann vorbei am Tierpark „Fauna“. Hunderte von Tieren gibt es drinnen zu bestaunen, die gefiederten darunter sind hier draußen schon zu hören. Als wir neben dem Parkplatz die Straße erreichen, folgen wir ihr 100 Meter weit nach rechts, dann nehmen wir den „Flockertsholzer Weg“ nach links, zur Jugendherberge hinüber und zum alten Exerzierplatz, der nun Sportplatz ist und bloß noch „Exerzierplatz“ heißt, weiter Weg „S“. Linkerhand, am Rand des Platzes, liegt der alte Intze-Turm, der Wasserturm von einst, errichtet 1904 nach den Plänen von Professor Otto Intze auf dem höchsten Punkt von Solingen – zumindest seit der Eingemeindung Gräfraths 1929. 276 Meter hoch liegt schon das Fundament, darüber erhebt sich der Turm, seit 1996 mit gläserner Kuppel, schön wie der

Dom von Florenz und heute ein „Licht“-, wenn nicht „Leucht-Turm“. Hier hat eine renommierte Firma für Beleuchtungsplanung ein Labor für Klima, Licht und Energie eingerichtet. Als Wasserspender hatte Intzes Turm mit seinem Fassungsvermögen von 200 Kubikmetern schon 1983 ausgedient.

Vor uns fällt das Land nun ab zur Wupper, gegenüber, fern, liegt Remscheid auf der Höhe. Der Weg hinab ist bald gesäumt von Linden, am Rand zum Flockertsholz kommen wir an einer Hofanlage vorüber, dann folgen wir dem Flockertsholzer Bach auf schmalem Pfad hinab („S“, „A 3“). Wo von rechts ein Zulauf in den Bach fließt, kommt bei einer kleinen Teichanlage ein Asphaltweg ebenfalls von rechts, ihm folgen wir ein Stück nur geradeaus, nach 150 Metern weisen uns die Zeichen rechts in die Böschung und in einer doppelten Kehre hinauf in den Eichenwald der Wupperberge. Bald geht es durch ein Fichtenstück, dann wandern wir für lange Zeit auf dem bequemen Weg auf halber Höhe in der Böschung; zum Fluss hinunter stehen Fichten, oberhalb des Weges lichter Eichenwald.

Später wird mit Birkenwald und Eichen der Blick nach unten frei, wir sehen den Fluss in der Biegung mit der Schnellstraße am Ufer, gegenüber ragt der Cronenberger Kirchturm in die Höhe. Dann entfernt sich unser Weg vom Wuppertal, wir folgen weiter unserer Markierung, nicht dem breiten Weg im Scheitelpunkt der Kehre, sondern links dahinter einem schmalen Weg, wieder in die Böschung und im Fichtenwald hinab. In Serpentinen steigen wir bis an den Unterholzer Bach, kreuzen ihn und folgen ihm ein Stück auf seinem Weg zur Wupper, bis uns knapp 200 Meter später die Zeichen wieder rechts hinaufschicken, weiter auf dem Klingenpfad, nun durch das raschelnde Buchenlaub.

Noch einmal geht es durch ein Fichtenstück, dann verlässt uns der Weg „S“ nach links, führt abwärts in die Böschung und folgt dort dem Verlauf der Wupper; wir steigen hier halbrechts hinauf, überqueren gleich einen breiteren Weg und steigen weiter aufwärts bis zum Waldrand. Am Hochsitz folgen wir noch geradeaus dem Waldrand und hinauf, erreichen, wo der Wald dann auch zur Lin-

Gräfrath

Leuchtturm

ken endet, eine Weide und halten uns hier rechts und 50 Meter später links und zwischen Weiden vollends auf die Höhe mit dem herrlichsten Blick. Dies alles, was hier vor uns liegt, ist Solingen – seit 1929. Damals wurden neben Gräfrath Ohligs, Wald und Höhscheid eingemeindet, Solingen entwickelte sich zur Großstadt. Seither ziert ein Mauerrand das Wappen, fünf Zinnentürme für die fünf Gemeinden – dazu das hehre Motto „Soli deo glora“. Das heißt zunächst bloß „Gott allein die Ehre“, doch sollte es ein Zufall sein, dass in dem Wahlspruch auch der Anspruch Solingens enthalten ist, dazu der Name mit den ersten Lettern: „Solingen“ genauso wie „solide“?

Wir steigen weiter auf in Richtung Ketzberg mit der weißen Kirche; bei der Kreuzung der Fahrwege folgen wir dann dem „A 3“ nach rechts, in Richtung auf den fernen Intze-Turm. So kommen wir gleich in den Flecken Unten zum Holz, der seiner Geister wegen einst gefürchtet war. Hier wandern wir bei der Gabelung rechts, sorglos durch den Ort, am Mist vorüber und nach etwa 70 Metern links und dann mit dem „A 3“ zuletzt zwischen Garagen hindurch und weiter längs der Hecke über das freie Feld.

Als wir wieder auf die „Lützowstraße“ stoßen, halten wir uns rechts und folgen bei der Kreuzung dann der ansonsten unmarkierten Straße links in Richtung „Heider Hof“. Die Straße bringt uns wieder an den Ort heran. Nach einem halben Kilometer kommen wir an Wohnhäusern vorbei, dahinter, vor dem grünen Gürtel mit dem Spielplatz, folgen wir dem Fußweg links, kreuzen dann die „Katharinenstraße“ und folgen der „Melanchthonstraße“ durch den Ort, auf dem „A 1“ vorbei an anderen, die mal nach Hutten, mal nach Zwingli heißen.

ehemaliges Rathaus

Am Ende überqueren wir die „Wuppertaler Straße“ (B 224); links liegt mit Turm das **Rathaus** aus der Zeit der Eigenständigkeit, 1908 vom Elberfelder Kirchenbaumeister Fritsche errichtet, schon damals am Rande der Stadt, gewissermaßen Solingen entgegen. Seit 1996 beherbergt der neo-bergische Jugendstilbau das Kunst-„Museum Baden“, benannt nach dem Namen der Stifter. Wir folgen gegenüber rechts dem Sträßchen „Ziegelfeld“ und mit ihm dem Weg „N“ am Friedhof entlang. Bald kommen wir an Kleingärten vorüber, bis wir bei einem Schieferhaus im Bogen links hinuntersteigen und auf den Fahrweg „Walder Straße" stoßen. Rechts ginge es zurück nach Gräfrath, wir folgen aber noch dem Sträßchen nach links, zum Ort hinaus, nach 700 Metern an die Häuser „Mühlenbusch" heran. Hier verlassen wir die Straße zu Beginn der Biegung und wandern bei den letzten Häusern geradeaus und auf die Höhe und kommen zwischen Weidezäunen dann hinab ins Ittertal. Dort windet sich der Pfad in Eschbach zwischen den Häusern hindurch, und vor dem Bach noch, hinter der Garage, folgen wir dem Fußweg dann nach rechts. Hier sind wir wieder auf dem „Klingenpfad" („S"). So steigen wir im schönen Tal des Itterbachs gemächlich wieder aufwärts, vorbei an Ilex und an Haselnussgebüsch.

Einen Kilometer lang ist schon der Weg zurück, dann überqueren wir den Bach und steigen weiter, noch immer längs der Itter bis nach Blumenthal und weiter auf dem Asphaltweg bis an die „Oberhaaner Straße". Ihr folgen wir nach rechts, vorbei an einer alten Unterführung und entlang dem alten Bahndamm bis zur „Walder Straße" geradeaus, mit ihr und mit dem „Klingenpfad" („S") dann links, nun unter der Bahntrasse von einst hindurch, über die „Wuppertaler Straße" (B 224) hinweg und gegenüber mit der kleinen „Walder Straße" und dem Sträßchen „In der Freiheit" links zurück, vorbei „Am Wall", „Am Graben" und der „Stiftsgasse". Die Freiheit, Luthers Lehre anzunehmen, schloss die Gräfrather aus ihrer stolzen Klosterkirche aus. So bauten sie sich 1718 ganz bescheiden eine neue, diese hier, am Fuß des Markts.

Auf felsigem Pfad mit dem „W“

Rund um Cronenberg

Die Klage kam in bestem Deutsch, im Mai des Jahres 1882: „Zu den wenigen industriellen Städten der preußischen Monarchie, welche heute noch einer Eisenbahn-Verbindung entbehren, gehört die Stadt Cronenberg.“ – Der Genitiv entriet der Wirkung nicht: Schon 1891 dampfte die gewünschte Bahn von Elberfeld den Berg hinauf und nahm die Kosten für den Frachtverkehr auf ihrem Rückweg mit hinab: Sichel, Sense, Sägeblatt und Spaten zahlten künftig halbe Preise.

Der Cronenberger Löwe trägt seine Sense heute noch im Wappen, noch immer gibt es hier die Werkzeugindustrie, doch die Eisenbahn ist stillgelegt. Der Ort ist nach wie vor ein bergisches Idyll, ein schöner Ausgangspunkt für eine Runde um den Cronenberger Höhenzug im Süden Wup-

Kurzbeschreibung

Anfahrt	Cronenberg liegt abseits im bergischen Städtedreieck, von Remscheid aus auf L 415 über Gerstau, von Solingen aus über Kohlfurtherbrücke/Wuppertal (L 74), von Wuppertal über L 418. Parkplätze in Ortsmitte nahe der ev. Kirche. Oder von Köln Hbf mit ICE 555 bis Wuppertal HBf, weiter mit CE 65 bis Wuppertal Cronenberg.
Wegverlauf	Der Weg folgt anfangs „X“ 29 (und bald auch „W“ im Kreis), ab Sudberg „W“ im Kreis und ab Friedrichshammer „W“.
Dauer	Ca. 3-4 Stunden
Länge	Ca. 14 km
Wanderkarte	Landesvermessungsamt Nordrhein-Westfalen: Wuppertal Wanderkarte 1: 25.000 (= Grüne Reihe) Landesvermessungsamt Nordrhein-Westfalen: Naturpark Bergisches Land (Nord). Freizeitkarte NRW Nr. 19, 1:50.000 Landesvermessungsamt Nordrhein-Westfalen: Solingen zwischen Rhein und Wupper. Wanderkarte NRW Nr. 48, 1: 25.000
Gasthäuser	In Cronenberg zahlreiche, in Kohlfurth an der Brücke „Strandcafé“, Kohlfurther Brücke 56, Tel. 0202/473 865
Auskunft	Informationszentrum der Stadt Wuppertal 0202/194 33 www.wuppertal.de
www.	www.bergisches-staedtedreieck.de www.bergisches-staedtedreieck.de/bergische_museumsbahn/welcome.html

Cronenberg

pertals. Der Weg ist lang und recht verzweigt, doch gut markiert: Mit dem Andreaskreuz bis zur Wende im Süden, danach mit einem „W“ im Kreis, dem Zeichen für den Wuppertaler Rundweg.

Von der evangelischen Kirche folgen wir der „Hauptstraße“ bis an den kleinen Markt mit der spätbarocken evangelisch-reformierten Kirche, deren Zwiebelhelm den Ort beherrscht. Hier, an der Abzweigung nach Solingen, folgen wir der Vorfahrtstraße nach links und wandern mit der „Rathausstraße“ südwärts Richtung Sudberg. Die hochherrschaftlichen Villen aus der Gründerzeit beweisen, dass man auch mit kleinem Eisen großen Reibach machen kann. Jenseits der Einmündung der „Lindenallee“ lassen wir uns vom Andreaskreuz des „Bergischen Wegs“ 29 leiten; unsere Straße heißt nun „Berghauser Straße“. Dann knickt der Wanderweg nach links. Wir biegen in die „Buscherhofer Straße“ ein. Nach 150 Metern folgen wir der „Eichstraße“ nach rechts, vorüber an der „Rheinbachstraße“, und nehmen dann die „Pflegeheimstraße“ nach links, bis an ihr Ende. Von hier aus folgen wir im Wald dem Wanderweg hinab, durch eine Kehre in der Böschung an den Bach. Bei einer doppelstämmigen Buche überwinden wir den Bach und folgen ihm nun durch den schönen Wald. Bald müssen wir bei einer Bank ein zweites Wasser überqueren, wir bleiben geradeaus, vorbei an einer Teichanlage mit Goldfischen und dicken Karpfen. Dahinter überqueren wir den Bach und wandern nun am rechten Ufer talwärts, vorbei an einem zweiten Teich.

Fachwerkkotten

Bei dem schönen **Fachwerkkotten** von Rheinbach stoßen wir auf einen Fahrweg im Scheitelpunkt der Kurve. Ungezählte solcher Kotten standen einst an allen Bächen. An den 18 Wasserläufen rund um Remscheid hat sie einer gar gezählt, 1809, und kam auf „37 Breithämmer, 97 Reckhämmer, 44 Schleifmühlen oder Kotten, und 16 Sensen-Reckhämmer und Klipperwerke“. Erst als der Dampf die Wasserkraft verdrängte, zogen sie den Berg hinauf bis an die Handelswege, damit man die Produkte nicht länger mit der Kiepe auszuliefern brauchte. Die alten Bauten blieben häufig stehen und werden vielfach heute noch genutzt, meist in wenig ansehnlicher Weise.

Wir folgen dem Asphalt halblinks hinab, vorbei an „Rheinbach II“ mit aufgemaltem Fachwerk, und ehe wir die Straße durch das Morsbachtal erreichen, halten wir uns auf der freien Fläche rechts und nehmen gleich darauf den Pfad, der in der Böschung wieder ansteigt, in den Wald. Der Weg mit dem Andreaskreuz steigt deutlich an, bis wir den Morsbach fast aus den Augen verlieren. Bei einer Hütte stoßen wir auf einen Fahrweg und kommen links mit ihm durch Berg hindurch, wo man sein Geld mit Autos macht, ob sie nun tauglich oder Schrott sind. Hinter den letzten Häusern führt uns der Asphaltweg wieder nah an den munteren Morsbach heran, doch ehe dann das Sträßchen „Berg" den Bach überquert, weist uns das Andreaskreuz unter einer riesigen Kastanie bei blanker Grauwacke nach rechts. Nach wenigen Schritten sind wir wieder im Hochwald.

Bei einem Hüttchen ist ein Wasserlauf zu einem kleinen Teich gestaut, dahinter geht es in der Böschung zickzack hinauf und mit einem kleinen Weg am Oberrand der Böschung weiter (hier auch „R" im Kreis). Bei einem Grundstück voller Autowracks mahnen die Zeichen zur Vorsicht: Am Ende des Grundstücks, in Höhe des Zugangs zum Haus, trennen sich die beiden Wanderwege: Wir steigen rechts die Böschung geradewegs hinauf. Oben bringt der gut markierte Weg uns weiter durch den Wald und schließlich mit dem asphaltierten Fahrweg nach „Hintersudberg" (auf dem Ortsschild „Cronenberg"). Hier finden wir an einer braunen Scheune das Zeichen „W" im Kreis des Wuppertaler Rundwegs. Wir folgen geradeaus den Zeichen und dem Pflasterweg durch Hintersudberg, es geht auf gut markierten Wegen zwischen kleinen Schieferhäusern hindurch, zuletzt auf einem schmalen Weg mit einer Hecke links zum Ort hinaus, durch Gartenland erneut hinab.

Schleifen für Schappi: Manuelskotten

Vor einem tiefen Einschnitt läuft der Weg im Zickzack abwärts; wo wir den Bach schon ahnen, hält der Weg sich rechts und überquert zuletzt den Wasserlauf und folgt ihm dann nach links, doch in der Böschung sacht bergauf („X"). Gut einen Kilometer vor uns pfeift ein Zug und donnert über die Brücke.

Auf dem langen Höhenrücken nehmen wir dann Abschied vom Andreaskreuz: Statt nach links mit ihm hinabzusteigen, halten wir uns rechts und folgen nun allein dem „W" im Kreis. Beim Absperrpfosten geht es bald auf einem

Bergische Blicke

breiten Weg zum Wald hinaus; 100 Meter weiter schwenkt unser Wanderweg nach links und folgt nun lange Zeit der Böschung oberhalb der Wupper. Es geht vorbei an einer Quelle, die unter einer Buche aus der Erde tritt. Nahe der Hochspannungsleitung stoßen wir auf einen querverlaufenden Asphaltweg: Hier halten wir uns links und kommen im Bogen gleich zweimal unter den Leitungen her. Bald führt das „W" uns zwischen den einsamen Häusern von Stiepelhaus hindurch und neben dem stattlichen Ziegelhaus in der Böschung aufwärts und im Winkel zurück. Dann sind es nur noch ein paar Windungen im Wald, und wir erreichen einen **imposanten Fernblick** hoch über dem Prallhang der Wupper im Wüstholz. Leider ist nicht alles, was wir sehen, wirklich sehenswert: zwar gegenüber Solingen, doch kaum im Tal das große Klärwerk und uns zu Füßen die Papierfabrik. Fern im Tal liegt Kohlfurth, die alte Furt der Kohlentreiber, die zu Pferd von Witten Kohle zu den Solinger Betrieben brachten, ein „Mordweg", wie ein reisender Pastor noch 1802 befand. Erst die Franzosen bauten hier die erste Straße, 1810, freilich mit bergischem Geld.

imposanter Fernblick

Bald stößt unser Weg auf einen breiteren, wir wandern weiter mit dem festen Schotterweg; wo zwei Bänke freie Sicht gewähren auf das Klärwerk, gabelt sich der Weg. Hier wandern wir nicht links hinab, sondern rechts, und als wir dann erneut die Hochspannungsleitung erreichen, folgen wir weiter dem „W" durch den Bogen, wieder näher an den Fluss heran, und durch Krümmungen und Kurven, über Siefen hinweg bis an die „Kohlfurter Straße" heran. Ein Stück nur steigen wir mit ihr nach rechts hinauf, nach 150 Metern verlassen wir sie in der Kurve mit dem Fahrweg „Schwaffert". So kommen wir in einer Kerbe an ein Einzelhaus, einen alten Kotten, und dicht am Haus entlang, hart zwischen Wäscheleine und

Wupper-Tal

Küche am kleinen Teich vorbei mit künstlichen Zwergen und richtigen Gänsen und wieder näher an die Wupper.

Beim Wendehammer an der „Rather Straße“ folgen wir dem Fußweg links hinab auf felsigem Pfad. In Unterkohlfurth an der Straße weist das „W“ uns rechts und in die Sackgasse hinein, gleich gegenüber Haus 73 steigen wir rechts mit dem Pfad in die Böschung zu neuerlichem Auf und Ab. Bei einem eisernen Geländer entdecken wir die Gleise einer Schmalspurbahn im Wald und gleich darauf auch eine Haltestelle, leuchtend gelb, wie neu. Hier fuhr einmal die Straßenbahn von Elberfeld nach Solingen, von 1914 an für 55 Jahre. Jetzt haben Schienenfreunde die **„Bergische Museumsbahn“** aufs Neue aktiviert, und fahrplanmäßig fährt sie an zwei Tagen im Monat mit ehrenamtlichen Straßenbahnern im Halbstundentakt. Wer das Depot sucht, findet es unten am Fluss, an der grünen, längst gesperrten Kohlfurter Gitterkastenbrücke gegenüber dem Fachwerkhaus „Strandcafé“.

Bergische Museumsbahn

Wir überqueren hier die Gleise und steigen mit dem „W“ hinab an den prächtigen Manuelskotten, amtlich: Kaltenbacher Kotten, das letzte von einmal sechs Wassertriebwerken im Tal des Kaltenbachs. Der Stauteich liegt im Schutz der Bäume, von alten Blättern halb bedeckt. Doch offensichtlich hat auch er einmal lebhafte Zeiten gesehen, denn im Ziegelmauerwerk an seiner Seite lesen wir, nur schwach noch zu erkennen: „Baden verboten“. Der Kotten aus dem Jahre 1755 brannte 1901 ab und wurde schon im Jahr darauf erneuert, die Sheddächer noch einmal 1934. Er ist der letzte Schleifkotten mit einem voll funktionstüchtigen Wasserrad, das einen Fliehkraftgenerator antreibt. Noch heute wird hier nass geschliffen, Remscheider Messer, die Hundefutter schneiden. Kurz gesagt: Schleifen für Schappi! Der alte Wasserantrieb ist intakt, knarrend, wie mit Mühe, ächzt das alte Holzrad im Verschlag; daneben gibt es noch den Dieselantrieb, der 1934 die Dampfmaschine hier ersetzte, und den Elektromotor aus den 1950er Jahren.

Der Wanderweg läuft weiter auf dem Staudamm zwischen Teich und Kotten. Jenseits des Kaltenbacher Tals folgen wir halblinks der Auffahrt bis zum Asphaltweg im Wald und halten uns hier rechts. Nach knapp

200 Metern, als wir vor uns schon das Fachwerk namens „Hoffnung" sehen, folgen wir dem Zeichen „W" halbrechts hinunter in die Böschung. Dies ist der Zugangsweg zum Wuppertaler Rundweg im Kreis, der uns zuvor verlassen hat. Es geht am Teich des Friedrichhammers vorüber und weiter nah am Kaltenbach, den wir auch einmal überqueren. Dann kreuzen wir erneut die Schienen, folgen weiter in der Böschung ihrer Spur sowie dem Lauf des Kaltenbachs, noch einmal kreuzen wir die alte Straßenbahn und wandern weiter neben ihren Schienen her. Zweimal überqueren wir danach die Schienen, dann bringt das „W" uns in der Böschung geradewegs hinauf. Für diese Steigung hätte es der Zahnradbahn bedurft, die Schienen schwenken resigniert nach rechts und immerhin bis Greuel. Es geht im Schwenk nach links und rechts hinauf, zum Wald hinaus, wo wir den Zwiebelhelm von Cronenberg entdecken, und durch das Weideland nach Cronenberg.

Der Blick zurück vereinigt Solingen und Remscheid zum breiten Panorama. Im Ortsteil Unterkirchen halten wir uns links, in Richtung auf die Häuser 32–54 zu, dann geht es rechts zum Markt, zur großen Kirche und zurück.

„D" im Depot

Hämmer gibt es hier nicht mehr

Durch das Gelpetal

Der Bergische Löwe verstand sich von selber, als die Orte an der Wupper zusammenrücken wollten zu einer einzigen Gemeinde und dafür auch ein neues Wappen suchten. Mit dem Löwen von Berg hatten sich bereits die Ur-Gemeinden geschmückt, jetzt kam von Elberfeld das Rost hinzu, auf dem der heilige Laurentius zum Märtyrer geröstet worden war, und Barmen brachte zwei Bündel Garn mit in die Städte-Ehe, die am 30.7.

Kurzbeschreibung

Anfahrt	Zwischen Wuppertal-Ronsdorf und Remscheid-Hasten an der Morsbachtalstraße (L 216), Ortsteil Clemenshammer, wenige Parkgelegenheiten am Eingang ins Tal und gegenüber. Oder von Köln Hbf mit RB 11266 bis Solingen Ohligs, weiter mit RB 22754 bis Remscheid Hbf, dort Bus 660 bis Remscheid Clarenbach.
Wegverlauf	„A 2" über Westen, Heidt und Sperrmauer, zurück „N", „R" und „W" über Zillertal.
Dauer	2 Stunden
Länge	Gut 7 km Varianten: Das Gelpetal ist durch ein dichtes Wanderwegenetz und viele Hinweistafeln gut erschlossen und bietet vom Spaziergang bis zur großen Wanderung viele Alternativen.
Wanderkarte	Landesvermessungsamt Nordrhein-Westfalen: Wuppertal. Wanderkarte 1: 25.000 (=Grüne Reihe) Landesvermessungsamt Nordrhein-Westfalen: Naturpark Bergisches Land (Nord). Freizeitkarte NRW Nr. 19, 1:50.000 Landesvermessungsamt Nordrhein-Westfalen: Ruhrgebiet (West). Freizeitkarte NRW Nr. 13, 1: 50.000
Gasthäuser	„Haus Zillertal", Tel. 0202/402 829, www.haus-zillertal.de
Hinweise	Ganz in der Nähe, in Remscheid-Hasten, befinden sich im historischen Haus Cleff das Deutsche Werkzeugmuseum und das Historische Zentrum der Stadt Cleffstr. 2-6, dienstags bis samstags 9-13 Uhr und 14-17 Uhr, sonntags 10-13 Uhr www.werkzeugmuseum.org
Auskunft	Stadt Remscheid, Tel. 02191/16-00 www.remscheid.de
www.	www.remscheid.de/Rathaus/02/02Stadtinformationen/02Steffenshammer.htm www.wupperverband.de/talsperren/ronsdorfer/ronsdorfer_T.htm www.hub-ronsdorf.de www.bergnetz.net/tourstart1.html www.bergnetz.net/index2.html

Zillertal im Gelpetal

1929 geschlossen wurde und seit dem 25.1.1930 geführt wird unter dem neuen Namen „Wuppertal". Insgesamt ein recht beziehungsreiches Bild: das Garn zum Spinnen, Weben, Wirken, Bleichen, Färben als Sockel für den alten Überbau aus Tradition und sektenreicher Frömmigkeit im Wuppertal.

Reich war man im Wuppertal vor Zeiten nur an Wasser, wie es aus der Erde und vom Himmel kam, aber hier verstand man es, mit diesem einen Pfund geschickt zu wuchern. In den kleinen Tälern im Süden trieb das Wasser die Maschinen der Bandwirker in Ronsdorf und der Eisenindustrie in Cronenberg, das nicht von ungefähr in seinem Wappen eine Sense führt. Was im Bergischen geschmiedet und geschliffen wurde, schon um 1750 vierhundert verschiedene Artikel von dreißig unterscheidbaren Herstellergruppen, erwarb sich Anerkennung in der ganzen Welt. Und wie einst mit den Sensen und Sicheln sind auch heute noch die Menschen hier damit beschäftigt, Hacken, Schippen, Spaten, Äxte, Beile, Hämmer, Zangen, Hobel, Bohrer, Meißel, Messer, Sägen, Zimmermannswinkel und Heckenscheren herzustellen. Und jede Hausfrau kennt, und wäre es von ihrer Mutter her, den Fleischwolf aus dem Alexanderwerk in Remscheid.

Die Wasserkraft ist dabei lange schon nicht mehr vonnöten, mit der Einführung der Dampfmaschinen wanderten zunächst die größeren Betriebe vom Wasser wieder hügelan zu den Straßen, über die das Werkzeug nach Paris und Petersburg geschafft werden konnte; im Gelpetal blieben nur die kleinen Kotten und Hämmer erhalten, fünf von einstmals zweiundzwanzig gab es auch noch nach dem letzten Krieg. Seit 1973 steht nun aber auch der letzte Hammer still, jetzt haben die Erholungssuchenden das Gelpetal für sich alleine, knapp 4,5 Kilometer Naturschönheit und Wasserkraft aus der Vereinigung von Dorner Bach und Huckenbach und einem Gefälle 100 Metern oder 2,27 Prozent.

Die erste Wanderung vor vielen Jahren begann mit einer glücklichen Bekanntschaft: Wir trafen damals hier Franz Bertram, der vierzig von seinen damals fünfundachtzig Jahren hier Schulmeister gewesen war. Er ging mit uns ein Stück den Weg hinauf, und wenn er stehen blieb am Berg, dann nicht, um Luft zu holen, sondern um Geschichten zu erzählen. Er hatte noch die Zeit der Knieschleifer und Feilenhauer miterlebt. Die Schläge vom Steffenshammer hat er durch den Felsboden und durch das Fundament hindurch im Bett verspürt, und in daktylischen Versen machte er sich seinen Reim dazu: „Sing Pöste ut leken / sing Aahsse ien Buom / ech hühr em noch klipstern on klapstern em Druom.“ (Seine Pfosten aus Eiche, seine Achse ein Baum, ich hör' ihn noch klippern und klappern im Traum.) Später schickte er uns eine handschriftliche Blütenlese seiner Verse, von Hand mit Blüten koloriert, „Derr Steffeshaamer“, ganz zum Schluss von Hand signiert: „Beertrams Franz – en aulen Schuolmiester ut demm Gelpedahl“. Das kleine Büchlein hat ihn überlebt.

Was damals schon die Tafeln längs des Wegs an Auskünften zu bieten hatten, das krönte er mit der Erfahrung aus dem Augenschein: Er erzählte von der Arbeit in den Kotten, wo das Spritzwasser die Wände im Winter mit Eis überzog, wo die Arbeiter nur auf geschüttetem Erbsenstroh schliefen und statt eines Ofens nur ihren Doppelkorn hatten; von der Nachbarin, die achtundzwanzig Jahre lang ihrem rheumatischen Mann die Eisen aus dem Herd herüberreichen musste, und die, wenn dann der Schwanzhammer das Eisen breitete, nebenher noch stricken musste gegen Geld; und von den Kindern im Gelpetal, die über ihrer harten Arbeit anspruchslos gehalten wurden. Um 1870 begann hier die Arbeit um sechs in der Früh', um zwölf Uhr gab es Mittag, und der Feierabend hatte seinen Namen noch verdient: Er kam um zwanzig Uhr.

Der Aufstieg mit „A 2“

Am kleinen Parkplatz „Clemenshammer“, dort wo die Gelpe mit durchschnittlich 280 Litern pro Sekunde in den Morsbach fließt, entdecken wir die Hinweistafeln, studieren Aufbau, Lageplan und Inneneinrichtung eines Hammers oder Kottens und wandern schließlich los. „Historisch“, wie das alte Schild am Talausgang betont, ist das Gelpetal gewiss. Gelbe Hinweise mit einem oberschlächtigen Wasserrad als Symbol verweisen auf die einstige Betriebsamkeit des schönen Tals. Das Ziegelhaus zur Rechten, ringsum zugehängt von Grün und an der Giebelwand mit alten Transmissionsrädern und hölzernen Pliestscheiben verziert, war eine Schmiede wie der kleine Fachwerkbau schräg gegenüber, in dem

In Westen nichts Neues

die Werkstücke des Steffenshammers nebenan weiterverarbeitet wurden. Der „Steffenshammer", benannt nach seinen Besitzern seit 1825, wurde 1746 an alter Stätte neu gebaut und bis in die Mitte des vergangenen Jahrhunderts von Jakob Steffens gewerblich genutzt.
Gleich hinter dem rot-weißen Drängelgitter kommen wir in den Wald und steigen sofort auf dem felsigen Rücken zur Rechten auf. Der Weg ist an der ersten großen Eiche als „A 2" markiert. Weiter oben folgen Birken. Wo das steilste Stück geschafft ist, steht für die erste Pause eine Bank. Wir kreuzen bald darauf den Querweg mit „A 3" und wandern weiter geradeaus auf schmalem Pfad, vorbei an Birken, Farn und Heidekraut. Bei 258,30 Höhenmetern schwenkt der Weg bei einer hölzernen Barriere und wieder einer Bank bei einer großen Buche rechts und führt uns zwischen Weidezäunen sacht hinab, vorbei an Buchen, Weißdorn, Haselnuss. Rechts öffnet sich der Blick auf Remscheid, die „Seestadt auf dem Berg", wie sie wegen ihrer alten überseeischen Verbindungen noch immer heißt.
Hinter einer flachen Mulde steigt der Weg noch einmal an und bringt uns in das Dörfchen Westen. Wir folgen dem „A 2" ein wenig durch den Ort, der noch vereinzelt **schöne Fachwerkhäuser** hat. Unmittelbar hinter dem Haus Nr. 26 geht es links, vorbei an einem efeuüberwucherten Wohnhaus und geradewegs im Wald bergab. Nach knapp 200 Metern, ehe das Gelände stärker abfällt in das Tal des Saalbachs, schwenkt der Weg „A 2" und führt uns weiter sacht hinab, zuletzt durch einen dunklen Fichtenwald auf einem alten Karrenweg, auf dem die Kohle zu den Hämmern transportiert wurde, zunächst die Holzkohle der näheren Umgebung, später dann, seit 1750, bevorzugt Steinkohle, die von der Ruhr noch oft genug, den schlechten Wegverhältnissen entsprechend, von so genannten „Kohletreibern" auf Pferderücken angeliefert wurde.

schöne Fachwerkhäuser

Nach einem leichten Rechtsschwenk führt der Weg uns abwärts in das Kerbtal des Heusieper Siefens, stößt hier auf den „Röntgenweg" um Remscheid (und „A 3"). Ein Stück bachaufwärts, wo am Ufer Kopfweiden stehen, überqueren wir den Siefenlauf und folgen dem Asphaltweg im Bachtal hinauf. Hier erreichen wir nach ungefähr 200 Metern einen

Gelper Wasserspiele

Fahrweg, der zur Rechten (mit „R" und „A 3") „Heusiepen" heißt, zur Linken, vorderhand noch geradeaus, „A 2" und „Schmittenberg".

So kommen wir nach Heidt, das schon zu Wuppertal gehört, ein Höhendorf mit schönen Fachwerkhäusern. Ein Schild weist auf die „Dörpfeldstraße" hin. In der Dorfmitte bei dem altersschiefen Fachwerkhaus Heidt 1 geht es dann an der Gabelung mit dem „A 2" halblinks, vorüber an einem Gewerbebetrieb, und wir erreichen am Waldrand das Dörpfeld-Haus (Nr. 28) mit einer mäßig irreführenden Inschrift: Zur 250. „JAHRFEIER DER DÖRPFELD-SCHULE" wurde eine Tafel 1930 aufgehängt; so lange aber wird die Schule den berühmten Namen nicht getragen haben, denn der eine mögliche Dörpfeld, der berühmte Pädagoge Friedrich Wilhelm, wurde erst im Jahre 1824 geboren. Und vermutlich ist auch hier, wie oft, sein Sohn gemeint, der Archäologe Wilhelm Dörpfeld (1853 – 1940), der sich in Troja, Tiryns und Olympia neben Schliemann einen Namen machte und der diesen Namen auch der Schule in Barmen hinterlassen hat, an der er Schüler, doch sein Vater Schulleiter gewesen war. Gleich dahinter verlassen wir den asphaltierten Weg und steigen links im Buchenwald bergab. Bald erreichen wir aufs Neue eine Fahrstraße und folgen ihr nach links zur **Ronsdorfer Talsperre**.

Ronsdorfer Talsperre

Als die 21 Meter hohe Mauer 1898/99 hier gezogen wurde, war den Kottenbesitzern am Saalbach buchstäblich das Wasser abgegraben. Die aber hatten schon ein halbes Jahrhundert zuvor von Wassertriebwerken auf Dampfmaschinen umgestellt. Wasser brauchte man jetzt für die wachsende Bevölkerung, und so kam um 1913 sogar der Plan zu einer Talsperre im Gelpetal auf. Er fiel, wie anderes, dem Krieg zum Opfer.

Bis in die 1950er Jahre diente die Ronsdorfer Talsperre als Trinkwasserreservoir. Als sie in die Jahre kam, wurde die Stauhöhe auf 9,64 Meter halbiert. Dichter wurde sie darüber nicht, so wurde ihre Stauhöhe 1994 auf 6 Meter begrenzt. Erst jetzt, im 21. Jahrhundert, erlebt der Wuppertaler Stausee nach einer Renovierung seine Renaissance: mit einer neuen wasserdichten Schicht ist künftig ein Stau von 11 Metern möglich.

Wir spazieren über die 160 Meter lange Mauer auf die andere Seite mit Wegetafeln und einer Hütte vor dem Fichtenwald und folgen dann dem schönen Weg „A 3“ (und „W“) nach links.
Der kleine Saalbach, dessen letzten 1,5 Kilometern wir nun folgen, war der einzige Zufluss der Gelpe, der mit seinen 4,6 Prozent (115 Meter bei einer Gesamtlänge von 2,5 Kilometern) einmal Wasserräder trieb. Der erste war der „Mannes- oder Wiebelshammer“ aus dem frühen 17. Jahrhundert, dort wo der Heusieper Bach in den Saalbach mündet und wenig später auch der „Röntgenweg“ (und „A 3“) das Bachtal quert. Noch vor weniger als 100 Jahren stand hier eine richtiggehende Fabrik mit einem 30 Meter hohen Schornstein. Jetzt finden wir nur Mauerspuren in der Böschung.
Der nächste war der „Roode- oder Jöckerskotten“, ein Schleifkotten, der 1924 abgerissen wurde. Am Stauteich dann erreichen wir die Stätte einer alten Eisenhütte, die um 1600 hier bestanden hat, um das Erz aus einer Pinge gegenüber in Eisen zu verwandeln. Zuletzt der „Hordenbach“- oder ebenfalls „Jöckershammer“, ein Reckhammer mit gleich drei Wasserrädern, der bis 1922 hier bestand.
Die Minigolfanlage, die wir dann erreichen, markiert den Übergang vom Industriezeitalter zu den frühen Vorboten der Spaßgesellschaft. Hatten sich einst bei durchschnittlich vier Wassertriebwerken pro Bachkilometer die Anrainer der Gelpe regelmäßig vor dem Elberfelder Landgericht in den Haaren gelegen wegen irgendwelcher Wasserstreitereien, so machten sie nun bald als Wirtsleute einander Konkurrenz. Ernst Jöker beispielsweise, dessen Namen als Wirt wir heute noch über der Tür von „Haus Zillertal“ lesen, war mit seinem Bruder Otto der letzte Betreiber des „Jöckershammers“. Ein wenig nur flussaufwärts gab es dazumal das Ausflugsrestaurant „Bergisch Nizza“, unterhalb, im alten „Reinshagenshammer“ die Gaststätte „Waldkater“ und in Clemenshammer einen Kahnweiher im alten Ausgleichbecken mit einer Wasserrutschbahn als Sensation des Jahres 1903. Seit 1891 ratterte die Dampfkleinbahn von Ronsdorf bis nach Müngsten durch das Morsbachtal und brachte die Erholungssuchenden ins Gelpetal.

Schmiede in Clemenshammer

rechts: Am Saalbach

Ponyreitplatz

Am Parkplatz und der Zufahrtstraße vorüber und über die Gelpe hinweg, erreichen wir „Haus Zillertal“ mit großem Biergarten und folgen dann dem asphaltierten Fahrweg und den Wegen „R“, „W“, „N“ und „A 2“ das Gelpetal entlang, vorbei am **Ponyreitplatz** für die Kleinen. Wo einst der „Westerhammer“ oder „Unterer Wolfertshammer“ stand, der heute noch zu sehen ist, wenn auch nicht hier, sondern am Bensberger Heimatmuseum, überqueren wir den Bach und folgen ihm hoch in der Böschung mit grün gestrichenem Geländer. Wir passieren noch den Nachbau eines Pegels, sehen Karpfen, die im Stauteich am ehemaligen „Reinshagenhammer“ durch das Spiegelbild der grünen Kronen schwimmen, und ehe wir erneut nach Clemenshammer kommen, steigen wir am alten „Neuenkotten“ an den Bach hinab, weil hier die Spuren gut zu lesen sind. Erst 1967 wurde das Gebäude abgerissen.

Das Gelpetal wurde, was es heute ist und wie es heute heißt: historisch.

Tour 8

Das Wunder im Bergischen

Zur Müngstener Brücke

Die Treppe führt hinab in „Richtung Remscheid": So steht es auf dem Schild am Bahnhof von Solingen-Schaberg. Das ist zumindest ungenau. Vor Jahren hieß derselbe Hinweis noch: „Nach Remscheid durch die Un-

Kurzbeschreibung

Anfahrt
Müngsten liegt an der Wupper zwischen Solingen und Remscheid, abseits der B 229. Der Weg meidet den alten, heute eher schäbigen Ausflugsort und startet in Solingen-Schaberg: Von Solingen-Mitte B 229 bis Straßenspinne „Krähenhöhe", dort der „Schaberger Straße" bis zum Bahnhof mit Parkgelegenheiten folgen. Oder von Köln Hbf mit RB 11266 bis Solingen Ohligs, weiter mit RB 22758 nach Solingen-Schaberg.

Wegverlauf
Vom Bahnhof mit „Klingenpfad" „S" bis Wiesenkotten, jenseits der Wupper „A" („wupperaufwärts, „A 1") unter der Brücke hinweg und wupperaufwärts, hinter „Diederichs-Tempel" Abstieg zur B 229, Wupper überqueren und mit „X" 29 Aufstieg nach Schaberg.

Dauer
2-3 Stunden

Länge
7 km
Varianten: Vom Wiesenkotten über „S" Abstecher nach Burg an der Wupper. Der Weg lässt sich mit Tour 9 verbinden, wenn man dort vom Löns-Denkmal zur Straße kommt und dem Hinweis „Wiesenkotten" folgt. Über „S" ist ebenfalls Anschluss an Tour 10 möglich. Maximal lassen sich so alle drei Touren 8-10 zu einer verbinden.

Wanderkarte
Landesvermessungsamt Nordrhein-Westfalen: Wermelskirchen mit bergischen Talsperren. Wanderkarte NRW Nr. 2, 1: 25.000
Landesvermessungsamt Nordrhein-Westfalen: Solingen zwischen Rhein und Wupper. Wanderkarte NRW Nr. 48, 1: 25.000
Landesvermessungsamt Nordrhein-Westfalen: Köln, Nördliche Ville. Freizeitkarte NRW Nr. 18, 1: 50.000

Gasthäuser
An Start und Ziel: Gaststätte „Schaberger Bahnhof", Schabergerstr. 6
Tel. 0212/235 48 62
„Waldschänke Wiesenkotten", Wiesenkotten 1, Tel. 0212/432 34

Auskunft
Stadt Solingen, Tel. 0212/290-0, www2.solingen.de
Stadt Remscheid, Tel. 02191/16-00, www.remscheid.de

www.
www.tetti.de/SOLINGEN/WIESENKOTTEN/index.html
www.tetti.de/SOLINGEN/BRUECKE/ronsdorfmuengstener.html
www.bergisches-staedtedreieck.de/
www.benz-i.de/sieberts/rundumsg.htm
www.remscheid.de
www.web8.server8.webplus24.de/bib/start/start.php

Hoher Bogen

terführung." – Und das war maßlos übertrieben. Denn auch dahinter war man noch in Solingen. Nach Remscheid fährt hier oben nur die Eisenbahn, und das seit mehr als hundert Jahren über die **Müngstener Brücke**, Deutschlands höchste Eisenbahnbrücke, eines der größten technischen Wunder des 19. Jahrhunderts, eine Parabel, ganz aus geschmiedetem Eisen, mit 170 Meter Bogenöffnung. In 107 Meter Höhe führt die schmale Gleisanlage 500 Meter lang über die Wupper. Würde man den Kölner Dom danebenstellen, so müssten die Besucher des Südturms den Kopf in den Nacken legen, um die Bahn rund 10 Meter über sich vorbeifahren zu sehen: ein wahrhaft schwindelerregendes Spektakel. An jedem Tag rund sechsmal in der Stunde zittert die Brücke mit ihren Passagieren in der Regionalbahn 47 um die Wette und schüttelt ihren Rost ab, und immer geht ein fernes Donnern durchs Tal, dass die Ausflügler längs der Wupper die Hälse recken.

Müngstener Brücke

100 Meter tiefer als die Gleise erinnert eine Gedenktafel daran, welche Geheimen Bauräte von 1894 bis 1897 dieses spektakuläre Bauwerk für die Eisenbahndirektion von Elberfeld entworfen haben. Nicht weit davon entfernt die nächste Tafel: „Zur Erinnerung an den Besuch Sr. Majestät des Kaisers Wilhelm II. am 12. August 1899". Bis 1919 hieß der hohe Bogen noch auf 30 Meter langen Tafeln „Kaiser-Wilhelm-Brücke". Doch der Besuch von 1899 war hier nicht gemeint, vielmehr der erste Kaiser Wilhelm, an dessen 100. Geburtstag Richtfest gefeiert worden war – ohne Willem zwo, der anderen Verpflichtungen den Vorrang hatte geben müssen oder wollen. Als er später ins Exil ging, wurde auch die Brücke republikanisch. Baulich war sie ohnehin schon der Vertreter einer neuen Zeit: Von nun an bauten nicht mehr nur die Architekten, sondern auch die In-

Schaberg

genieure. Aus diesem Grund, und weil die Ähnlichkeit so offensichtlich ist, wird die Brücke zwischen Solingen und Remscheid immer wieder mit dem Eiffelturm verglichen. Doch der Eiffelturm war anfangs nur ein Denkmal seiner selbst, heute trägt er immerhin Antennen; die Brücke von Müngsten, ein Wunderwerk wie aus dem Metallbaukasten eines bergischen Riesen, tat von ihrem Anbeginn an zuverlässig Dienst und verkürzt die vordem 44 Kilometer zwischen Solingen und Remscheid Hbf. auf etwa 8. Anders ausgedrückt: auf fahrplanmäßig 9 Minuten. Dafür wird der Eiffelturm noch immer alle sieben Jahre frisch gestrichen, während man von der Müngstener Brücke inzwischen errechnet hat, dass ein Neuanstrich ihrer 75.000 Quadratmeter Eisenoberfläche längst teurer würde als damals der gesamte Bau, der sich einst auf 2.646.386 Mark und 25 Pfennige belief! Auch der alte Bahnhof ist nicht mehr der Bahnhof, sondern eine Gaststätte, ein Ziel nicht nur für Eisenbahnfanatiker, sondern auch für Wanderer. Für uns der Startpunkt und das Ziel bei einer Runde wupperab und wupperauf und auf diese Weise zweimal an die Brücke. Vor dem Bahnhof ausgestellt sind ein paar Überreste eines Unfalls auf der Brücke, bei dem zum Glück kein Mensch zu Schaden kam. Das war 1999, und der 11. September war noch kein bemerkenswertes Datum. Ob der Souvenir-Schrott hasenherzigen Besuchern die Überfahrt nun leichter macht, sei allerdings dahingestellt.

Vom Bahnhof folgen wir dem Wanderweg 29 (dem „Bergischen Weg" von Essen nach Uckerath, Zeichen „X") sowie dem „Klingenpfad" („S") in Richtung auf das Tal der Wupper, verlassen wenig später mit dem Hinweis „Fußweg nach Müngsten" und den beiden Wanderzeichen den asphaltierten Weg und wandern weiter auf dem schmalen, splittgestreuten Fußweg, vom Gleiskörper durch eine Weißdornhecke getrennt. Bald verlassen wir die Höhe der Bahnlinie und steigen im hohen Buchenwald bergab. Wo der Weg sich wenig später gabelt, geht es geradeaus nach Müngsten, während wir mit den markierten Pfaden „S" und „X" das Brückenbauwerk unterqueren und gleich darauf bei einer zweiten Gabelung leicht steigend, also rechts, dem Pfad mit beiden Zeichen weiter folgen, flussabwärts hoch über der Wupper.

Es geht vorbei an einem Weg mit weißem Balken und weiter durch die Kehren in der Böschung, in der, nur wenig unter uns, ein breiter Weg verläuft. So überqueren wir den Dörperhofer Siepen und bald darauf den Dörperhofer Bach, zwischendurch vorbei an einer Bank auf einer Felsenkanzel. Bei der nächsten Bank erreichen wir den Gedenkstein des Klingenpfads, auf einem alten Mühlstein aufgebracht im unverwechselbaren Stil der 1930er Jahre: Ein Mädel und ein Jungmann mit Scheitel und Klampfe wandern vor dem Kölner Dom und erinnern daran, dass in den Jahren 1933-1935 „Wohlfahrtsunterstützte" die Solinger Umrundung eingerichtet haben, damals 60 Kilometer lang. Inzwischen ist der Klingenpfad gewachsen auf 76 Kilometer, und sein „S" schreibt man schon längst nicht mehr als Rune wie noch auf dem Stein.

Aussichtspavillon

Nicht weit danach erreichen wir den alten, 1984 wiederhergestellten **Aussichtspavillon** mit Brückenblick, auf allen Seiten eingerahmt von Grün. Der Klingenpfad kreuzt dann den Buschpötter Bach; und wo von rechts der Weg mit umgekehrtem „T" hinzustößt, gehen wir halblinks und sacht bergab („X" und „S"), nun durch eine Felspartie mit hilfreichem Geländer.

Wo wir sodann den breiten Weg erreichen, haben wir zwei Möglichkeiten: Die beiden altvertrauten Zeichen folgen ihm nun rechts. Wir überqueren nur den breiten Weg und folgen weiterhin dem schmalen, unmarkierten Pfad, der in der Böschung dem Gelände folgt und dabei den Windhagener Bach überquert, bis sich hinter einem zweiten Wasser der Klingenpfad von rechts mit unserem vereinigt und in der Böschung abwärts führt.

Aussicht vom Pavillon

rechts: Hoher Bogen

Wiesenkotten

So erreichen wir den Weg im Grund des Tals („N") und folgen ihm nun rechts mit Klingenpfad und „X", ein letztes Mal auf einem Steig durch Felsen am Prallhang der Wupper, bis wir den Wiesenkottener Bach erreicht und hinter ihm sogleich den **Wiesenkotten**, ein altes Fachwerkhaus mit Biergarten im Tal, von Unterburg, nur wenig weiter wupperabwärts, spielend zu erreichen, und deshalb immer gut besucht mit Kind und Kegel, Ross und Reiter, Frauchen und Hund.

Nur der Name erinnert daran, dass hier statt Dienstleistung Gewerbefleiß geboten wurde: Der Wiesenkotten war als Doppelkotten ein Schleifbetrieb des 18. Jahrhunderts, nach einem Brand im Herbst des Jahres 1847 wiederaufgebaut und seither wohl, zumindest nebenbei, als Gaststätte genutzt. Auch eine Fähre gab es hier.

Hier liegt der Wendepunkt für diese Tour. Die Wege „N" und 29 („X") haben sich bereits von uns verabschiedet. Auf der Gitterkastenbrücke von 1893 überqueren wir die Wupper und kommen wie die Eisenbahn hoch oben, wenn auch weit weniger spektakulär, von Solingen nach Remscheid. Der Klingenpfad schwenkt rechts und bleibt in Solingen, wir gehen links und folgen nun dem Weg „A 8", der für Kilometer dem Fließenden entgegengeht, ein Stück weit auch der Brücke. Wo sich die Wege schon nach 100 Metern gabeln, bleiben wir am Ufer und auf dem „A 8". Mit der Regelmäßigkeit des Fahrplans rumoren die roten Triebwagen des „Müngsteners" über die Brücke. Nach einem Dreiviertelkilometer stößt von rechts ein Weg hinzu, der dem Lauf des Schildsiepens gefolgt ist. Wir wandern weiter wupperaufwärts. Die Buchen am Ufer beugen sich weit über das strudelnde Wasser. Nach 400 Metern, als wir zur Linken eine Insel neben uns haben, die dicht mit Eschen und Pappeln bestanden ist, gabelt sich der Weg: Links ginge es nun ohne Zeichen weiter am Wasser entlang. Wir folgen unserem „A 8" und steigen rechts nun in der Böschung auf, der Brücke entgegen. Auf der Höhe dann verlässt uns der „A 8" im Schwenk nach rechts, wir wandern auf dem Querweg, den wir hier erreichen, links und folgen nun dem „Röntgenweg", dessen „R" auch ein Hinweis auf Remscheid ist, das der Weg umrundet (auch „A 1").

So geht es unter den hohen Eisengittern der Brücke hindurch. Wir se-

Rast am Weg

Diederichs-Tempel

hen etliche der 950.000 Nieten, die den filigranen Bau von insgesamt 4.934 Tonnen Gewicht zusammenhalten, leider nicht den letzten Niet des Baus von 22. März 1897, der aus schierem Gold gewesen sein soll. Vermutlich ist das ebenso Legende wie das Gerücht, die Brückenbögen, die von beiden Ufern wuchsen, hätten zuletzt nicht zusammengepasst und der Baumeister habe sich darauf zu Tode gestürzt: in die Wupper. Es ist die nämliche Geschichte wie beim Bau des Kölner Doms durch Meister Gerhard: Der Glaube an die Hybris eines solchen Unternehmens, die Überzeugung, dass ein solcher unerhörter Bau wie einst der Dom und nun die Brücke gottversuchend und vermessen sei. Doch wer hätte dann die beiden Teile, die nicht passen wollten, richten sollen. Die Brücke war korrekt bemessen, es ging von Anfang an mit rechten Dingen zu, mit rechten Winkeln auch, und seit dem 3. Juli 1897 turnen die Züge, wenn auch längst nicht mehr bekränzt wie bei der Probefahrt, weitgehend unfallfrei über das hohe eiserne Gebälk.

Einen halben Kilometer hinter der Brücke, wo unser Weg nach rechts schwenkt, finden wir zur Böschung hin Stufen und grünes Geländer und erreichen so das neugotische Siebeneck des **„Diederichs-Tempels“**, der eigentlich kein Tempel, sondern ein hübscher Aussichtspavillon auf einer Felsenkanzel ist. Die Aussicht ist auch hier: die Brücke. Und nur deshalb hat der Remscheider Direktor a. D. August, na wie wohl, Diederichs 1902 das Tempelchen hier bauen lassen. Und weil es so schön ist und doppelt genäht immer schon besser gehalten hat, gleich ein zweites gegenüber Burg (vgl. Tour 9).

Diederichs-Tempel

Nach dem Besuch verfolgen wir den Pfad, der unterhalb des breiten Wegs verläuft, mit ihm den Taleinschnitt des Reinshagener Bachs umfährt und erst in einem neuerlichen Rechtsschwenk wieder auf den breiten Fußweg stößt. Hier verlassen wir nun auch den „Röntgenweg“, der weiter auf der Höhe bleibt und sich so von der Wupper entfernt, und folgen einem gleichfalls breiten Weg, der links abzweigt, hinab und hinter einer Eisenschranke an die Talstraße (B 229) heran. Hier geht es ein paar Meter links, dann erreichen wir unter Eschen das Pflaster der alten Wupperbrücke von 1847/48, die bis 1963 in Betrieb war und uns Wanderern noch heute über den Fluss hilft. Hier hat uns auch der Wanderweg 29 („X“) wieder eingeholt. Gleich jenseits der Zufahrtstraße nach Müngsten steigen wir in der steilen, bewaldeten Böschung wieder auf. Auf der ersten flachen Höhe passieren wir ein Einzelhaus im Wald (Haus 138), neben dem nun auch der „Klingenpfad“ („S“) zu unserem hinzustößt. So kommen wir nach Schaberg. Haus 128 auf der linken Seite sieht schon wie ein Bahnhof aus, ist es aber nicht. Vor der Kerbe mit den Gleisen verlassen wir die „Schaberger Straße“ und kommen über die Straße „Schaberg“ links zurück. Neben uns verläuft die Eisenbahn, hier oben in die Kuppe eingekerbt, damit die Brücke nicht noch höher werden musste. So kamen, neben allem anderen, auch 14.000 Kilo Dynamit auf die Rechnung der Brückenbauer.

Tour 9

Wo die Türme Trauer tragen

Nach Burg an der Wupper

Bronze ist geduldig, und mehr als 700 Jahre sind eine lange Zeit: 1225, am 7. November, war Engelbert II., Graf von Berg und einer der mächtigsten Männer des Reiches, bei Gevelsberg in einem Hinterhalt erschlagen worden. „Sein Leichnam bot einen erbarmungswürdigen Anblick",

Kurzbeschreibung

Anfahrt
Burg an der Wupper liegt an der L 157 zwischen Solingen und Wermelskirchen. Gebührendpflichtiger Parkplatz an der Burg, kostenfreie Parkplätze abseits der „Burgtalstraße" oberhalb der Burg ausgeschildert.
Oder aus Köln und Remscheid mit RVK-Linie 260 bis Wermelskirchen Busbahnhof, dort weiter mit RVK-Linie 266 bis Schloss Burg.

Wegverlauf
„X" 19, Abstecher zum „Diederichs-Tempel", mit „A 5" hinab und Weg 5 (Raute) bis Strohn. Weg mit umgekehrtem „T" über Wupper und bachaufwärts folgen, Bachlauf queren und mit „N" wupperwärts, zum Löns-Denkmal. Auf der „Burger Landstraße" rechts bis Wanderparkplatz und mit „X" 29 nach Unterburg und (Hinweis) Oberburg.

Dauer
Ca. 3 Stunden

Länge
9 km
Varianten: Siehe Tour 8

Wanderkarte
Landesvermessungsamt Nordrhein-Westfalen: Wermelskirchen mit bergischen Talsperren. Wanderkarte NRW Nr. 2, 1: 25.000
Landesvermessungsamt Nordrhein-Westfalen: Solingen zwischen Rhein und Wupper. Wanderkarte NRW Nr. 48, 1: 25.000
Landesvermessungsamt Nordrhein-Westfalen: Köln, Nördliche Ville. Freizeitkarte NRW Nr. 18, 1: 50.000

Gasthäuser
In Ober- wie Unterburg zahlreiche

Hinweise
Schloss Burg: Schlossbauverein Burg an der Wupper e. V., Schlossplatz 2 42659 Solingen, Tel. 0212/242 260 (Infos), 0212/242 26 26 (Kasse)
www.schlossburg.de

Auskunft
Stadt Solingen Tel. 0212/290-0, www2.solingen.de

www.
www.tetti.de/SOLINGEN/SCHLOSS-BURG
www.solingen-internet.de
www.bergisches-staedtedreieck.de/
www.benz-i.de/sieberts/rundumsg.htm www.burgen-und-schloesser.net
www.burgen.de
www.deutsche-burgen.org

Reiterstandbild Engelbert

schrieb sein Biograf Cäsarius von Heisterbach, „sein Schädel war zertrümmert, und 47 Dolchstiche durchbohrten seinen Körper". Mag sein, dass einige davon auch fromm erfunden waren, um aus einem Totschlag Mord und aus dem Toten einen Märtyrer zu machen. Die Schädelwunden aber sind belegt: Noch 1978 untersuchten Gerichtsmediziner den Toten im Kölner Engelbertsschrein und bestätigten erhebliche „Berstungs- und Biegungsbrüche" in der Schädeldecke.

Seit der Chronik des Cäsarius („Vita Sancti Engelberti") wird Engelbert als Heiliger gehandelt, obwohl es niemals wirklich eine Heiligsprechung gab. Und in dieser liebgewonnen Erscheinung kehrte Engelbert dann 1925 in seine alte Residenz zurück: als Denkmal, schlank und aufrecht, hoch zu Pferd und würdevoll entspannt, ein milder Herrscher nach dem Geist des Art Déco. Er war es, der die Burg hoch über der Wupper zum Schloss erweitern ließ und der das Kernstück der bergischen Macht zum Herzstück einer kurzen kulturellen Blüte machte, der letzte seiner Dynastie: Mit seinem Tod war das Geschlecht der Berger in männlicher Linie erloschen.

Schloss Burg an der Wupper

Das Reiterstandbild Engelberts ist das sichtbare Zentrum in **Schloss Burg an der Wupper**, für viele das Ziel ihres Ausflugs, für uns an diesem Tag der Ausgangspunkt. Vom Zwinger durch den Vorhof und das Grabentor zurück, folgen wir vom Parkplatz, unterhalb des Restaurants „Burghof", dem schmalen asphaltierten „Waldemar-Specht-Weg" den Burgberg hinab („A 5" in Richtung Sengbachtalsperre).

Es geht in einer Kehre durch die Kerbe eines Siefens und in der Böschung wieder aufwärts. Dann zweigt nach rechts der Weg „A 5" ab und bietet eine schöne Aussicht auf die Burg. Wir kommen bald auf ihn zurück, doch vorerst steigen wir noch 150 Meter geradeaus mit dem Andreaskreuz, verlassen diesen „Schlösserweg" („X") dann vor der Höhe und folgen rechts dem Weg zum „Diedrichs-Tempel", vorbei an einem Denkmal für die Toten beider Kriege. Nur einen Steinwurf weiter steht ein Bauwerk wie ein Wehrturm auf Schloss Burg, flankiert von zwei Geschützrohren samt Kugeln vom falschen Kaliber. Auch dieser Turm trägt Trauer, doch die ist nun allein den Toten des Bergischen Feldartillerieregiments 59 vorbehalten. Das hieß nach seinem Schlachtruf: „Roemryke Berge". Mit diesem Motto stürmten die ruhmreichen Berger zum ersten Mal 1288 in der Schlacht bei Worringen gegen den vom Papst ernannten Erzbischof, damals schon hinter der neuen Fahne derer von Berg: Engelbert hatte die Rose im Wappen geführt, sein Nachfolger, Heinrich vom Limburg, Gegner von einst und Nutznießer des Anschlags, brachte den roten Löwen von Limburg nach Burg, und der wurde überall heimisch als „Bergischer Löwe".

Diederichs-Tempel

Wir folgen nun dem Weg hinab (der in Gegenrichtung als „A 1" markiert ist) und durch einen Riegel Fichten, dann schwenkt er als ein Pfad nach rechts und führt uns abwärts bis auf den bequemen Weg „A 5". Hier gehen wir nach links und erreichen bald darauf hoch über der Böschung der Wupper in der Kehre des Wegs den **„Diederichs-Tempel"**, einen hübschen Aussichtspavillon (vgl. Tour 8). Der Fernblick ist hier auf die Burg und die Wupper gerichtet, in seiner Kuppel sehen wir dazu die Wappen der bergischen Städte von „B" wie Burg bis „W" wie Wuppertal – nur echt und bergisch mit dem Löwen. Dazu ein wenig Heimatkunde. „Freu' dich, wack'rer Berger / Deiner Heimat hier! / Danke Gott, der dir sie schenkte. / Jetzt und immerdar dafür!"

Burg an der Wupper

Zylinder-Schnecke

Wir wandern weiter mit dem breiten Weg „A 5", sacht abwärts in der Böschung. Unten geht es über einen Siefenlauf hinweg. Hier verlassen wir den Weg „A 5" und folgen vor der Böschung mit dem Fichtenhochwald dem breiteren Weg nach rechts (nicht nach rechts hinab ans Wasser!). So geht es links und um den Berg herum, dann über einen Weg hinweg, der nach rechts hinab zur Wupper führt und links hinauf zur Sengbachtalsperre. Hier stellt sich nun auch unser Weg mit Namen vor als „Landrat-Lucas-Weg" (vgl. Tour 11); mit der Raute führt er als Weg 5 ohne Steigung weiterhin am Fuß der Böschung geradeaus.

Nach einem Dreiviertelkilometer wird die Böschung steil; hier kommen wir zum Wald hinaus, entdecken noch einmal die Burg und tief im Tal das große Klärwerk, hinter dem die Wupper dankbar in die Tiefe fällt und sich nur wenig weiter teilt. Von links kommt bald der Weg „A 4" zu unserem hinzu, rund 100 Meter weiter verlassen wir den breiten Weg und steigen rechts mit dem Winkel hinab bis in den Auwald nah am Fluss („A 4", in Gegenrichtung markiert). Am stillen Seitenarm der Wupper geht es entlang bis an die Strohner Brücke mit den Wasserwerksbauten von Glüder dahinter. Hier wird das Wasser der Sengbachtalsperre aufbereitet, die gemeinsam mit der großen Dhünntalsperre Solingen das Wasser reicht. Teile der Mechanik der alten **Wasserreinigungsanlage** von 1903 sind frisch lackiert am Rand der Wiese ausgestellt, Flachschieber und Ringkolbenschieber, Stirnzahnräder, Kegelräder und Zylinderschnecken. Wir überqueren nun die Wupper, vorbei am Tierheim Glüder auf der Insel, und steigen dann am rechten Wupperufer mit dem Weg, der durch ein umgekehrtes „T" markiert ist, den Bertramsmühler Bach hinauf. (Wer es bequemer wünscht, überquert schon hier den Bach und geht erst dann im Bachtal aufwärts). Bald tritt der Weg „N" hinzu, wir wandern weiterhin dem Bach entgegen, bis wir das schöne Fachwerkhaus der „Petersmühle" vor uns sehen. Nun gabelt sich der Weg, wir gehen rechts und kreuzen auf bereitgelegten Steinen den kleinen Wasserlauf. Dahinter geht es in der Böschung links bis an die Toreinfahrt heran. Hier wenden wir uns rechts und folgen nun dem asphaltierten Fahrweg („N"), vorbei an den Aufschlüssen 12 und 11 des erdgeschichtlichen Wanderwegs. Nach 400 Metern erreichen wir ein Wegdreieck; hier geht es links

Wasser-reinigungs-anlage

Burger Brezelbote

im spitzen Winkel mit dem Fahrweg weiterhin hinauf. 250 Meter später dann verlassen wir den asphaltierten Weg und folgen rechts dem gestreuten Weg „N“ in den Wald. Vorbei an einem Querweg, geht es auf der Höhe geradeaus und auf die Wupper zu. Ehe das Gelände abfällt, schwenkt der Weg nach links. Dann weist ein Hinweisstein nach rechts „zum Lönsdenkmal“. Hoch am Oberrand der steilen Böschung geht es gleich darauf nach links bis an die halbrunde Grauwackekanzel am Weg. Ein großer Monolith hält uns den Bronzekopf von Hermann Löns entgegen wie Salome den des Johannes. Auf der Rückseite des Steins sind andere Tote des Ersten Weltkriegs aufgezählt, fünf Solinger, je einer aus Ohlings und aus Leichlingen, dazu ein kleineres Postscriptum für den zweiten Krieg.

Wir wandern weiter auf dem Weg am Böschungsrand, dann mit dem Hinweisstein nach links und an die Straße auf der Höhe. Mit dem Fußweg gegenüber gehen wir nach rechts. Bevor der Wald beginnt, schwenkt der Weg „N“, auch „X“, nach links ins Landschaftsschutzgebiet und erreicht nach reichlich einem Kilometer das Gasthaus „Wiesenkotten“ an der Wupper. (Von dort geht man dann wupperabwärts auf dem linken Ufer zurück über die „Müngstener Straße“ bis Unterburg). Wir wandern mit der „Burger Landstraße“ weiter bis an den Wanderparkplatz in der Biegung und folgen von der Schranke dem Waldweg auf dem Rücken des Berges („X“). Es geht vorbei an einem alten Bolzplatz mit einer Wallanlage gegenüber, die noch älter ist, dann weiter geradeaus und dabei sacht hinab. Tief unten sehen wir die Fachwerkbauten längs der Wupper um die evangelische Dreieinigkeitskirche von 1732.

Der Weg schwenkt rechts und wieder links und zeigt uns auch den Rest des Ortsteils Unterburg. So erreichen wir die „Solinger Straße“ gleich gegenüber dem alten Rathaus. Von hier aus schwebt die **Seilbahn** (Motto: „Schweben Sie wohl“) mit 60 Plätzen komfortabel auf die Höhe. Sie wurde 1952 hier erbaut, als erste Drahtseilbahn des Landes wieder ein „spectaculum Montium“ wie Altenberg und die Müngstener Brücke. Die Burger nennen sie mit zärtlichem Misstrauen „Pöttekieker“, und wer mit ihr hinaufschwebt, weiß, warum. Wir aber gehen links, vorbei an der O-

Seilbahn

Bushaltestelle und über die Wupper, und kommen mit der „Schlossbergstraße“ rechts über den Eschbach hinweg, der hier sein Ziel erreicht hat, mitten in das Fachwerkherz des alten Orts. Hier treffen wir dann vor der Stadtsparkasse auf einen tippelnden Doppelgänger aus Bronze. Der freilich wandert ganz und gar nicht zum Vergnügen, sondern bringt in seiner Kiepe die Burger Bronze-Brezeln an den Mann.
Mit den Burger Brezeln hat es seine eigene Bewandtnis: Sie sollen eigentlich aus Frankreich stammen, wie es heißt. Ein Soldat Napoleons, so heißt es weiter, als Kriegsverletzter einquartiert bei einem Unterburger Bäcker, sei dort so gut behandelt und beköstigt worden, dass er ihn zum Dank die Kunst des feinen Brezelbackens lehrte. Anfangs buk der Bäcker hinter dicht verhängten Fenstern, aber sein Geheimnis machte bald vom Schornstein aus die Runde, und seither backen alle Burger Bäcker Burger Brezeln, 1840 immerhin in dreißig Betrieben, und Brezelhändler war ein eigener Beruf, nur echt mit der Kiepe.
Vorbei an alten Fachwerkhäusern, geht es weiter mit der „Schlossbergstraße“, vor Haus 20 links, dem Hinweis nach. Dann nehmen wir bei Haus 35 den Fußweg nach rechts, im Zickzack auf den Berg, zurück zu Engelbert von Berg, der wie am Morgen segnend seine Rechte hebt. Mag sein, dass er als Heiliger selbst seinem Mörder noch verziehen hätte. Doch dem saß längst der nächste Kölner Erzbischof im Nacken, und so überlebte er die Bluttat nur um ein Jahr. Dann wurde er in Lüttich aufgegriffen und nahe Köln aufs Rad geflochten, an einem Ort, der heute noch in Henkers Namen nach dem Rädern heißt: Köln-Raderberg.

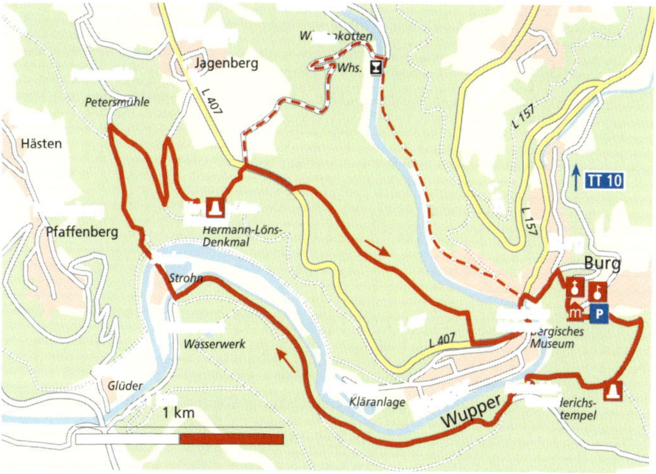

Tour 10

Alte Hämmer, dicht an dicht

Von Schloss Burg ins Eschbachtal

Schloss Burg

So schön wie nur im Mittelalter ragt **Schloss Burg** mit seinen Wehranlagen aus dem Grün am Rand der Wupper, seit dem Neubau 1914 schöner als die Burg tatsächlich jemals war. Mit Zwieback, Brezeln und der sprichwörtlichen Kaffeetafel trotzt sie heute der touristischen Belagerung. Doch noch im 19. Jahrhundert war das Schloss der Berger Herr-

Kurzbeschreibung

Anfahrt
Burg an der Wupper liegt an der L 157 zwischen Solingen und Wermelskirchen. Gebührenpflichtiger Parkplatz an der Burg, kostenfreie Parkplätze abseits der „Burgtalstraße" oberhalb der Burg ausgeschildert.
Oder von Köln Hbf mit RB 11206 nach Solingen Ohligs, weiter mit RB 22750 nach RS-Güldenwerth, dort Bus 654 nach RS-Reinshagen, dort Bus 653 nach Solingen Burgtal, dort Bus 266 nach Schloss Burg.

Wegverlauf
Mit „X" 19 hoch über dem Eschbach und der Talstraße bachaufwärts, über Kellershammer bis Zurmühle, „A 2" nach Pohlhausen, dort am Ortsausgang mit Kreissymbol (Achtung, verborgen!) über Sellscheid, Landstraße kreuzen, bis Stolzenberg, „A 7" bis Sportanlage Oberburg, mit „S" am Sportplatz entlang und zurück.

Dauer
3,5 Stunden

Länge
11 km
Varianten: Vom Wiesenkotten über „S" Abstecher nach Burg an der Wupper. Der Weg lässt sich mit Tour 9 verbinden, wenn man dort vom Löns-Denkmal zur Straße kommt und dem Hinweis „Wiesenkotten" folgt. Über „S" ist ebenfalls Anschluss an Tour 10 möglich. Maximal lassen sich so alle drei Touren 8-10 zu einer verbinden.

Wanderkarte
Landesvermessungsamt Nordrhein-Westfalen: Wermelskirchen mit bergischen Talsperren. Wanderkarte NRW Nr. 2, 1: 25.000
Landesvermessungsamt Nordrhein-Westfalen: Solingen zwischen Rhein und Wupper. Wanderkarte NRW Nr. 48, 1: 25.000

Gasthäuser
In Oberburg zahlreiche, unterwegs keine

Hinweise
Der Luhnshammer 0212/430 41, kann nach Voranmeldung besichtigt werden.

Auskunft
Stadt Solingen, Tel. 0212/290-0, www2.solingen.de
Stadt Remscheid, Tel. 02191/16-00, www.remscheid.de
Stadt Wermelskirchen, Tel. 02196/710-0, www.wermelskirchen.de

www.
www.bergisches-staedtedreieck.de www.tetti.de/SOLINGEN/index
www.solingen-internet.de www.der-schleifer.de

scher eine ausgebeutete Ruine, während ringsum, in den Tälern, der Wohlstand seiner Bürger täglich frisch geschmiedet und geschliffen wurde: Allein am Eschbach, der am Fuß der Burg nach kurzer Strecke in die Wupper mündet, standen einstmals 25 Hämmer oder Kotten, von deren meisten heute kaum noch jemand weiß.

Etliche von ihnen liegen an der Strecke, die wir dazu wählen, oder lagen einst an ihr. Sie alle haben sich der Landschaft einprägt, oft in den Felsen eingegraben, und an ihren alten Signaturen sind sie jetzt noch zu entdecken. Und so wie Forscher, die an abgeschabten, neu genutzten Pergamenten eine längst gelöschte Schrift entziffern, lesen wir auch heute noch am Weg die Zeichen der versunkenen Betriebsamkeit. Dem Idealbild einer Ritterfestung müssen wir dazu den Rücken kehren. Wir kommen immerhin zuletzt zurück.

Schloss Burg

Vom Burgtor folgen wir rund 100 Meter weit der Straße, die ins Tal führt, von Anfang an begleitet vom Andreaskreuz des „Schlösserwegs" 19. Dann nehmen wir nach rechts, im Hang hinauf, den Pfad, der an der Stützmauer beginnt (gegenüber Haus 1), und haben gleich die Straße deutlich unter uns. Im lichten Laubwald schwenkt der Weg hoch oben links, bringt uns oberhalb vorbei am grün bemoosten Denkmal vier gefallener Sebastianus-Schützen und schwenkt darauf mit dem Gelände rechts, vorbei an einer großen Eiche.

Auf der Höhe geht es halblinks weiter mit Andreaskreuz („X"), wo wir wenig später einen breiten Weg erreichen und ihm folgen. Nach wenig mehr als 100 Metern verlässt der gut markierte Wanderweg den breiten Weg im Wald und weist uns links und in die Böschung abwärts. In einer scharfen Doppelkehre geht es abwärts und weiter in der ursprünglichen Richtung, bis wir in einer Gabelung den „Klingenpfad" erreichen („S"). Er bringt uns links gemeinsam mit Weg 19 bei der ersten alten Industrieanlage an den Eschbach, eben wo er durch ein Wehr schäumt. Dies war einmal der **„Neuenhammer Burgtal"**, ein kombinierter Schleif- und Hammerkotten aus dem 17. Jahrhundert, zuletzt, von 1844 bis 1998, eine Fabrik für Kugellager. Sie wurde 1848 Opfer der Revolution, als eine Allianz von kleinen Konkurrenten hier alles kurz und klein schlug. Die schönen

Neuenhammer Burgtal

Neuwerk im Eschbachtal

Bauten, die man besser von der Straße aus erkennt, sind heute unterschiedlich genutzt. Von nun an wandern wir am Eschbach aufwärts, weiter mit den Zeichen „S" und „X". Wo wir den Bachlauf überqueren könnten, liegt der alte „Luhnshammer", jetzt ein Kunstschmiedebetrieb, zugestellt mit Proben seiner Kunst, noch immer mit intaktem Schwanzhammer, der bei der Arbeit allerdings nur zuschaut.

Der Weg am Eschbach ist nun breit und eine Zeit lang ohne Steigung. Dann erreichen wir die alte Industrieanlage Neuwerk, die hier sogar den Eschbach überspannt, ursprünglich ein Schmiedehammer und zwei Schleifkotten, mit einer schmucken Fabrikantenvilla gegenüber. Hier wird der Weg für eine Weile geradezu alpin, steigt aufwärts durch lockeres Schiefergeröll und dann als Pfad durch dichtes Fichtenholz, bis er uns auf eine Felsenkanzel bringt, wo der Schiefer zwischen Eichen wie Drachenschuppen aus dem Boden ragt. Fern vor uns Remscheid auf der Höhe, uns zu Füßen das einstmals größte Walzwerk im Bergischen Land, zuletzt ein Zweigbetrieb von „Rasspe Söhne Solingen" am Stöckerberg.

Dann steigen wir hinab bis an die kleine Landstraße nach Wermelskirchen, gehen links bis an die Straße, die nach Remscheid führt, und wandern auf dem gut markierten Weg nach rechts. Hier überqueren wir den Eschbach und passieren die Gebäude des alten „Kellners-" oder „Kellershammer". Links, gegenüber, geht es nach „Tyrol" (in Remscheid!), dort gibt es auf dem Wanderparkplatz allerhand an Auskunft über die Betriebsamkeit der Örtlichkeit. Wir folgen bei der Schranke rechts dem Wanderweg („X"), der hier nun auch als „Röntgenweg" markiert ist („R") und rund um Remscheid führt. Hier ist der Fels durchbrochen und das Bächlein überbrückt – nicht für den Wanderweg, sondern für die Eisenbahn im Eschbachtal, die seit 1890 Kohle zu den Eschbacher Betrieben, dem Wasserwerk von Remscheid und den Burger Brezelbäckereien brachte. Bei so viel Eifer musste sich die Bahn noch Spott gefallen lassen: Sie hieß im Volksmund nur „et fuul Betta", weil sie bei Bergfahrt Pausen machen musste. Dafür musste sie im Tal in ihrer Frühzeit noch den Postkutschen den Vortritt lassen, weil ihr Fauchen und ihr Dampf die Pferde irritierte. An Wochenenden dann erwarb sie sich, mit gut gelaunten Ausflüglern besetzt, den Ruf der „Burger Brezelnbahn". Zuletzt verkehrte sie als Straßenbahn und wurde 1930 stillgelegt und demontiert.

Wir wandern nun am rechten Ufer weiterhin den Bach hinauf. Die Bahn das Tal hinauf war schon bei ihrer Planung höchst umstritten, und nur mit einer List und einem Telegramm gelang es den Befürwortern in Wermelskirchen, die hinter sich die Burger Wirte wussten, das „Ja" für den Bau zu erwirken: Sie schickten dem Wortführer der Gegenseite am Tag der Abstimmung eine telegrafische Depesche: „Bitte sofort kommen! Mariechen". Mariechen hieß seine Schwester, der Betrogene ließ Ratsversammlung Ratsversammlung sein, denn Blut ist dicker als Bürgerpflicht, und die Eschbachtalbahn ward – ohne ihn – beschlossen, im Jahr darauf genehmigt und am 1. April 1890 fertig gestellt: 11 Kilometer lang auf schmaler Spur mit einer Lok, der manches Mal die Puste fehlte. So wechselte der „Feurige Elias" schon sieben Jahre später den Besitzer, wurde bald elektrifiziert, fiel nach dem Krieg an Remscheid – und wurde stillgelegt. Erst 1936 gab es wieder öffentlichen Nahverkehr im Tal: einen Bus. Der wurde 1969 dann aus dem Verkehr gezogen.

Das nächste Bauwerk an der Strecke ist der Alt-Nerother Johannishammer von 1625. Der Hammer schweigt inzwischen, das kleine Haus ist heute Wandertreff sowie Matratzenlager mit einer lärmenden Kaskade hart am Ohr. Der Grillplatz, den wir bald darauf passieren, war einmal der „Altenhammer" mit einem Schleifkotten. Jetzt ist nur noch der Teich vorhanden. Dahinter zweigt der Weg „A 5" ab, wir wandern weiterhin den Bach hinauf („R"). Vor der Teichanlage, hinter der der Weg nach rechts schwenkt, lag einmal der „Neuenhammer", erwähnenswert, weil dort ein Krupp herangewachsen ist. Seit der Aufgabe des Hammers werden die Becken zur Fischzucht genutzt.

Der „Heienbrucher Hammer" liegt danach wie im Dornröschenschlaf, halb in Gras und Laub verborgen. Dann weitet sich das Tal, und wir erreichen den Flecken „Zurmühle", einstmals ein Hammer mit Kotten, auch eine Bahnstation mit Ausflugslokal, jetzt nur noch ein Platz zum Wohnen mit Häusern unterschiedlichen Erhaltungsgrads. Hier verlassen wir die beiden großen Wanderwege, überqueren rechts den Bach und kommen mit dem Fahrweg an die Talstraße heran.

Kein „Bergisches Grün"

Felsenkanzel über dem Eschbach

Gleich gegenüber folgen wir dem Weg „A 2" nach links und in der Böschung rasch bergauf, vorbei an Stall und Koppeln und durch eine Doppelkehre, vorbei an einem hübschen Fachwerkbau, in Lärchenwald. Nach etwa 100 Metern geht es wieder rechts und weiter aufwärts, bis wir oben an die Häuser von Pohlhausen kommen. Wir kreuzen einen Weg, nach 100 Metern einen zweiten, verlassen gleich darauf den Wald und kommen durch die freie Flur bis an die Landstraße heran. Ihr folgen wir nach rechts, vorbei „Am Röttgen" und am „Simonweg" gleich gegenüber, nun bis auf weiteres mit einem Wegsymbol: dem Kreis des Weges rund um Wermelskirchen. Beim Blick zurück liegt Remscheid auf der Höhe gegenüber ausgebreitet da, der **Rathausturm** wie eine Pointe über allem. Jetzt ahnen wir, warum die Eisenbahn so schnaufte.

Rathausturm

Vor dem ersten Haus zur Rechten nach der freien Fläche folgen wir dem Weg nach rechts („Iguanas MC") und kommen zwischen dichten Ilexbüschen in den Wald. Ein Weg ist kaum zu sehen, dafür ist die Strecke gut markiert. Es geht sacht links, hinab und über einen Bach hinweg und in der Böschung gleich darauf hinauf. Beim Steigen kommen wir vorbei an einem Einzelhaus mit Schafen und mit dem Kreissymbol hinauf nach Sellscheid. Hier folgen wir dem Sträßchen links und gehen an der Haltestelle abermals nach links.

Nach etwa 70 Metern biegt unser Rundweg mit dem Weg „A 7" nach Schloss Burg rechts in eine kleine Einbahnstraße ein. Es geht durch einen kleinen Streifen Wald und weiter, bis wir nach einem halben Kilometer die Landstraße nach Oberburg erreichen. Gleich gegenüber folgen wir den Zeichen durch die freie Flur bis Büschhausen mit einem großen Zimmereibetrieb. Hier gehen wir nach rechts. In Stolzenberg, 300 Meter weiter, verlässt der Weg von Wermelskirchen uns mit seinem Kreis nach links, wir wandern mit „A 7" weiter und nehmen dann in Unterwinkelhausen den Fußweg rechts, bergauf, wo wir neben einem Reiterhof die „Talsperrenstraße" erreichen.

Hier gehen wir am Wanderparkplatz rechts („Oberburg") und nehmen gleich danach an der grün-weißen Schranke den „Klingenpfad" („S") nach links, am Wald entlang, am Fußballplatz vorbei und weiter längs der großen Pferdekoppel, hinter der wir unser Ziel entdecken: den **Bergfried von Schloss Burg**. Es war ein Fabrikant aus Wermelskirchen, der seit 1887 federführend die Erneuerung der Burg betrieb, und seit Beginn des Wiederaufbaus, 1890, konnte er sich durch die Eisenbahn im Eschbachtal vom Fortgang überzeugen.

Bergfried von Schloss Burg

Wo dann die weite Pferdekoppel endet, führt der „Klingenpfad" uns in den Wald, halblinks hinab, und stößt dann auf den festen „Schlösserweg" mit dem Andreaskreuz, den wir vom Anfang kennen und der uns nun, hinab, am Ehrenmal vorüber und zuletzt hinauf, zurückbringt zu Schloss Burg.

Tour 11

Wo der Rudi schmirgelt

An der Wupper zum Balkhauser Kotten

Der Sage nach war es der Solinger Schmiedegeselle Severin Simmelpuss, der den Ruhm der heimischen Schmiedekunst um ein erhebliches vermehrte. Der liebte Maria, die Tochter seines Meisters, aber durfte sie nicht haben, denn der Meister hatte sich an den Rand des Ruins gewirtschaftet über langen Versuchen, Damaszener Klingen auch an der Wupper zu

Kurzbeschreibung

Anfahrt	Glüder liegt an der Wupper zwischen Leichlingen-Witzhelden und Solingen. Von Köln mit RB 11266 nach Solingen Ohligs, weiter mit RB 22762 nach Solingen Hbf, weiter ab Solingen Werwolf Bus 252 nach Solingen Balkhauser Kotten.
Wegverlauf	„X" 19 wupperabwärts bis Rüdenstein, am rechten Ufer zurück mit „N" bis Wupperhof, „A 2" bis Haus Hohenscheid, „S" bis Balkhausen, „A 3" bis Glüder.
Dauer	4 Stunden
Länge	Ca. 13 km Varianten: Der Weg wird 3,5 km kürzer, wenn man die Wupper bei Wupperhof überquert. Die Tour lässt sich zu einer großen Runde verbinden mit Tour 15.
Wanderkarte	Landesvermessungsamt Nordrhein-Westfalen: Wermelskirchen mit bergischen Talsperren. Wanderkarte NRW Nr. 2, 1: 25.000 Landesvermessungsamt Nordrhein-Westfalen: Solingen zwischen Rhein und Wupper. Wanderkarte NRW Nr. 48, 1: 25.000 Landesvermessungsamt Nordrhein-Westfalen: Köln, Nördliche Ville. Freizeitkarte NRW Nr. 18, 1: 50.000
Gasthäuser	„Landhaus Glüder", Glüder, 42659 Solingen, Tel. 0170/244 38 57 „Landhaus Wupperhof", Wupperhof 8, 42659 Solingen, Tel. 0212/811 781 www.landhaus-wupperhof.de Bei Rüdenstein: „Gaststätte Rüdenstein", Obenrüden 72, Tel. 0212/812 314 www.ruedenstein.de
Hinweise	Direktvermarkter „Gut Hohenscheid", Julia und Theo Höffken, Tel. 0212/478 23 mittwochs 15-18 Uhr, freitags 14-18 Uhr, samstags 10-14 Uhr Balkhauser Kotten – Schleifer- Handwerksmuseum, 42659 Solingen Tel. 0212/452 36
Auskunft	Stadt Solingen, Tel. 0212/290-0, www2.solingen.de
www.	www.tetti.de/SOLINGEN/Glueder www.tetti.de/SOLINGEN/BALKHAUSER-KOTTEN www.klingenstadt.com/bilderbuch/balkhaus.htm www.der-schleifer.de www.solingen-internet.de www.solingen-internet.de/si-hgw

Balkhauser Kotten

schmieden, und suchte dringend einen reichen Schwiegersohn, der einiges an Mitteln in das erfolglose Bemühen investierte. Severin dachte sich, eher als an Geld komm' ich nach Damaskus, und wollte Abschied nehmen von Maria, um im Reich Suleimans I. die begehrte Kunst zu lernen. Das war auf Heiligabend 1561. Er kam nur bis ins Tal der Wupper, wo er auf einen geisterhaften Alten traf, der ihm unter allerlei merkwürdigen Umständen eine Klinge schmiedete, wie man sie biegsamer und besser weder in Solingen noch in Damaskus je gefunden hatte. Da Severin dem Alten das Wunder-Werk nicht lohnen konnte, wollte er sich wenigstens des Namens in Dankbarkeit erinnern können: „Ich heiße", sagte jener, „Johann Faust". Ob Severin sich bei dem Namen etwas dachte, ist nicht überliefert. Überliefert ist nur noch das Happy End mit Maria.
Klingen haben Solingen berühmt gemacht, zwei Schwerter kreuzen sich auch heute noch auf seinem Wappen: Schon im 15. Jahrhundert, als das übrige Bergische Land noch an der Dröppelmina döste und von süßem Reisbrei träumte, war Solingen die Waffenschmiede der Nation; und als die Preußen sich später lieber bei Krupp in Essen aufrüsten ließen, stiegen die Solinger Schmiede um auf Taschenmesser, Scheren und Rasierklingen.

„Klingenpfad" heißt denn auch der 75 Kilometer lange Rundweg um die Stadt, und jeder Weg entlang der Wupper berührt ihn hie und da, auch dieser, der vielleicht der schönste, jedenfalls der spektakulärste von allen ist. Wir beginnen in Solingen-Glüder am südlichen, dem linken Wupperufer am Brückengeländer und folgen hier dem „Schlösserweg" des Sauerländischen Gebirgsvereins, Weg 19 mit Andreaskreuz (auch Raute, „N" und „A 3") nach links, die Wupper hinab. Bald entfernt der Weg sich vom

Fluss und führt, wo der Böckenchenbach hinzustrebt, um eine Weide am Ufer herum, und dann auf dem felsigen Steig in der Böschung sacht, aber stetig hinan. Bald treffen wir auf eine Aussichtskanzel mit Geländer, das nah dem Boden so verrostet ist, als warte es auf den, der sich dagegenwirft. Der Pfad steigt weiter an, während uns die Wupper, wenn auch nur auf Zeit, verlässt. Hainbuchenwald mit Eichen wechseln ab mit dunklen Fichten, vereinzelt auch Kiefern dazwischen.

Im Scheitelpunkt der Böschung zweigt nach links Weg „N" ab; wir bleiben geradeaus mit immerhin drei Zeichen. Wir sind hier auf dem „Landrat-Lucas-Weg" von Burg nach Opladen, benannt nach dem Solinger Landrat Adolf Lucas, der die ersten 27 Jahre des vergangenen Jahrhunderts Landrat für die Sozialdemokraten in Solingen war und am ersten Tag des Friedens starb, am 9. Mai des Jahres '45.

Haus Hohenscheid

Wir wandern weiter mit den Zeichen wie bisher, nicht rechts hinab, wo der Steig bald im Weglosen endet. Von der nächsten flachen Höhe sehen wir im Tal Balkhausen liegen, ein schmuckes Fachwerkdurcheinander, und auf der Höhe gegenüber **Haus Hohenscheid** wie jener Rittersitz, der dort gestanden haben soll. Dies freilich ist ein Nachbau aus dem frühen 20. Jahrhundert, vor Zeiten ein Hotel, in dem sogar die Rolling Stones genächtigt haben, dann verfallen, Asylantenheim, zuletzt, am Ende des vergangenen Jahrhunderts, für eine harte Mark verkauft. Heute ist es ein christlich geführtes Heim, in dem Spaziergänger des Sonntags Kaffee trinken können.

Im Linksschwenk geht es nun hinab, hinweg über den Raderhofer Bach und in den Felsen abermals hinauf. Oben wandern wir am Rand der freien Feldflur am Weidezaun entlang. Wo dann die Weidefläche endet, reizt rechts noch eine ungesicherte Felsenkanzel mit ihrem Postkartenblick auf Balkhausen und, wenn man sich vorsichtig vorbeugt, auf die flache Wupper.

Die Richtung stimmt

Dann geht es weiter mit dem gut markierten Weg, zunächst von der Wupper hinweg, schließlich im spitzen Winkel rechts mit einem Karrenweg hinab und mehrfach hin und wieder weiter mit Andreaskreuz. Unten, wo der Weg sich gabelt, halten wir uns mit den Zeichen links (rechts ginge es zur Wupper), bei einer zweiten Gabelung

Am „Wupperhof"

nur wenig später nochmals links und kommen auf einem hölzernen Brückchen nun auch über den Betscheider Bach.
Am steilen Rand des Prallhangs geht es dann im Zickzack auf dem schiefrigen Felsen hinauf, bis wir wie auf einem Sensenrücken weiterwandern bis zu einer grünen Bank, die günstiger kaum stehen könnte. Damit wir nicht verweichlichen, fehlt ihr die Rückenlehne. Kurz darauf passieren wir ein eingezäuntes Grundstück. Und bei der nächsten grünen Bank hat das Steigen ein Ende, dies ist mit rund 200 Höhenmetern der höchste Punkt der Tour. Von links stößt kurz Weg „N" zu uns. Nach etwa 150 Metern, bei der nächsten freien Fläche links, finden wir ein wenig unterhalb des Wegs eine hölzerne Schutzhütte, mit vollendeter Dramaturgie auf die Höhe gesetzt mit einem Blick auf Hohenscheid.
Von nun an geht es lange Zeit hinab. Nur der Weg mit Kreissymbol und „N" steigt wenig später, links ab, weiter an: Wir folgen weiterhin dem „Schlösserweg" (dazu „A 3", Quadrat und Raute) und kommen rasch hinab, nach 750 Metern an den Wupperhof, genauer: **„Landhaus Wupperhof"**. Hier musste man noch 1932 Brückenzoll entrichten. Wir gehen nun hinter dem Gasthaus und den Nachbarhäusern herum und wandern auf dem anfangs asphaltierten Fahrweg am Rand der nunmehr breiten Wupperaue weiter („X"), entlang an einer weiten Ackerfläche, schließlich in den Wald und an der Wupper bis zum kleinen Brückchen am Rüdenstein (vgl. Tour 14).

Landhaus Wupperhof

Hier verlassen wir den „Schlösserweg": Über die Wupper hinweg und am Obenrüdener Kotten vorüber, erreichen wir am Rand der Wupperaue den breiten Weg und folgen ihm nach rechts („A 1" und „N"). Bei einer Schranke geht es in den Wald. Am Fuß des Prallhangs wird die Wupper schmal, schnell und strömungsreich. Bei einer Holzbank strömt der Kaltenbacher Bach hinzu, und gleich darauf erreichen wir den alten Heiler Kotten mit dem verlandeten Untergraben. Schon 1605 soll hier geschliffen worden sein. Der jetzige zweigeschossige Bau wurde nach einem Brand im Jahre 1894 1895 neu gebaut. Bis zu 60 Schleifer waren hier einmal beschäftigt. Seit 1960 dient der Bau dem Solinger Paddelclub Wasserwanderer e. V. Der Obergraben ist heute ein Feuchtbiotop.
Vorüber an der Einmündung des Fahrwegs Wüstenhof erreichen wir die Landstraße. Rechts sehen wir die Brücke mit dem Wupperhof. Halbrechts

Balkhausen

gegenüber, hart neben Haus 241, folgen wir dem schmalen Fußweg und erreichen bei einem rot-weißen Drängelgitter den Wald. Der Pfad schwenkt links und steigt neben der Kerbe des Schellberger Bachs im Wald bergan, nun als „A 2" und mit Quadrat markiert. Nur wenig später schwenkt der Pfad nach rechts und kommt mit einem breiteren Weg zum Wald hinaus. Hier haben wir den „Klingenpfad" erreicht.

Links führt der Weg über die freie Flur hinauf nach Hohenscheid mit Bauernhof und „Burg" mit falschen Zinnen und einem Turm, der mit seinem Dach Burg an der Wupper zitiert. In Gegenrichtung führt der „Klingenpfad" weit um das Ackerland herum und bringt uns endlich an den Wald und auf bequemem Weg hinab bis in den Wupperbogen. Hier erreichen wir den Weg „A 3" und wandern mit ihm, weiter auf dem „Klingenpfad" („S") dem Wupperlauf entgegen, links, bald abermals am steilen Prallhang.

So kommen wir zum Wald hinaus, hinweg über den Hohenscheider Bach und in die alte Hofstatt Balkhausen, wo an den schönen Fachwerkwänden Pliestscheiben und Wagenräder hängen. Es geht durch Pferdekoppeln und malerisches Fachwerk wie in Rüden (vgl. Tour 14), nur ohne gastronomische Vermarktung. Ob seiner vielen Fachwerkbalken wegen das hübsche Dorf Balkhausen heißt?

Auf der Kreisstraße („Balkhauser Weg") gehen wir nach rechts, hinab, wo uns beim letzten Haus der „Klingenpfad" verlässt. Wir wandern weiter auf dem schmalen Fußweg an der Straße mit „A 3", und wo dieser Fußweg endet, geht es gegenüber und im Schutz der Leitplanke bis an den **Balkhauser Kotten** heran.

Balkhauser Kotten

Der Kotten aus dem 16. Jahrhundert, seit 1612 zum Doppelkotten ausgebaut, ist im Lauf der Jahre viermal abgebrannt, zuletzt am 11.12.1969.

In Teer getränktes Eichenholz war auch so nah am Wasser kaum zu löschen, wenn es einmal brannte. Der Außenkotten war schon 1950 abgerissen worden. Der Kotten, wie er heute vor uns steht, ist das Werk des Wiederaufbaus 1971/72, mit neuem Wasserrad und 1999 wiederhergestelltem Obergraben, renoviert und frisch gestrichen 2003. Die großen Fensterflächen waren notwendig, damit die Schleifer Licht auf der Hand hatten, jetzt geben sie dem weiß-schwarzen Bau den noblen Charakter eines Landhauses. Ein mächtiger Baum ragt als Welle ins Haus, ein fingerstarker Riemen übersetzt die Kraft, die Drehung des Wasserrads im Graben wird im rechten Winkel übersetzt, bis sich im Nebenraum der mannshohe Schleifstein dreht. Davor kauerte auf einer Art Rutsche der Schleifer.

Über zahllose Zahnräder, Wellen und Riemen wurde die Kraft des Wassers zu jedem Arbeitsplatz gelenkt. Bis zu 56 „Schlieper", anderen Quellen zufolge gar 180, haben hier gearbeitet. Das beförderte den Wohlstand der Gemeinde, aber schadete erheblich der Moral: Noch 1903 beschwerte sich der Bürgermeister von Witzhelden, dass seine Bäuerinnen, auf dem Weg zum Markt nach Solingen, links und rechts des Wegs von nackten Hintern im Gebüsch behelligt würden, denn es gab für all die Schleifer keine einzige Toilette.

Werktags kann man hier noch einem Scherenkontrolleur und einem Schleifer bei der Arbeit auf die Finger schauen. Oben, im ersten Stock, wohnte einst der Bildhauer Ernst Egon Oslender mit seinen „Fühlsteinen". Er konnte noch das härteste Gestein in runde, weiche Formen verzaubern, schwelgerische Kissen oder üppige Busen, etwas Weiches jedenfalls. Dann zog es ihn mit seiner schweren Fracht nach Kanada,

Gut Hohenscheid

rechts: Das neue Wasserrad

und seit 1981 wohnt und arbeitet jetzt hier der Künstler und Industriedesigner Heinz-Peter Knoop. In der Kottenstube sieht man seine Plastiken und seine kleinen nützlichen Erfindungen und kann sie auch gleich kaufen.

Wie hart die Arbeit war, das lässt sich heute kaum ermessen. Eine Vorstellung davon gibt immerhin die Sage: Einst lebte hier eine Familie, die war so arm, dass sie sich nur sonntags Reisbrei kochen konnte. Und weil ihr eigener Topf für die vielen Mäuler, die im Lauf der Jahre dazugekommen waren, zu klein geworden war, lieh sich die Hausfrau allwöchentlich den Kessel von den Heinzelmännchen, die in der Nähe ihres Kottens wohnten. Zum Dank blieb immer ein Rest Reis im Topf. Das ging so lange gut, bis ein paar boshafte Solinger sich ebenfalls den Topf einmal borgten, statt des Breis indes nur einen Haufen ihrer Exkremente in den Kessel setzten: „Das erbitterte“, so heißt es in der Sage, „die Heinzelmännchen derart, dass sie die Solinger Einwohner verfluchten und ihnen für alle Zukunft krumme Beine wünschten. Der Fluch ging in Erfüllung. Und seit jener Zeit sind die Solinger krummbeinig.“

Auf geraden Beinen, denn wir sind hier nur zu Gast, setzen wir den Weg nun fort: In der Böschung an der Straße sehen wir die alten, ausrangierten Schleifsteine, die man mit dem Meißel immer wieder neu zu schärfen hatte, bis sie nur noch einen Meter maßen. Wir gehen am Obergraben entlang bis zum Wehr, dann geht es in der Böschung gegenüber mit dem „Erzgebirgspfad“ und „A 3“ ein letztes Mal im Wald hinan und dann halbrechts hinab, in einer spitzen Doppelkehre auf den „Pfaffenberger Weg“ und rechts zum „Landhaus Glüder“ und zurück zum Ausgangspunkt.

Tour 12

Gesunde Lage, frisches Wasser

Rund um die Sengbachtalsperre

Witzhelden

Von Vito oder Wizo weiß man wenig mehr, als dass er hier gelebt hat oder eigentlich nur haben soll. Doch das genügte, um das Dorf nach seinem Namen zu benennen: Withseleden, **Witzhelden**. Von Helden, witzigen zumal, ist hier nichts weiter überliefert. Der Name wird weit ernster mal von Holz und Halde („witu"), mal vom Wasser („Wietsche"), mal auch von „weitem" hergeführt: Nichts davon ist zwingend, und weit witziger ist „Vito" allemal. Mit der Lehre Luthers kamen Biederkeit und Arbeitseifer an die Wupper, und mit Fleiß in Stall und Garten, auch am Webstuhl und beim Holzschuhschnitzen, brachten es die Bauern mit der Zeit

Kurzbeschreibung

Anfahrt	Der Ausgangspunkt liegt am „Landhaus Lorenzet" an der L 294 Witzhelden-Hilgen. Von Köln mit RB 11266 nach Solingen Ohligs, weiter mit RB 2276 nach Solingen Hbf, weiter ab Solingen Werwolf Bus 252 bis Haltestelle „Neuenhof".
Wegverlauf	Weg mit umgedrehtem „T" bis zur Staumauer, dahinter „X" 19 bis Höhrath, „X" 29 bis Autobahnbrücke, „Z" zurück.
Dauer	Ca. 3 Stunden
Länge	Ca. 10 km Varianten: Abstecher nach Burg an der Wupper möglich von Höhrath mit „X" 19. Die Tour lässt sich verbinden mit Tour 9: Von Staumauer mit umgekehrtem „T" bis Strohn und Petersmühle, von Oberburg mit „X" 19 bis Höhrath.
Wanderkarte	Landesvermessungsamt Nordrhein-Westfalen: Wermelskirchen mit bergischen Talsperren. Wanderkarte NRW Nr. 2, 1: 25.000 Landesvermessungsamt Nordrhein-Westfalen: Köln, Nördliche Ville. Freizeitkarte NRW Nr. 18, 1: 50.000
Gasthäuser	„Landhaus Lorenzet", Neuenhof 1, 42799 Leichlingen-Witzhelden Tel. 02174/386 86, www.landhaus-lorenzet.de In Höhrath: „Kartoffel-Kiste" / „Zur Solinger Talsperre", Höhrath 150 42659 Solingen-Höhrath, Tel. 02196/1237 & 953 65, www.kartoffelkiste.de www.solinger-talsperre.de
Auskunft	Stadt Leichlingen, Tel. 02175/992-102, www.leichlingen.de Stadt Solingen, Tel. 0212/290-0, www2.solingen.de
www.	www.tetti.de/SOLINGEN/SENGBACHTALSPERRE/index.html www.gastroland.de/wandern www.witzhelden-web.de

zu Wohlstand, wie er Gott gefiel. Selbst der Pfarrer hatte nichts zu klagen: „Offenbare Söffer, Schwärmer, Ehebrecher, deren existieren hier gar nicht“, schrieb zufrieden Heinrich Reichenbach, der hier auf der Kanzel stand von 1797 bis 1840.

Lange lag die Zeit zurück, als die Ritter aus Witzhelden Reisende nach Dortmund oder Bremen auszuplündern pflegten. Nach Dortmund nimmt man lange schon die Autobahn, und wer heute nach Witzhelden fährt wie wir, der sucht die Erholung im Bergischen Land und folgt dabei womöglich der Empfehlung aus dem Jahre 1900: „Witzhelden hat eine hohe, gesunde Lage; tuberkulöse Erkrankungen treten fast gar nicht auf.“

Unser Weg beginnt am Ortsrand. Hier nehmen wir am „Landhaus Lorenzet“ den Fahrweg „Neuenhof / Brachhausen“.

Intzes Mauer

Links haben wir den Fernsehmast, daneben den Witzhelder Fernmeldeturm, 220 Meter hoch der eine, 130 der andere. Wo der Parkplatzstreifen auf der Rechten endet und wir Brachhausen schon links vor uns sehen, gabelt sich der Weg. Hier halten wir uns rechts und kommen in das Wasserschutzgebiet.

Der Weg durch diese schöne Wiesenlandschaft ist gekennzeichnet mit einem umgedrehten „T“. Rechts und links blüht gelber Löwenzahn, Sauerampfer gibt den Wiesen einen roten Hauch. Wo der Asphaltbelag dann endet, sind wir gleich im Wald. Es hat zuvor geregnet, und jetzt singen die Vögel im dampfenden Laub desto mehr.

Der Vogelfang am Vogelherd war früher einmal weit verbreitet in der Gegend. Die Vogelsteller schlichen sich mit falschen Bärten auf die Jagd – getarnt nicht wegen Hänfling, Distelfink und Zeisig, sondern wegen der Gendarmen, denn verboten war der Umgang mit dem Vogelgarn schon früher. Geholfen indes hat es wenig. Selbst der erwähnte Pfarrer Reichenbach saß in Mußestunden auf der Lauer oder fütterte im Pfarrhaus seine Lockvögel. Und noch in diesen Tagen ist ein Händler aus dem nahen Burscheid wegen des verbotenen Geschäfts mit Vögeln aus dem Wald verurteilt worden, denn noch immer gibt es Leute, die sich einen

Wasserturm von 1889

Vogel wünschen und partout nicht ahnen, dass sie ihn schon haben. Anders wäre es vielleicht, gäbe es noch das Gesetz zum Schutz der Nachtigallen von 1763 und den Kurfürst Carl Theodor von Berg, der jeden, der sich in die gute Stube eine Nachtigall im Käfig hängte, mit 25 Goldgulden bestrafte – wahlweise an Ort und Stelle 25 Hiebe mit dem Stock.

Wir kommen bald durch einen Riegel Fichtenwald, dann fällt der Weg bergab. Hinter einer leuchtendgrünen Bank führt uns unser Zeichen rechts auf einem schmalen Weg den Hang hinab ins weite Sengbachtal. Es geht zunächst durch Unterholz, dann wird der Blick wieder frei, wir kreuzen einen Reitweg im Wald und steigen weiter talwärts, überqueren noch einen geschotterten Wirtschaftsweg und folgen weiter dem Pfad hinab zur Sperrmauer, wie es hier an einer Linde heißt.

Unten halten wir uns rechts und kommen gleich an den Staudamm heran. Der stammt aus einer Zeit, als man „Cubikmeter" mit einem „C" und „Thal" noch mit „Th" schreiben konnte, wie wir später entdecken. Zwar hatte Konrad Duden seine Segnungen schon 1880 unters Volk gebracht, und nur den „Thron" schrieb man auch fürderhin auf altertümlich, weil der Herr auf diesem Ding das nun einmal so wollte, doch bis sich so etwas herumgesprochen hatte, floss auch noch den Sengbach eine Menge Wasser runter.

Zu dieser Zeit war auch ein Staudamm noch ein Bauwerk, nicht bloß ein Mittel zum Zweck. Als eleganter Bogen mit einem Radius von 150 Metern stemmt sich das schlanke Gemäuer aus Bruchstein und Schiefer gegen die gestauten Wassermassen, als sollte es dem Wanderer beweisen, was Menschenwitz vermag im Umgang mit den Kräften der Natur. Mit den Kräften der Gesellschaft ging man dazumal noch ausgesprochen pflegeleicht um: Den Zylinder zum „Hurra!" gezogen, den Rücken zum Buckel gekrümmt – wie das „Solinger Kreis-Intelligenzblatt", das am Vortag der Einweihung das Hohelied des Oberbürgermeisters und des Stadtverwaltung säuselte: „Die Aufgaben, die der Verwaltung eines städtischen Gemeinwesens in unserer modernen Zeit gestellt werden, sind bekanntlich ungeheuer mannigfache." Gebaut indes, entworfen, hat die Mauer nicht der populäre Oberbürgermeister, der damals Dicke hieß, sondern der Geheimrat Professor Dr. Ing. Otto Intze von der TH Aachen, der nämliche, der auch den Wasserturm zu Gräfrath konstruiert hat, dem Wasser so und so verbunden: 43 Meter hoch, 178 Meter lang, mit einem Stauvolumen von 3,25 Millionen Kubikmeter Wasser. Das Rundeste an allem waren noch die Kosten: 5 Millionen Mark.

Nun schlendern wir hinüber auf die andere Seite und dort gleich bei der Gabelung halbrechts den Hang hinauf nach Höhrath (Andreaskreuz „X" des Wanderwegs 19). Es geht rasch aufwärts durch zwei Kehren, links vor uns finden wir im Wald auf einer Felsenkanzel eine Ruhebank, dann erreichen wir den Rücken dieser Höhe zwischen **Sengbachtal** und Wuppertal. Dort halten wir uns rechts in Richtung „Burg" und „Höhrath". Bald kommen wir vorüber an der Abzweigung des Talsperrenrundwegs nach rechts; wir bleiben auf unserem markierten Weg, der nun asphaltiert ist.

Sengbachtal

Links verlässt uns ein Weg nach Burg; hier kämen wir hinab zur Wupper, an die Unterburg heran und auf den Wegen „19" oder „29" (beide „X") wieder nach Höhrath zurück. Wir wandern aber oben weiter geradeaus, und als unser Weg auf der Höhe nach rechts schwenkt, sehen wir links durch die Bäume die Türme von Burg an der Wupper. So kommen wir am Ende dann zum Wald hinaus. Der Weg steigt noch ein wenig an, dann haben wir in den Wiesen schöne Blicke über das Solinger Land und gegenüber weit ins Bergische.

Hier sind wir nun in Höhrath. Wir folgen dem Andreaskreuz durch den Ort, vorbei an der „Kartoffel-Kiste", die eigentlich das Ausflugsrestaurant „Zur Solinger Talsperre" ist, kreuzen hier die Straße und folgen gegenüber wiederum dem Kreuz, am Parkplatz vor dem Reiterhof vorüber.

Am Weg

Bei Brachhausen

Hier haben wir den Wanderweg gewechselt, „19“ gegen „29“, aber nicht das Zeichen „X“.

Wasserturm

So geht es gleich zum Ort heraus und an den kleinen alten **Wasserturm** heran, der seit 1889 das Dorf mit Wasser versorgte. Der Weg verläuft nun längs der freien Flur; gegenüber finden wir das Forsthaus, ein schmuckes Fachwerkhaus, wetterfest verschiefert, geschmückt mit einem stattlichen Geweih. Von links kommt nun der „Klingenpfad“ hinzu („S“).

Dann geht es wieder in den Wald, wo die Wege Namen haben. Unser Weg heißt anfangs „Thomasweg“, er fällt im Rechtsschwenk sacht bergab. Wo er sich gabelt und wir die Sengbachtalsperre nun links wie rechts bequem umrunden könnten ohne größeres Gefälle, halten wir uns links und folgen nun für lange Zeit dem „Klingenpfad“ und dem Andreaskreuz des „Bergischen Wegs“ 29 auf dem „Von-Sachs-Weg“.

Es geht nun dem Zulauf entgegen, von dem der Stausee seinen Namen hat, nach rund 300 Metern rechts durch eine scharfe Kehre und über den Unterkinelhausener Bach und den Sengbach hinweg, der weiterhin zur Rechten in Mäandern unter uns verläuft. So geht es wieder auf den Stausee zu. Drei solcher Zulaufbäche müssen wir passieren, ehe wir die Sengbachtalsperre verlassen können. Es geht durch hohen Fichtenwald mit hellen Blaubeerflächen am Boden. Bald kommen wir an das Vorstaubecken heran, dann schwenkt der Weg und führt uns durch die zweite weite Kehre. Wo der Ellinghauser Bach ein wenig unterhalb des Wegs in einer Fassung schäumend aus dem Boden dringt, geht es wieder zurück und erneut fast bis an den See heran. Schon vorher aber weisen uns die Zeichen („X“ und „S“) nach links, den Hang hinauf, nun dem Brucher

Bach entgegen und an die Autobahn heran, die wir im Wald schon lange hören.

Hier verlässt uns der Weg „X" und unterquert den Doppelviadukt der Autobahn, Felssteinbögen neben Stelzen aus Beton. Wir folgen noch dem „Klingenpfad" nach rechts. Es geht nun wieder in den Wald, wo unser Weg mit nur geringer Steigung dem Geländeverlauf über dem Südwestufer folgt.

Bei der zweiten Biegung dieses Teilstücks, also bei der zweiten Mulde in der Böschung, kommen wir an eine Waldweide heran. Hier verlassen wir den „Klingenpfad" („S"), der nach rechts schwenkt, und wandern geradeaus auf dem „Schmitz-Lenders-Weg", mit dem Zeichen „Z" in Richtung Witzhelden. Wir folgen dem Weidezaun bergauf, am Ende halten wir uns links, und wo die Weide wiederum begrenzt ist, folgen wir nun rechts dem Weg in Richtung auf den kleinen Weiler Hölverscheidt. Auf halber Strecke zu den Häusern halten wir uns rechts und nehmen den Wiesenweg bis an den Ort der Senke heran. Es gibt hier ein paar schöne **Fachwerkhäuser**, wir kommen links an Apfel- und an Birnbäumen vorüber, dann geht es weiter auf dem Weg „Z", der Richtung seines Pfeils entgegen.

Fachwerkhäuser

So verlassen wir den Flecken, kommen durch die Wiesen unterhalb der Straße; hinter uns liegt in der Ferne Remscheid auf der Höhe. In der Hof-

Rundweg

statt Kuhle erreichen wir erneut die Höhenstraße nach Witzhelden. Zum Auto ist es dann noch rechts ein halber Kilometer, Zeit genug für eine letzte Anekdote: Hier in Kuhle lebte um die Mitte des 19. Jahrhunderts als Gastwirt Johann Peter Fomm. Wer mit dem Fuhrwerk aus Witzhelden unterwegs in Richtung Hilgen war, der kehrte gerne bei ihm ein, denn erstens gönnte man den Pferden vor dem Anstieg auf den Heider Berg die Rast, und zweitens gab es da neun Töchter. Da mochte manchem denn die Zeit des Aufenthalts zerfließen wie die Butter, die er auf dem Wagen hatte. Bald aber mussten die Bauern auch gar nicht mehr weiter: Fomm kaufte ihnen ihre Butter ab, und seine Kinder trugen sie verpackt nach Solingen und Remscheid. Das ging wie geschmiert, und binnen weniger Jahrzehnte wuchs der Handel derart an, dass die Lieferanten aus dem ganzen Umland den Bedarf nicht decken konnten. Fomms Schwiegersöhne kauften Butter, wo sie noch zu haben war, in Holland, Argentinien, Neuseeland, und während an der neuen Sengbachtalsperre das Wasser stieg, hielt im Bahnhof Hilgen jede Woche ein Waggon mit Butter aus Sibirien. Von metaphorischen Gefilden wie Milchsee oder Butterberg hat damals sicher keiner schlecht geträumt.

Mörder im Gebüsch

Von Witzhelden zur Diepentalsperre

Der „Alte vom Berge“ wacht schon seit Hunderten von Jahren über seinem Dorf, unablässig, Tag und Nacht: Es ist der Kirchturm von Witz-

Kurzbeschreibung

Anfahrt	Witzhelden liegt an der L 294 Leichlingen-Hilgen. Mit der RB 10113 nach Leverkusen, dort mit Bus 255 nach Witzhelden.
Wegverlauf	Weg „1“ („Am Markt“ hinab, in Talsohle mit „1“ und Kreissymbol bis Wersbach, Aufstieg, Landstraße queren und weiter bis „Haus Tirol“, dahinter mit Quadrat links über Vierschelbach hinweg und mit „A 3“ bis Diepental. Mit „L“ Aufstieg nach rechts und gegenüber hinab bis Teichanlage. Mit Balkensymbol Weltersbach hinauf bis Witzhelden.
Dauer	3,5 Stunden
Länge	11 km Varianten: Der Weg lässt sich mit Tour 14 zu einer großen Runde verbinden.
Wanderkarte	Landesvermessungsamt Nordrhein-Westfalen: Wermelskirchen mit bergischen Talsperren. Wanderkarte NRW Nr. 2, 1: 25.000 Landesvermessungsamt Nordrhein-Westfalen: Köln, Nördliche Ville. Freizeitkarte NRW Nr. 18, 1: 50.000
Gasthäuser	In Witzhelden: „Zur alten Post“, Am Markt 13, Tel. 02174/3204 (Donnerstag Ruhetag). „Café Strieker“, Am Markt 10, Tel. 02174/3373 „Haus Diepental“, Diepental 88, Tel. 02171/302 14 (Montag, Dienstag Ruhetag), im Winter geschlossen „Dorfcafé Pilgerheim Weltersbach“, Weltersbach 9, Tel. 02174/797 746 Bei Oberwietsche: „Zum Reiterstübchen“, Oberwietsche 1 An der Landstraße Leichlingen-Witzhelden: „Haus Stöcken“, Stöcken 12 Tel. 02175/28 57 (Montag, Samstagmittag Ruhetag) „Rusticus“, Krähwinkel 4, Tel. 02174/748 612
Hinweise	Direktvermarkter: Forellenteiche St. Heribert, Bremersheide Lieselotte Wiekhorst, Tel. 02175/5858 Bernd Hielscher, Krähwinkel 9 (Käse, Milchprodukte), Tel. 02174/3455 An der Landstraße Leichlingen-Witzhelden: Bernd Sesterhenn, Junkersholz 26 Tel. 02175/6633 Karl-Hermann Hagenbeck, Paffenlöh 6, 51399 Burscheid, Tel. 02174/5638 Grünscheider Hof, Grünscheid 24, 51399 Burscheid, Tel. 02174/17 85 Wilfried Flügel (Äpfel), Stöcken 6, Tel. 02175/4235
Auskunft	Leichlingen, Tel. 02175/992 102, www.leichlingen.de
www.	www.witzhelden-web.de www.stadtbild-leichlingen.de

Witzhelden

helden, der so heißt, vom Vorgängerbau aus dem 12. Jahrhundert erhalten geblieben, unverändert auch durch seine spätbarocke Umgestaltung 1768. Nur der Glauben hinter seinen Mauern war einmal zu ändern: 1559 gab es für Witzhelden erstmals einen Pfarrer, der schon Frau und Kinder hatte.

Der grob gefügte Bruchsteinturm ist Start und Ziel für diese Tour, die durch die Einsamkeit der Täler in die viel besuchte Sommerfrische führt und dann in ähnlicher Manier zurück. Am Marktplatz vor der Kirche, den Turm vor Augen, halten wir uns rechts und folgen neben ihm dem Sträßchen „Am Markt“ mit schönen Fachwerkhäusern, durch die Biegung und hinab („1“). Hier geht die Straße in den „Parkweg“ über und bringt uns bald zum Ort hinaus, an der Abzweigung des „Felder Wegs“ vorüber (**„Waldlehrpfad“**).

Waldlehrpfad

In einem kleinen Waldstück geht es unten über einen Wasserlauf, der uns eine Zeit lang schon begleitet hat, und ehe der Asphaltweg wieder ansteigt, halten wir uns rechts (mit Kreissymbol und „1“) und folgen nun dem Fußweg an dem Wasserlauf entlang. Die Bäume tragen Hinweisschilder, was hier Buche, Ilex oder wilde Kirsche ist. Es geht zum Wald hinaus, über ein Bächlein hinweg, dann folgt der Pfad nach rechts dem Rand der Böschung längs des kleinen Bachtals.

Hier ficht ein Waldbesitzer seine Händel mit dem Witzheldener Verkehrsverein und hängt den Wanderern auf dem Waldlehrpfad ein Verbotsschild in den Weg. Das ist, wir haben uns erkundigt, von keiner rechtlichen Bedeutung, und mit §49(1) des Landschaftsgesetzes sowie §12(1) des Landesforstgesetzes geht es frohgemut voran. Ärgerlich sind nur die vielen umgelegten Stämme, die uns hier wie Knüppel zwischen die Beine geworfen werden.

Wersbach

Es geht an einem kleinen eingezäunten Angelteich vorbei, dahinter führt der Weg mit Kreis und „1“ nach rechts über den Damm, knickt links und auf die Klinik **Wersbach** zu und folgt dem asphaltierten Fahrweg aufwärts. So kommen wir nach Wersbach, vorbei an schönen Fachwerkhäusern, überqueren hier die Straße, die von Burscheid nach Witzhelden führt, und folgen gegenüber dem gesperrten Fahrweg und noch immer den vertrauten Zeichen, vorbei an einer Abzweigung nach rechts, weiterhin

Rheintalblick

auf dem Waldlehrpfad. Nur ein paar Schritte weiter aufwärts durch das Weideland, und das weite **Rheintal** liegt als Panorama vor uns.
Wo wir nach gut 300 Metern in den Schatten eines Waldstücks treten, verlässt uns der Weg „1" nach rechts und führt nun gleich zurück. Wir wandern weiter geradeaus mit Kreissymbol und nun auch mit Quadrat, zum Wald hinaus und mit dem Waldrand weiter, vorbei an einer großen Eiche in der freien Feldflur links. Bald taucht der Weg noch einmal in den schönsten Laubwald und führt uns weiter, abwärts auf dem schmalen Rücken einer Höhe, zuletzt, vor einem Einzelhaus im Wald, vom Grat ein wenig rechts hinab, auf ein kleines Teichsystem zu. Das Passbild eines Dobermanns am Zaun verspricht uns links „Je suis de garde", und wer dem Bild allein nicht glaubt, für den erscheint der Hund mit seinen Freunden in natura, doch jenseits seines Zauns, gottlob!
Das ist das „Haus Tirol" – mit Stolz und Selbstbewusstsein 1919 hier gebaut, in jenem Bachtal, dessen Unterlauf als „die Leichlinger Schweiz" galt (vgl. Tour 14). So schön, befand der Bauherr Martin Rombach, sei es hier schon längst, und was ihn betraf, „so soll es meine Aufgabe sein, den Ort, soweit er mir gehört, so auszubauen, dass er den Namen ‚Tirol' mit Stolz tragen darf."
Unten, nur ein wenig weiter, geht es über den Abfluss der Teiche hinweg, dann folgt der Weg dem Schwenk nach links, und hier verzweigen sich die Wanderwege abermals: Der mit dem Kreis markierte Weg steigt rechts hinauf, wir bleiben links auf dem Asphaltweg, zum Wald hinaus, wo auf der Linken wieder eine Teichanlage liegt. Ein Schild verspricht uns hier für samstags, sonn- und feiertags geräucherte Forellen. Noch 1850 gab es im System der Wupper die größte Artenvielfalt unter Wasser: Die Ellritze, die Esche und den Hecht, den Karpfen und den Aal, das Rotauge und Neunauge, den Lachs, die Möhne und den kleinen Pierling, den man in den überschwemmten Uferwiesen fing und dann in Essig baden ließ, bis man ihn aß mit Haut und Haar. Später freilich wurde es den Fischen doch zu bunt, indigoblau und türkischrot von all den vielen Färbereien, wenn sie nicht stattdessen von den Bleichen mittels Chlor und Schwefelsäure blass geworden waren; und heute ist man stolz auf die Forellen in den aufgestauten Teichen.

Unterwietsche

Hofstatt Unterwietsche

Wir überqueren mit dem Wanderweg den Vierschelsbach, steigen ein paar Meter an und schwenken dann vor einer braunen Scheune rechts: Jetzt folgt der gut markierte Pfad für lange Zeit dem schönen Bach, beschattet am oberen Rand in der Böschung. Nach etwa einem Kilometer erreichen wir die **Hofstatt Unterwietsche**. Vor uns liegt nun rechter Hand ein langgestreckter Fachwerkbau, der sich durch den Schmuck der aufgestellten Mahlsteine als Unterwietscher Mühle zu erkennen gibt. Auch das Mühlrad, hören wir, sei noch vorhanden, unterhalb im Keller des Gebäudes. Dem schönen Fachwerkbau direkt gegenüber steht ein gleich bemessenes Gebäude, aber weitaus jünger. Zwischen beiden führt der Wanderweg hindurch, dahinter mit der Straße abwärts auf die Straße nah am Bach und weiterhin nach links, dem Wasser nach.

Bald führt die Straße über den Bachlauf hinweg, schwingt sich im Bogen links hinauf und bringt uns an die Straße von Leichlingen nach Burscheid. Hier halten wir uns auf dem Gehweg links und folgen gegenüber gleich darauf dem Fahrweg „Grünscheider Mühle". Das wunderhübsche Fachwerkhaus auf einem Unterbau aus hellem Backstein liegt zur Linken, nahe an der Straße. Hier führt der Wanderweg vorüber und verläuft dann ein Stück mit dem Damm. So erreichen wir die Hinweistafel „Erholungsgebiet Talsperre Diepental"; hier gabeln sich die Wege, wir bleiben geradeaus und unten und wandern auf dem kiesgestreuten Weg das letzte Stück am Bach entlang.

Vor dem Tor zu einem kleinen Campingplatz schwenkt der Weg nach links und über den Damm und führt danach mit dem Quadrat am See entlang, am Parkplatz vorbei und auf dem Dammweg mit der Brücke auf die andere Seite.

Tief im Tann Tirol

Diepental gehörte einst zu einem Dutzend Rittersitze rund um Leichlingen, nachgewiesen seit Jahrhunderten, bis es mit „dem letzten Diepentaler" 1802 unrühmlich aus der Welt geriet; der nämlich gab im hohen Alter noch den Auftrag, seinen Schwager zu ermorden, Ferdinand Ignaz von Worringen. Wie einst bei Engelbert von Berg 1225, so lauerten die Mörder 1798 wieder im Gebüsch, und wieder auf dem Weg zur Kirche. Nach der Freveltat verfiel die Burg im tiefen Tal, der Garten wurde angelegt, und ein Jahrhundert später, 1902, beseitigte der neue Eigentümer auch die letzten Spuren und baute um die Fundamente diesen See. Doch schon 1848 hatte man die blutige Geschichte abgehakt, „Haus Diepental", auf dem alten Halfenhaus errichtet, war Ausflugsort, und zum Fest der St. Sebastianus-Schützen lud der Wirt und Schützenkönig Stöcker zum „Vogelschießen um eine fette Kuh". Heute ist die Gaststätte ein viel besuchtes Ausflugsziel mit Schwimmbad und Bootsverleih, Kaffee und Kuchen. Für uns ist es der Wendepunkt, und das ist Grund genug zur Einkehr.

Rustikal beim „Rusticus"

Dann setzen wir den Rundweg fort, steigen neben dem Gasthaus mit dem Fahrweg geradewegs den Hang hinauf, vorüber an der Minigolf-Anlage, durch ein kleines Waldstück in die Felder, vorbei an einem schönen Einzelhaus zur Rechten. Ehe wir die Höhe mit der Landstraße erreichen, schwenken wir nach rechts, auf die Waldecke zu, und erreichen dort vor dem einzelnen Haus den Rundweg „L". Ihm folgen wir nach links entlang der **Apfelbaumplantage**, überqueren vorsichtig die Straße und folgen gegenüber dem Weg „L" in Richtung „Bremersheide II".

Apfelbaumplantage

Im Bogen führt uns der Asphaltweg links, mitten durch den Ortsteil und hinab. Unten folgen wir ein kurzes Stück der Straße geradeaus, hinweg über den Weltersbach, dann halten wir uns 100 Meter weiter rechts, verlassen den Weg „L" und nehmen bei der kleinen Teichanlage den „Johannes-Bildstein-Wanderweg" nach rechts, der bis Witzhelden durch ein weißes Rechteck (oder Balken) gut markiert ist. Die renommierte Zuchtanlage für Karpfen und Forellen nutzt den Teich der alten Weltersbacher Mühle, 1830 hier als Ölmühle errichtet, nach dem Niedergang des Rapsanbaus in eine Fruchtmühle verwandelt, 1890 abgebrannt und nicht mehr aufgebaut.

Nach kurzer Strecke ist der schmale Weg im Grünen asphaltiert, bei den wenigen Häusern von Heeg wechselt er über den Bach hinweg und führt in der Böschung weiterhin der Fließrichtung entgegen. Dann kommt er durch den kleinen Friedhof des Pilgerheims Weltersbach und führt mit der Straße hinab in den Ort, ein gepflegtes Ensemble von Häusern im bergischen Stil, und doch kein gewöhnliches Dorf, sondern ein **„Altendorf"** der evangelisch-freikirchlichen Gemeinde. Beim Dorfteich kreuzen wir erneut den Weltersbach und halten uns sofort dahinter rechts, vor-

Altendorf

bei am weißen Kreuz der Christuskirche, und wandern dann am Rand des Bachtals weiter.

Wo wir auf die Straße stoßen, gehen wir nur ein paar Meter links und wandern gegenüber auf dem Fahrweg „Schüddig“ weiter mit dem Balken durch das Bachtal, die wenigen Gebäude dabei allesamt zur Linken, geradewegs auf die Antenne von Witzhelden zu. Von nun ab heißt der Weg auch „2“. Noch einmal führt er uns an einem Teich vorbei, vorüber auch an einer Eisenschranke und weiter auf dem splittgestreuten Weg nach Krähwinkel. Die „Freiheit in Krähwinkel“, die der Dichter Johann Nestroy noch mit seiner Posse gleichen Namens 1848 meinte, zeigt sich heuer hie und da in der Gestaltung der Fassaden. Nun geht es mit der Straße ruhig durch den Ort, einen Dreiviertelkilometer weit. Wo dann der „Krähwinkeler Weg“ den „Turmweg“ erreicht, halten wir uns rechts und folgen gleich darauf, am kleinen Fachwerkhaus, dem schmalen Fußweg links und längs der Wiesen („1“ und „2“). Zur Rechten sehen wir die weiße kleine **Kirche** für die Katholiken. Schließlich geht es geradewegs durch die Wohnstraße „Am Schneeberg“ zurück bis zum Alten vom Berg. Vorher aber drehen wir uns doch noch einmal um und sehen 22 Kilometer weiter eine andere Kirche, St. Peter und Maria, in Köln und anderswo besser bekannt als „d’r Dom“.

Kirche

Das Tal der Haudegen

Zum Weltersbach und in die „Leichlinger Schweiz"

Kurzbeschreibung

Anfahrt
Der Wanderparkplatz liegt an der L 294 Leichlingen-Witzhelden gleich hinter dem Aufstieg, 400 m hinter Hof „Sonne", unmittelbar vor der „Bauernscheune". Oder mit der RB 10113 nach Leverkusen, dort mit Bus 255 bis Haltestelle „Sonne".

Wegverlauf
Mit Winkel und „N" ins Tal des Weltersbach, dann auf dem „Johannes-Bildstein-Weg" (weißer Balken) bachaufwärts bis Bremersheide. Mit Weg „L" rechts hinauf und weiter hinab bis an die Diepentalsperre. Dort bachabwärts bis Wietsche Mühle und entweder geradeaus bis „Sinneswald" und rechts zurück oder von Wietsche Mühle mit Winkel rechts zurück.

Dauer
3 Stunden

Länge
9 km
Varianten: Der Weg lässt sich sowohl mit Tour 13 wie mit Tour 15 zu einer jeweils großen Rundtour verbinden.

Wanderkarte
Landesvermessungsamt Nordrhein-Westfalen: Leverkusen zwischen Rhein und Bergischem Land. Wanderkarte NRW Nr. 40, 1: 25.000
Landesvermessungsamt Nordrhein-Westfalen: Köln, Nördliche Ville. Freizeitkarte NRW Nr. 18, 1: 50.000

Gasthäuser
„Haus Diepental", Diepental 88, Tel. 02171/3014 (Montag, Dienstag Ruhetag) im Winter geschlossen
„Wietsche Mühle", Wietsche Mühle 21, Tel. 02175/2108, ab 14.00 Uhr (Dienstag Ruhetag)
Im Ortsteil Balken: „Zur Kutsche", Balken 5, Tel. 02175/2748 & 3543 (Dienstag Ruhetag)

Hinweise
Direktvermarkter u. a.:
Die Künstlerin, die die im Text erwähnten Tonköpfe für den Garten u. a. herstellt, ist Ariane Schuster, Tel. 02171/302 60 (Mobil 0172/951 31 13). Sie hat ihr Atelier in einer Scheune im Höltgesthal auf der gegenüberliegenden Seite des Sees, in der Kurve der Diepentaler Straße nach 50 m rechts.
„Bergische Bauernscheune Conrad's" (neben dem Parkplatz und Ausgangspunkt), Junkersholz 2, Tel. 02171/9393
Helmut Joest, Hof Sonne, Sonne 2, Tel. 02171/6090 (Kartoffeln, Geflügel)
Skulpturenpark „Sinneswald", täglich bis zur Dämmerung geöffnet
Kontakt: Spinnerei Braun + Brudes, Wietsche 1, 42799 Leichlingen, Tel. 02175/2854, www.spinnerei-braun-brudes.de/kontakte.html

Auskunft
Leichlingen, Tel. 02175/992 102, www.leichlingen.de

www.
www.stadtbild-leichlingen.de

Kaffee und Kuchen ...

„Die Einwohner von Leichlingen bleichen allhier auff dem Wupper-Strohm viel leinen Tuch vor die Stadt Cöllen, tragen bey Sommerzeit Kirschen, Äpffel, Biernen, Hüner, Eyer, Butter, Käse zum feilen kauff dorthin, und gibt es allhier fette Bauren." Das schrieb ein Reisender im Jahre 1729. Das Obst ist Leichlingen geblieben, anders als die Wupper-Bleichen; die fetten Bauern werden gerne dementiert, und nach Cöllen ziehen sie schon längst nicht mehr. Heute zieht es umgekehrt die Städter auf das Land, wo sie beim Blick zurück die Türme aus der Heimat sehen können. Manche kaufen hier ihr Obst, bisweilen auch Geflügel, und die frische Luft, die 1729 noch so fraglos und so selbstverständlich war, dass niemand sie erwähnte, genießen sie im Sommer wie im Winter.

Gleich neben dem Parkplatz „Sonne" an der Höhenstraße steht die große „Bauernscheune Conrad's" und bietet nicht nur Äpfeln feil. Hier schnüren wir die Stiefel und marschieren los: Wir überqueren geradewegs, doch vorsichtig, die Straße und folgen schnurstracks gegenüber gleich dem vom Asphalt markierten Pfad halblinks hinunter in den Wald. Der Weg läuft in der Böschung sacht bergab, durch Buchenwald mit Ilex reich am Boden (Winkel und „N"). Bald sehen wir den grünen Talgrund unter uns, am Ende schwenkt der Pfad nach rechts und bringt uns über Stufen an die Straße durch das **Tal des Weltersbachs**.

Tal des Weltersbachs

Wir gehen rechts, durchqueren mit der Straße noch das Tal bis an den Wanderparkplatz und folgen vor dem Hinweis auf die „Klinik Roderbirken" dem Weg nach rechts („Johannes-Bildstein-Wanderweg", markiert durch ein längliches Rechteck), für lange Zeit dem Weltersbach entgegen. Wir bleiben weiter rechts, als sich der Weg nach ein paar Metern gabelt. Die Klinik mit dem Neubau auf der Höhe ist dem Blick im Tal entzogen. Dort oben, nah dem alten „Roderhof" der ersten Siedler, wurde zwischen 1903 und 1906 ursprünglich eine Nervenheilanstalt gebaut; später war sie Lazarett und Lungenheilstätte, heute ist die neugebaute Klinik ein bekanntes Herz- und Reha-Zentrum und eins der größten dazu. Nach einem halben Kilometer kommen wir an einem steingefassten Ruheplatz vorbei, ein Wasserstrahl springt artig aus einem Bassin, zwei Bänke stehen für Spaziergänger bereit. Wenig später folgt am Weg im Tal ein kleines Umspannhäuschen.

Wo dem Weltersbach der Roderbach entgegenstrebt, verbreitert sich das **Wiesental**. Wir wandern nun ein Stück auch diesem neuen Wasserlauf entgegen, 200 Meter weit, dann verlassen wir den breiten Weg und überqueren rechts den Roderbach auf einem hölzernen Brückchen und bleiben so im Tal des Weltersbachs. Nach reichlich 100 Metern kreuzt ein Fahrweg den Bach und das Tal. Wir wandern weiter geradeaus mit dem Rechteck des vertrauten Wegs sowie „A 4" und überqueren gleich den Zulauf des Grünscheider Bachs. Nach einem Kilometer folgt ein asphaltierter Querweg, der in einer Siefenkerbe von der Höhe kommt. Wir wandern abermals, so wie bisher, dem Weltersbach entgegen, vorbei an einer grünen Bank des VVV Leichlingen, und erreichen dann nach einem halben Kilometer neben einem kleinen Parkplatz die Kreisstraße im Wald.

Wiesental

Hier geht es rechts, hinweg über den Bach (Weg „A 4" und „L"). Noch in der Kurve dann verlassen wir die Straße und folgen links dem kleinen Fahrweg in der Böschung hinauf nach „Bremersheide II" und erreichen bei Haus 81 bald die Höhe mit den Häusern, deren ältestes im 17. Jahr-

... und Kähne

hundert einem „Pitter Bremer auf der Heiden" gehörte, der 1660 der Leichlinger Kirche 60 Taler zum Besten der Armen hinterließ und seinen Nachbarn seinen Namen. 1797 ging Bremersheide in die vaterländische Geschichte ein durch eine Schlacht erboster Bauern mit einem Trupp Franzosen. Die Berger nahmen den Besatzern zwei Hüte und Tornister ab, daneben das Versprechen, Verstärkung zu holen und wiederzukommen. Und diesmal nahmen sie Gefangene und Lösegeld: elf Krontaler für drei bergische Bauern! Wir kommen unterdessen mit dem Sträßchen weiter, zwischen einzelnen Häusern hindurch und im Schwenk an die Straße heran.

Blick auf die Kölner Bucht

Wir überqueren sie mit Blicken links und rechts und folgen gegenüber dann dem Fahrweg auf die flache Höhe zu, zuletzt an Spalierobst entlang. Hier oben, 166,30 Meter hoch, liegt die ganze **Kölner Bucht** im Blick mit alten wie mit neuen Türmen, auch rechts das Bayer-Hochhaus mit dem Bayer-Kreuz. Vor dem weißen Einzelhaus schwenkt unser Weg nach links und führt dann rechts ums Haus herum und dann den gepflasterten Fußweg hinab durch eine kleine Waldsiedlung und links, rechts weiter und hinab bis an den Fahrweg, der uns links hinunter führt bis an den kleinen Stausee, der nirgendwo mit mehr Begründung liegt als hier im „diepen Tal": in Diepental. Jahrhunderte hindurch lag an seiner Statt ein Rittersitz, dessen Herren zuletzt die Katterbacher aus dem nahen Paffrath waren, Haudegen und Schlagetots sie alle miteinander, deren letzter comme il faut mit einem Mord aus der geschriebenen Geschichte abspazierte. Erst hundert Jahre später, mit dem Übergang zum 20. Jahrhundert, machte Diepental mit Teich und Ausflugsrestaurant aufs Neue von

Weltersbach

Schusters Jungen

sich reden, buchstäblich auferstanden aus Ruinen. Halbach war der Name für die neue Zeit: Der eine Halbach war der Gastronom, der andere versorgte mit dem Strom der Diepentaler Wasserkraftturbinen die Häuser auf der Höhe. Das ging solange gut, bis irgendwo ein Bauer seine Dreschmaschine startete: Dann wurde es in Pattscheid dunkel. Was heute noch an Strom anfällt, wird eingespeist ins Netz.

Vor dem Dammweg und der Brücke gehen wir nach rechts und folgen lange dem viel begangenen Spazierweg an der Talsperre entlang („X", „A 1", „A 2" und „BN"), an Erlen und Birken vorüber. Nach mehr als einem halben Kilometer kommen wir am breiten Damm des Sees vorüber, wandern weiter durch ein Drängelgitter und kommen so hinab ins Tal mit einem kleinen Pferdestall und einer Hofstatt fern am Bach. So geht es an einzelnen Häusern im Talgrund vorüber, auch einem, das sich stellvertretend für den Rest „Haus Talblick" nennt. Nach einem Viertelkilometer stoßen wir auf einen asphaltierten Querweg durch das Tal. Hier gehen wir nach rechts und folgen dann erneut dem Tal, in dem der Murbach abermals gestaut ist („X"), vorbei am kleinen schwarzen Holzhaus Nummer 78, vor dem getöpferte Gesellen, so genannte „Gartenwächter", stehen: Es grinst sich leicht mit Holzwolle im Kopf.

Wo wir den zweiten Damm passieren, bringt unser gut und reich markierter Weg uns in den Buchenwald, und wir begleiten nun den Bach ein Stück auf den letzten Kilometern bis zur Wupper. So erreichen wir zuletzt nach schönem Marsch im Tal die **„Wietsche Mühle"** und den Ortsteil Wietsche. Der Ortsname, 1287 schon als „withse" belegt, ist nach wie vor nicht eindeutig geklärt, nur dass die zweite Silbe „-scheid" bedeutet,

Wietsche Mühle

Grenze, scheint gewiss. So halten wir uns also lieber an die touristische Koseform für das Tal: „Leichlinger Schweiz“. Die Mühle ist seit 1914 Gasthaus, doch ihr Mühlrad drehte bis zum Zweiten Weltkrieg nebenher noch einen Dynamo und versorgte sich auf diese Weise selbst mit Strom. Jetzt sitzt man hier im schönen kleinen Schankraum an der Bach- und Sonnenseite des Gebäudes bei Waffeln, hausgemachtem Kuchen und Obstwein „wie zu Großmutters Zeiten“ und schaut hinunter auf das Hühnervolk im Garten wie auf die Wanderer, die bloß vorüberziehen. Die harte Arbeit alter Tage lässt sich wohl noch ahnen, von den besonderen Vorkommnissen müssen wir lesen: So starb am Tag vor Heiligabend der Wietscher Ölmüller Stöcker buchstäblich mitten in der Arbeit: Er wurde, wie das Kirchenbuch lakonisch schreibt, „zwischen Mühlrad gequetscht“. Das letzte Stück des Wegs folgt weiterhin dem Bach. Zwar ginge es nach 200 Metern, bei der Gabelung der Straßen, schon rechts, die alte Wietscher Ley hinauf und mit dem Winkel an die Straße und zurück zum Ausgangspunkt. Wir bleiben aber links und folgen weiterhin dem Murbach

Sinneswald

(mit dem Sträßchen „Am Murbach“), bis wir den **„Sinneswald“** erreichen, einen Skulpturenpark auf dem Gelände der historischen Spinnerei „Braun + Brudes“ mit über 50 Werken von 50 Künstlern. Der Weg führt uns am Parkplatz vor dem alten Steinbruchloch vorüber und weiter bis zur hölzernen „Kamerafrau“ des Kölners Peter Nettesheim, die als Wächterfigur das Tal beschirmt. Das Holz dazu ist hier gewachsen: eine mehr als hundertjährige Eiche, die im Jahr 2000 gefällt werden musste. Bei zwei schönen Fachwerkhäusern auf der linken Seite nehmen wir dann rechts im spitzen Winkel den unmarkierten Weg in die Sackgasse, zurück, und

Wietsche Mühle

Diepental

wandern weiter auf dem Wiesenweg, bis wir nach 400 Metern den Wanderweg mit dem Winkel erreichen, der uns an das alte Hofgut „Sonne" führt, das hier, schon auf der Höhe, tatsächlich einen Sonnenplatz ergattert hat.

Auch von hier aus reicht der Blick bis Köln, wo vor tausend Jahren die Leichlinger Grundherren saßen, anfangs die Äbte des Kunibert-Stifts, seit 1019 die Äbte des neuen Klosters in Deutz. Sie waren in Leichlingen Waldgraf, Lehnsherr über 21 Güter, obendrein auch Eigentümer von vier Bauernhöfen und Patron der Kirche. Und doch: Im 16. Jahrhundert bekannten sich die Leichlinger zum Luthertum, erst die Gemeinde, dann, als letzter, der Pastor. Und so kehren ganz zuletzt auch wir dem fernen Köln den Rücken, gehen auf dem asphaltierten Weg nach rechts und nehmen vor dem „Sonnenhof" den Weg nach links (Winkel) bis an die Landstraße heran (mit Fußweg!) und rechts zurück zum Ausgangspunkt.

Tour 15

Kotten im Dornröschenschlaf

Von Wipperaue auf den Rüdenstein

Kurzbeschreibung

Anfahrt	Die Wipperaue liegt an der kleinen K 1 zwischen Leichlingen-Mitte und Solingen, gleich an der Wupper. Parkgelegenheiten längs der Zufahrt zu Haus Nesselrath, zahlreiche Gästeparkplätze der benachbarten Gaststätten. Oder von Köln mit der Buslinie 250 bis Haltestelle „Haasenmühle".
Wegverlauf	„S" bis Wipperaue, Wipperkotten. „A 3" und vor Friedrichsaue „A 2" links Berg hinauf, dort wieder mit „S" bis Solingen-Widdert, dort den Hinweisen „Rüdener Kotten" folgen, ins Tal, zum Rüdenstein. Am rechten Wupperufer mit „A 1" und „N", bei Fähr Ufer wechseln und mit „N" (anfangs auch „X" 19) zurück.
Dauer	4-5 Stunden
Länge	Ca. 15 km Varianten: Einfacher wird der Weg, wenn man hinter der „Friedrichstaler Straße" Weg „S" nach rechts verlässt und im Tal bis Obenrüden wandert. Entsprechend beschwerlich wird der Weg, wenn man zwischen Rüdenstein und Fähr am linken Wupperufer aufsteigt („N", „X 19"). Der Weg lässt sich jeweils mit Tour 11 und mit Tour 16 verbinden.
Wanderkarte	Landesvermessungsamt Nordrhein-Westfalen: Leverkusen zwischen Rhein und Bergischem Land. Wanderkarte NRW Nr. 40, 1: 25.000 Landesvermessungsamt Nordrhein-Westfalen: Solingen zwischen Rhein und Wupper. Wanderkarte NRW Nr. 48, 1: 25.000
Gasthäuser	Gasthaus „Haasenmühle", Haasenmühle 1, 42699 Solingen, Tel. 0212/812 897 „Wipperaue", Tel. 0212/816 248, (Montag Ruhetag), www.wipperaue.de „Haus Rüden", Untenrüden 39, Tel. 0212/818 658 „Gasthaus Rüdenstein", Obenrüden 72, Tel. 0212/812 314, www.ruedenstein.de „Landgasthof Friedrichsaue", Friedrichsaue 43, Tel. 0212/811 482 www.friedrichsaue.de „Haus Fähr", Fähr 14, Tel. 0212/812 311
Hinweise	Direktvermarkter: Michael Altmeyer (Erdbeeren), Nesselrath/Leysiefen 2 Tel. 02175/722 11 Willi Conrads, Haus Nesselrath 16, Tel. 02175/2993 „Douce France", regionale Spezialitäten aus Frankreich, Untenrüden 57 Tel. 0212/819 678, Dienstag Ruhetag, nachmittags, am Wochenende ab 10 Uhr geöffnet, www.doucefrance.de
Auskunft	Stadt Leichlingen, Tel. 02175/992-102, www.leichlingen.de Stadt Solingen, Tel. 0212/290-0, www2.solingen.de
www.	www.tetti.de/SOLINGEN/index www.solingen-internet.de www.der-schleifer.de www.bergisches-staedtedreieck.de/schleiferei_wipperkotten/welcome.html

Wipperkotten

„Dem Hunde, wenn er gut gezogen, wird selbst ein weiser Mann gewogen." – Hätte Herzog Robert von Berg schon Goethes „Faust" gekannt, er hätte dem Famulus Wagner sicher beigepflichtet. Dass in Hunden manchmal mehr steckt, als man ihnen ansieht, das wusste man an der Wupper schon lange, ehe Goethe aus des Pudels Kern den Teufelskerl Mephisto steigen ließ.

Haasenmühle

Und dass man es immer noch weiß, dafür sorgt ein Denkmal über dem Fluss: die Wendemarke dieser Tour, die an der **„Haasenmühle"** ihren Anfang nimmt. Ihr gegenüber folgen wir dem Fahrweg „Wipperaue" mit dem „Klingenpfad" („S"), „A 3" und einem weißen Dreieck als Markierung, überqueren direkt den Nacker Bach, ehe er zur Wupper wird, und finden gleich darauf das alte Loch des Steinbruchs, in dem im 19. Jahrhundert Sandstein für den Bau gewonnen wurde. Hier steigt der reich markierte Wanderweg ein wenig in die Böschung, und wir wandern oberhalb der Straße weiter. Erst an dem weitläufigen Lokal der „Wipperaue" mit dem alten Floragarten erreichen wir wieder die Straße – nur um sie in der Kurve, wo sie in das Sträßchen „Wippe" übergeht, gleich zu verlassen.

Hier wäre nun der Ort, um Namensforschung zu betreiben: Heißt denn die Wupper nicht nur nah der Quelle „Wipper", warum also heißt die Aue „Wipperaue" wie der Kotten „Wipperkotten" und die nächste Hofstatt „Wippe". Die Argumente balancieren vorderhand wie auf der Wippe: Die einen sagen, der Weinsberger Bach, der ein paar Meter weiter in die Wupper fließt, habe früher tatsächlich „Wipper" oder auch „Wypper" geheißen, die anderen, die ganze Wupper sei die Wipper, nämlich von der Wortbedeutung her: denn „wippen" oder „wippeln" sei die hüpfende Bewegung des bewegten Wassers. Dann freilich dürften alle Flüsse Wipper heißen, sodass hier die Wipper in die Wipper flösse. Halten wir uns lieber daran, dass die Wipperaue wie der Wipperkotten wohl noch nie woanders gelegen haben als hier an der Wupper, die 1166 schon als „Wippere“ bekannt war. Immerhin gilt auch für sie das Wort des Heraklit, dass alles fließt.

Wipperkotten

Wir erreichen nun am Fluss den schönen **Wipperkotten**. Der kleine Parkplatz vor dem Kotten ist mit alten Schleifsteinen umgrenzt. Oberhalb stürzt sich die Wupper mit Getöse über das breite, flache Hemmnis des Stauwehrs. Der Wipperkotten, schon zu Beginn des 17. Jahrhunderts erwähnt, nach Bränden 1783 und 1858 neu errichtet, steht seit 1994 mitsamt dem festen Inventar unter Denkmalschutz, denn er ist eine Rarität: der letzte wassergetriebene Solinger Schleifkotten an der Wupper, der überdies noch seine technische Ausstattung im Originalzustand erhalten hat, zugleich der letzte Doppelkotten mit zwei Wasserrädern. Noch 1859 gab es 105 Schleifereien mit Wassertriebwerken in Solingen, daneben 12 mit Dampfmaschinen. Um die Jahrhundertwende setzte sich der elektrische Antrieb immer mehr durch, auch wenn die Kotten weiterhin am Wasser lagen. So setzten 1913 nur noch 43 Schleifereien auf das Wasser, 6 auf Dampf, dagegen 615 auf Strom. Im Außen- oder Vorderkotten aber wird auch heute noch mit Wasserkraft geschliffen, der Innenkotten ist die Galerie und Wohnstatt des Designers HAKARO, bürgerlich: Hanskarl Rodenkirchen, der sich als Anrainer der Wupper um deren Wasserqualität verdient gemacht hat: Schon 1967 gründete er in geradezu zeichenhafter Gemeinsamkeit mit dem Diplom-Chemiker Wilhelm Baulmann die „Notgemeinschaft Abwassergeschädigter bergischer Bäche und der unteren Wupper (NAG)“ und kämpfte mehr als 33 Jahre lang mit bis zu 2.000 Mitstreitern für die Verbesserung des Wupperwassers. Sie wiesen beispielsweise nach, dass (1984) der Phenolgehalt des Wassers 150fach höher war, als von Brüssel erlaubt, und schreckten auch nicht vor deutlichen Worten zurück: „Die Menschen an der unteren Wupper sollen wohl eines Tages durch das Trinkwasser vergiftet werden“, mutmaßten sie am 7.3.1985. 15 Jahre später lösten sie die Bürgerinitiative aus Anlass ihrer letzten Jahreshauptversammlung formvollendet auf – nicht weil sie resigniert hätten, son-

Blick aufs Design

Wehr an der Wupper

dern weil das Ziel erreicht war: Die Wupper, sagen wir es allgemeinverständlich, stinkt nicht mehr!

Hier verlassen uns die Wege mit dem Dreieck und dem „S". Wir wandern links an dem malerischen Ensemble vorüber, überqueren hier den Weinsberger Bach und kommen nahe dem Wehr durch ein rot-weißes Drängelgitter an das Ufer der Wupper heran („A 3"). So geht es auf der breiten Aue weiterhin den Fluss hinauf, bis wir den asphaltierten Weg erreichen, der in der Böschung parallel verläuft. Hier überqueren wir den Vormeiswinkeler Bach. Auch hier, am Flurstück Hohlenpohl, lag bis nach dem Zweiten Weltkrieg eine alte Schleiferei, einst ein Doppelkotten, 1683 schon belegt, zuletzt Entlausungsanstalt und Refugium für Ausgebombte. Jetzt sind die alten Wasserwege der Natur zurückgegeben und dienen nun als wiederhergestelltes **Biotop**. Nur von den Mauern sind noch Reste zu erahnen. Zum Hang hin tritt der blanke Felsen an den Weg.

Biotop

In der leichten Biegung steigt der Weg mit eisernem Geländer im Prallhang an und entfernt sich im lichten Laubwald sacht vom Lauf der Wupper. Bald überqueren wir den Zulauf des Hintermeiswinkeler Bachs. Rund 50 Meter weiter verlässt ein Pfad nach links den asphaltierten Weg und führt uns in der Böschung aufwärts, ohne Wanderwegsymbole, doch mit Hinweis am Stamm: „Friedrichshöhe", „Widdert". Das war einmal ein so genannter „Lieferweg", auf dem die Schleifer ihren Arbeitsplatz erreichten und ihre Frauen die Schneidwaren im Korb auf dem Kopf balancierten – die ungeschliffenen zur Arbeit, die fertigen zurück, gut und gerne 20 Kilogramm auf jedem Weg.

Oberrüdener Kotten

Zurück bleibt, vorerst, der „A 3" entlang der Friederichsaue mit Frühbeeten. Die Brücke am bergischen „Landgasthof Friedrichsaue" wäre schon Gelegenheit zur Abkürzung. Der weiße Fachwerkbau am fernen Fluss, ein wenig wupperaufwärts, ist der Untenfriedrichstaler Kotten, einst ein großer Schleifbetrieb. Wir stoßen schon nach kurzem Aufstieg auf den Rundweg „A 2" und wandern weiter in der Böschung aufwärts, geradeaus durch Eichenwald mit Ilex am Boden und wucherndem Geißblatt an allem Gehölz.

Oben schwenkt der Weg durch eine Kerbe im Gelände, und wir passieren über einem Lärchenwald die Grundstücke von Friedrichshöhe. Hier kommt von oberhalb der „Klingenpfad" zu uns zurück und führt uns vorerst weiter im Gelände, im Lärchenholz bergab und zwischen Weideflächen über Tritte abwärts, im Linksschwenk um ein einzelnes Grundstück mit kleinem, leuchtend weißen Fachwerkbau herum. Ein Brückchen bringt uns über den Friedrichstaler Bach. Es geht hinauf, wir kreuzen gleich die „Friedrichstaler Straße" und wandern gegenüber weiter mit „A 2" und mit dem Klingenpfad. Bald wandern wir am Waldrand und sehen uns zu Füßen Friedrichstal. Bei einer alten Holzbank gabelt sich der Weg: Rechts geht es gleich hinab nach Rüden; wir wandern mit den gut markierten Zeichen links in Richtung „Mühlenberg".

Aussichtskanzel „Rüden"

Die Wupper liegt in tiefem Blau zur Rechten, einmal können wir sogar nach links hinunterschauen. So erreichen wir die **Aussichtskanzel „Rüden"** mit Geländer und zwei Bänken mit schönen Blicken über das unerwartet breite Tal von Rüden mit der Brücke bei Fähr. Das malerische bergische Fachwerkensemble der Hofschaft sieht so aus, als habe es sich aus der guten alten Zeit wie im Dornröschenschlaf herübergerettet bis heute. Tatsächlich aber haben hier die Nazis nachgeholfen, die von 1933 – 1939 die Hofschaft ausgestaltet haben zum „ersten Musterdorf des Gaues". Zum Glück ist das den schönen Häusern, anders als den vielfach üblichen Parteitagstempeln, überhaupt nicht anzusehen. Vom Aussichtspunkt zurück, verfolgen wir nun weiterhin den „Klingenpfad". Es geht ein wenig abwärts, dann sacht nach links und eine Zeit lang weg vom Wuppertal, um das weite Seitental bei Rüden zu umfahren.

Es geht zum Wald hinaus und an den Gärten des Ortsteils Mühlenberg entlang, das Tal auch weiterhin zur Rechten. So erreichen wir die „Rüdener Straße", wo sie von der „Friedrichstaler" und der „Severinstraße" abzweigt, und halten uns halbrechts bis in die nächste scharfe Kehre („S" und „A 2"). Hier verlassen wir die Straße, gehen geradeaus und kommen neben einer Holzbank wieder in den Wald. Der Weg folgt hier der Modellierung des Geländes im Oberlauf des **Rölscheider Bachs**, der sich tief in den Schieferfels gegraben hat. Ein Holzbrückchen bringt uns hinüber, an einer Bank vorüber, unter Gartengrundstücken entlang, noch einmal über einen eingekerbten Quellbach. Rund 100 Meter weiter gabelt sich der Weg: Rechts geht es mit dem Bach hinab nach Rüden, wir bleiben weiterhin halblinks mit „S" und mit „A 2", um nicht zu früh hinabzukommen, der Weg schwenkt links, an Schafen und Hühnern vorüber, und noch einmal sacht links, bergauf, bis wir bei einer Bank auf einen asphaltierten Waldweg stoßen.

Rölscheider Bach

Hier nehmen wir nun Abschied von den beiden Wanderwegen und folgen rechts und mit dem unmarkierten Weg („Rölscheider Berg") dem undeutlichen Hinweis „Rüdener Kotten" am Baum neben der Bank. Nach 200 Metern zweigt an einer grün-weißen Eisenschranke ein Forstweg ab („Solingen"). Nur wenig später endet unser Weg an einer Grundstückseinfahrt links. Hier folgen wir nun 20 Meter vorher rechts dem unmarkierten Pfad im Wald hinab. Zwischen Zäunen geht es in dichtem Fichtenwald hinab. Bei einer Aussichtsbank mit Blick auf Rüden lesen wir an einer Eiche „Rüdenstein" und stolpern über knorriges Wurzelgeflecht bis in das Tal der Wupper.

Auf dem breiten Talweg („N") gehen wir nach rechts und erreichen gleich die Fahrwege nach Oberrüden (geradeaus) und zum Oberrüdener Kotten. Ihm folgen wir nach links und auf den Kotten zu, ein dunkles, grün bewachsenes Industriedenkmal des frühen 20. Jahrhunderts, das 1906 den Fachwerk-Doppelkotten von 1739 ersetzte. Ursprünglich waren hier wohl „Waidfärber" tätig, die der Örtlichkeit den damals noch passenden Namen „Blaumühle" hinterließen. Seit 1993 hat hier ein Schreiner seine Wirkungsstätte, was in diesem Fall bedeutet: Werkstatt, Wohnhaus, Galerie. Links stehen Pferde auf der Koppel, rechts am Kotten führt der Weg vorüber und auf einer schmalen Eisenbrücke über den Fluss, just neben der Kerbe des Oberbüscherhofer Bachs. Links geht es am grünen Geländer auf den Felssporn des sagenumwobenen **Rüdener Bergs**. Auf einer Art von U-Boot-Turm aus Felsenstein steht ein Hund, unverkennbar ein Rüde, und jault seit 1924 tonlos in den Himmel. Wer denkt, hier liegt der Hund begraben, der hat sich getäuscht. Auch die Inschrift auf der Seite dient eher der Verwirrung als der Klärung: „DER RÜDE HERZOG ROBERT VON BERG" steht gehauen in Versalien. Nun war der bergische Herzog weder ein Hund noch ein besonders rüder Potentat, auch steckte in dem Hund beileibe kein verwunschner Prinz: Beide sind schlicht Opfer des Platzmangels auf dem Denkmal geworden. Es war in Wahrheit alles anders, nämlich schöner:

Rüdener Berg

Um die Weihnachtszeit des Jahres 1424 ritt Herzog Robert von Schloss Burg in die Wälder, um zu jagen. Zwei Wagen mit Wildbret hatte man schon beisammen, da sah der Herzog einen kapitalen Hirsch und jagte ihm nach über Stock und Stein. Bei Nacht und Wind und Schnee und Kälte war er bald verschwunden. Als sein Tross schon auf dem Heimweg war, kam sein Rüde, der ebenfalls den Hirsch gehetzt hatte, ohne Herzog zum Gefolge, bellte, jaulte, winselte und zog den Jägern derart heftig an den Mänteln, dass sie eilig folgten. Sie fanden den Herzog, blutend und halberfroren unter einem steilen Felsen. Sein Pferd hatte sich totgestürzt, der Hirsch war entkommen, und hätte ihm nicht sein Rüde die Wunden geleckt, ihn gewärmt und die Jäger alarmiert, er hätte Weihnachten nicht mehr erlebt.

Als er wieder genesen war, ließ er dem Hund ein Denkmal setzen, das 200 Jahre hier stand, ehe es, wie einst sein Auftraggeber, im Sturm in die Tiefe stürzte. 300 Jahre musste der getreue Rüde warten, ehe man ein neues Denkmal baute; aber pünktlich zur Fünfhundertjahrfeier ging der „Verkehrs- und Verschönerungsverein Widdert" ans Werk und legte endlich den Grundstein: „GRDSTL 1924" heißt das auf dem Denkmal, denn auch links vom Hund herrscht Platzmangel.

Rüdenstein

Am Rüdener Berg

Wir kehren über die Wupper zurück und halten uns schon vor den Wirtschaftsbauten des Kottens links („A 1"), am Ufer längs der Wupper. Nach 400 Metern passieren wir die viel besuchte Ausflugs-„Gaststätte Rüdenstein" mit Spielplatz und Sonnenterrassen zum Fluss. Weiter geht es mit der Wupper durch ein rot-weißes Drängelgitter, das den Radfahrern die Rücksicht auf die Wanderer unvermeidlich macht, beim zweiten Gitter dieser Art passieren wir den flachen „Untenrüdener Kotten". Dann erreichen wir die Straßenbrücke, wechseln hier am Parkplatz das Ufer und passieren gegenüber die Gaststätte „Haus Fähr", als Wirtshaus 1829 schon erwähnt, als Fährbetrieb nur dann und wann aktiv, wenn der alte Wuppersteg vom Hochwasser bedroht war oder als die Brücke nach dem Zweiten Weltkrieg nicht mehr zu passieren war. Gleich dahinter folgen wir dem gut markierten Wanderweg „X", „N", „A 1" und „A 3". Der asphaltierte Weg liegt wie eine Sehne im Bruchland eines kleinen Wupperbogens mit Unterholz und Pappeln.

Bei einer Furt erreichen wir wieder den Fluss und steigen nun am Prallhang mit dem Wanderweg ein wenig an. Bald passieren wir den Obenfriedrichstaler Kotten gegenüber, der hinter seiner alten Stützmauer zur Wupper ganz zur Wohnstatt umgebaut ist. Hier ist unser Weg fast wie im Gebirge ausgesetzt, den blanken Felsen haben wir zur Linken 100 Meter hoch. Bald sehen wir den langen Fachwerkbau des Untenfriedrichstaler Kottens gegenüber. Und wo dann das Gelände flacher wird, erreichen wir die Fußgängerbrücke zur Friedrichsaue. „Friedrichsaue" heißt auch der Landgasthof, der seine Gäste mit großen Kuchenstücken und Waffeln mit sahnigem Reisbrei am Weiterwandern hindert.

Nach einer Pause kehren wir zurück und wandern links der Wupper weiter wie bisher. Wo sich der Weg dann gabelt, verlassen wir Weg 19 mit Andreaskreuz und folgen halbrechts und im Flachen weiterhin Weg „N", bis wir das **Bodendenkmal „Zobbes-" oder „Zoppesmur"** erreichen, die Stätte einer frühmittelalterlichen Festung. Eigentlich ist eine Motte geradezu durch jenen aufgehäuften Hügel definiert, auf dem man sie errichtet hat; doch diese ist aus dem Felsen modelliert, mit einem künstlichen Graben im Fels, dem „Leysiefen", der den Bergsporn nach Osten hin be-

Bodendenkmal „Zobbes-" oder „Zoppesmur"

Wupperaue

grenzt. Von ihm hat längst die Hofstatt oberhalb den Namen angenommen.

Seit dem frühen 13. Jahrhundert kommen die Herren der Burg im bergischen Umfeld urkundlich vor, der erste 1209 als „Rodolphus Zobbe“, ein anderer verkaufte die begehrte Festung „de Leyensiefen“ 1280 an Graf Adolf von Berg.

Doch schöner noch als die Geschichte aus der alten Zeit sind die Geschichten, etwa diese hier: Ein Herrscher von Burg, so heißt es in der Sage, hatte einen Bruder, der in Köln ein hohes Kirchenamt verwaltete. Dieser Bruder hätte gern die Herrschaft über Burg an sich gebracht; doch dazu musste er, wenn er schon seinen Bruder nicht ermorden wollte, verhindern, dass irgendwelche Nachgeborenen noch Erbansprüche stellen konnten. Er lockte seinen Bruder in die Stadt und ließ ihn dort entmannen, um eine Heirat wenig attraktiv zu machen. Der Bruder, dem das nicht gefallen hatte, heuerte zwei finstere Gesellen an, Zopp und Rindfleisch, die griffen sich den Kölner und brachten ihn nach Burg, wo er in den Kerker kam. Jedoch von Zeit zu Zeit, wenn gerade mal kein Troubadour vorüberkam und auch der Hofnarr nicht in Form war, ließ der Herrscher und Kastrat von Burg seinen eingekerkerten, doch sonst intakten Bruder mit Honig bestreichen und nackt an die Außenmauer hängen, wo es Wespen und Bienen und Schaulustige gab, und lobte dafür den Raubritter Zopp von der Zoppesmur in den allerhöchsten Tönen. Historisch ist vielleicht nicht der Eunuch, historisch aber ist in jedem Fall der alte Streit der Berger mit Kurköln.

Am nächsten Wegekreuz nach rund 200 Metern gehen wir nach rechts und erreichen hinter einem hübschen kleinen Fachwerkhaus erneut den Fluss. Ihm folgen wir das letzte Stück hinab bis an die Brücke, wo wir aufgebrochen sind, doch vorüber noch an Haus Nesselrode oder Nesselrath, ursprünglich ein Rittersitz in einer festen Wasserburg, 1368 erstmals mittelbar genannt, 1536 spätgotisch erweitert, nochmals später zum barocken Schloss erweitert, verfallen, 1850 abgerissen bis auf das gotische Torhaus, aber noch als Bauernhof mit einer Ahnung seiner alten Macht und Größe. Die Schießscharten im Tor erinnern uns daran, dass einst nicht nur Spaziergänger vorüberkamen.

So schrieb hier 1246 das Leben eine jener schaurig-schönen Geschichten, wie sie Shakespeare, hätte er sie nur gekannt, prompt auf die Bühne gebracht hätte: Kunigunde von Nesselrath verehrte Wirich, ihren Mann, doch klagte, dass sie ihn bei seinen Aventüren nie begleiten durfte. Um zu prüfen, wie es mit ihrer Tapferkeit bestellt war, ritt er eines Tages einen Scheinangriff auf seine eigene Burg, das Gesinde suchte prompt das Heil in der Flucht oder wenigstens im Keller, Wirich besetzte die Burg und rief, man möge sich ergeben. Da trat mit einem Schwert und dem sprichwörtlichen Mut der Verzweiflung Kunigunde auf in voller Rüstung, sah wohl durch das Visier nicht so richtig, auch hatte sich Wirich verstellt, um den Spaß zu verlängern: kurz, Wirich blieb tot auf der Walstatt, für seine Witwe aber blieb allein das Kloster.

Kotten im Wuppertal

Tour 16

Von Leichen und Blüten

Rund um Leichlingen

Hier irrte Simrock: Als die Wissenschaft von deutscher Art und Sprache noch in den Kinderschuhen steckte, schritt der gelehrte Dichter oder rei-

Kurzbeschreibung

Anfahrt
Leichlingen liegt zwischen Leverkusen-Opladen und Solingen, von der A 3 und AS Opladen ausgeschildert. Oder von Köln mit Bus 250 bis Leichlingen Busbahnhof. Start in Ortsmitte.

Wegverlauf
Von der Brücke „N" wupperaufwärts, in Gosse Landstraße rechts, dann „N" und „A 1" rechts bis Eickenberg, „S" bis Haasenmühle, mit K 1 über die Wupper, links in Fahrweg nach Nesselrath und rechts zum Altenhof, dahinter Aufstieg, auf der Höhe bis Bennert, mit Weg 5 (Raute) sowie „N" bis Bergerhof, Schmerbachtal hinab bis Weltersbach, rechts Hasensprungmühle, mit „A 1" und „X" 30 zurück.

Dauer
3-4 Stunden

Länge
13 km
Varianten: Kürzer wird die Runde, wenn man vom Bergerhof mit „X" 19 oder Dreiecksymbol gleich nach Leichlingen absteigt. Der Weg lässt sich verbinden mit Tour 15 sowie Tour 14.

Wanderkarte
Landesvermessungsamt Nordrhein-Westfalen: Leverkusen zwischen Rhein und Bergischem Land. Wanderkarte NRW Nr. 40, 1: 25.000
Landesvermessungsamt Nordrhein-Westfalen: Köln, Nördliche Ville. Freizeitkarte NRW Nr. 18, 1: 50.000

Gasthäuser
In Leichlingen: „Hermann des Wirths Hauß", Mittelstr. 10-12, 42799 Leichlingen, 1607 so erwähnt, seit 1870 Gaststätte, dann Bäckerei, jetzt wieder Gaststätte, älteste Haus im „Dorf", Tel. 02175/735 25
„Kartoffelhaus", Mittelstr. 17, Tel. 02175/1240
„Café am Stadtpark", Neukirchener Str. 8, Tel. 02175/719 99
In Solingen: „Haasenmühle", Haasenmühle 1, Tel. 0212/812 897

Hinweise
Direktvermarkter: Nobert Schulte, Staderhof 1, Tel. 02175/2952
Michael Altmeyer (Erdbeeren), Nesselrath / Leysiefen 2, Tel. 02175/722 11
Willi Conrads, Haus Nesselrath 16, Tel. 02175/2993
Rainer Baumhögger-Meuthen (Obst, Gemüse, Fleisch), Bennert Oberschmitte 11, Tel. 02175/3842
Peter Marseille (Champignons), Bergerhof 10, Tel. 02175/4282
Stefan Krabb, Unterberg 95 (Lamm, Schaf), Tel. 02175/3826

Auskunft
Stadt Leichlingen, Tel. 02175/992-102, www.leichlingen.de
Stadt Solingen, Tel. 0212/290-0, www2.solingen.de

www.
www.tetti.de/SOLINGEN/Haasenmuehle
www.stadtbild-leichlingen.de

Blüten satt

mende Gelehrte Karl Simrock bereits mit Siebenmeilenstiefeln durch die deutsche Sagenwelt und Etymologie. So kam er auch nach Leichlingen und trat daneben, dass der Versfuß knackte: Im Jahr des Heils 1199 soll dort die „Böhmenschlacht" geschlagen worden sein. Fünfhundert Böhmen lagen hinterher bei Nesselrath in ihrem Blut, und Simrock zitierte wie zum Beweis das letzte Verspaar eines alten Lieds: „Die Stadt dort an dem Wupperstrand / ward Leichlingen da genannt". Der Leichen wegen, meinte Simrock. Rittersitze, immerhin, gab es genügend um den Ort.

Doch Leichlingen am Wupperstrand war längst zuvor als „Leichlingin" bekannt, 973 erstmalig erwähnt als „Leigelingon", abseits aller Leichen. Immer wieder änderten die Leichlinger den Namen: „Lyglingen" (1529), „Laichlingen" (1555) oder „Lichlingen" (1606). Was der Name meint, ob „Ley", den Felsen, oder „Lech", das Wässerchen, weiß niemand ganz genau. Und so blieb es schließlich, wie schon 1402, bei „Leichlingen", und damit kein Schuft sich Schlechtes dabei denkt, gab die Stadt sich ihren zweiten Namen vorsichtshalber selbst: die „Blütenstadt". „In Leichlingen ist's immer schön: für die Ferien, zum Baden und Spazierengehn!", stempelten die Leichlinger Frankiermaschinen 1941 ebenso wie 1951 auf die städtischen Kuverts, einmal mit und einmal ohne Hakenkreuz. Die Einsicht war schon an die hundert Jahre in der Welt: „Weniger in der Ferne bekannt, als die schöne Gegend es verdient, ist das Thal, durch welches die Wupper von Nesselrode herab, Leichlingen bespülend, bis Opladen herunterschlängert", so urteilte der Autor Freiherr Friedrich Eberhard von Mering 1855.

bergisches Mittelgebirge

Dies Tal ist heute unser Ziel. Hier, wo die Wupper schwungvoll das **bergische Mittelgebirge** verlässt, machen wir uns auf den Weg. Von der Ortsmitte am Stadtpark folgen wir der „Brückenstraße“ und überqueren, wie man sagen könnte, mit dem pont Marly-le-Roi die Wupper, hier schon mit den Wanderwegen 19 und 30, beide mit Andreaskreuz („X“). Nah am Ufer sehen wir die evangelische Kirche, den neuen Turm von 1877 vor dem Bau des 18. Jahrhunderts, auch dies zu seiner Zeit ein Neubau, der die dreischiffige Basilika des 10. Jahrhunderts ersetzte.

Dahinter geht es mit den Zeichen und der „Uferstraße“ rechts hinauf, entlang am Friedhof und oben halbrechts, wo die Straße nun „Am Staderhof“ heißt. Wo sich der Weg verengt, erreichen wir die freie Flur mit Koppeln rechts und Weideflächen links. Es geht am alten Staderhof vorbei, im 14. Jahrhundert schon als Rittergut erwähnt, heute ohne Spuren älterer Befestigung, und dann im Schwenk hinunter an die Wupper, nach der und nach deren Gestade das alte Hofgut seinen Namen hat. Hier wandern wir am Rand der Wupperaue, vorüber am barocken Bau des Eicherhofs auf der anderen Seite, und am Prallhang weiter mit den beiden gut markierten Zeichen.

Bei einer kleinen vergitterten Fußgängerbrücke berühren wir den Fluss und wandern dann am Sockel der bewaldeten Höhe entlang. Zuletzt steigt der Pfad ein wenig an und stößt auf einen asphaltierten Fahrweg. Hier verlassen uns die Wege mit Andreaskreuz nach links. Wir gehen rechts mit dem Fahrweg („N“) hinab, vor dem Müllerhof vorbei an einer kleinen Kapelle mit einem holzgeschnitzten Auferstandenen.

Im „Dorf“

Auch der Müllerhof war einst ein Rittergut, die Mühle wird 1166 schon erwähnt. Im Zweiten Weltkrieg fiel der Pächter samt dem Hof dem Bombenkrieg zum Opfer. Der Neubau, der nun vor uns steht, hat in den weit mehr als zehn Jahren seiner Entstehung immer wieder neu die Fantasie der Leichlinger beflügelt: Was da auf halbem Wege zwischen Camelot und Disneyland heranwuchs, reich verziert mit Säulen, Erkern, Freitreppen und Turmhäusern, auch einem Teich mit einer weißen Aphrodite mit trockenen Füßen, sei offenbar bestimmt zum Freudenhaus der Oberen Zehntausend, wenn nicht gar zum Traumschloss und Zentralorgan der

Altes Fachwerk

Russen-Mafia. Tatsächlich, so der Bauherr und Besitzer, ein zu Geld (genauer: reichlich Geld) gekommener Schreinermeister, sei hier ein ganz normaler Bauernhof geplant, wie ihn die Eltern einst in Oberschlesien betrieben hatten: ohne Massentierhaltung und Turbo-Landwirtschaft, dafür mit Kräuterhof, auch einem Heuhotel für Schulklassen und einem Bauernhofcafé.

Hart an der Wupper schließt sich eine Motte an mit künstlichem Verteidigungshügel, nunmehr von Bäumen bestanden. Dem Wunschdenken der Leichlinger zufolge, die hier in schweren Zeiten Zuflucht suchten, hat sie heimliche Verbindung zu Haus Vorst am südlichen Ende der Stadt, 3, 4 Kilometer untertage, stets im Schlamm der Wupper. Wir wandern nun dem Fluss entgegen, vorüber an den Resten eines Kriegerdenkmals. Die Wupper liegt unter uns, glasklar, in heftiger Bewegung. Früher einmal war der Fluss berühmt für seinen artenreichen Fischbestand. Hier gab es Lachs und Aal, auch Hecht und Karpfen, und so genannte Rümpchen, Pierlinge und Möhnen. Aber als der Stadtheraldiker unter den Bergischen Löwen einen fetten Fisch ins Stadtwappen setzte, dürfte es von den Lachsschwärmen in der Wupper bereits nur noch Gerüchte gegeben haben. Denn die Leichlinger erhielten ihr Wappen erst zu Wilhelms Zeiten, obwohl die Stadt schon seit 1856 das Stadtrecht besaß.

Eigentlich wollten die Stadtväter neben den Wappentieren auch den Zeppelin des 1910 über Leichlingen abgestürzten Luftpioniers Oskar Erbslöh ins Wappen aufnehmen. Aber der Kaiser verwarf mit energischem Rotstift und einem handschriftlichen „Ohne!" auf der Genehmigung vom 22.12.1913 den seltsamen Plan, es blieb bei Fisch und Leu, und Erbslöh,

Erbslöh-denkmal

immerhin, bekam ein Denkmal am Südrand der Stadt. Die Wasserqualität der Wupper war da längst ins Reich der Redensarten eingesickert, deren schönste, wenn auch politisch unkorrekt, ausgerechnet Pfarrer Kruse 1919 prägte. Als ihn englische Soldaten, Sieger also, fragten, ob man in der Wupper baden könne, knurrte er nur kurz: „Die ist schon verseucht." Noch vor 30 Jahren gab es in Leichlingen an heißen Sommertagen „stinkefrei". Heute gibt es nur noch hitzefrei, wenn überhaupt.

Landschaftsschutzgebiet

Wupperaufwärts, bald vom Fluss entfernt, geht es nun im **Landschaftsschutzgebiet** dem Wasser entgegen. 230 Meter vor der Hofschaft Horn müssen wir uns dann von der Wupper vorübergehend verabschieden: Einmal zu häufig haben Mountainbiker hier die Anwohner erschreckt, jetzt ist der Weg am Ufer dicht, und der Wanderweg verläuft nun links, bis er auf die „Wipperauer Straße" stößt. Jetzt folgen wir der kleinen Landstraße vorsichtig nach rechts, 300 Meter weit bis an das erste Haus von Horn heran. Hier, bei Haus 117, verlassen wir die Straße mit Weg „N" nach links, kommen in die freie Flur, gehen bei der Gabelung nach links und stoßen so nach wieder gut 200 Metern in einer T-Mündung auf einen asphaltierten Querweg. Ihm folgen wir nach rechts, hinauf bis an ein Waldstück mit markanter Eichengruppe, und bei der Gabelung nun links, im sanften Schwung der Modellierung des Geländes folgend. Jenseits der Kerbe erreichen wir die Hofstatt Eickenberg. Hier knickt der Weg nach links und bringt uns oberhalb des Hofs an einem Biotop mit dicht besetzten Vogelhecken entlang bis an die alte Zufahrt mit einer riesenhaften Stieleiche und einem großen Baumportal. So erreichen wir den Solinger „Klingenpfad" („S"), dem wir rechts ein Stück weit folgen, und er will uns vor dem Abstieg wenigstens gewarnt haben mit einem Hinweis: „Sturzgefahr". Der Weg ist fein gestreut, führt in den Wald und dann in engen Kehren, mit Drängelgittern rechts hinab, am Ende gar mit Treppenstufen, bis wir unten an der „Leichlinger Straße" stehen.

Wir überqueren bloß die Straße und gehen gegenüber mit dem „Klingenpfad" gleich weiter, passieren eine Gruppe Fachwerkhäuser und wenden uns dann vor der Böschung rechts. So folgen wir dem Nacker Bach die letzten Meter Richtung Wupper, gehen mit dem Sträßchen „Wipperaue"

Cave Canem

wieder rechts, über den Bach hinweg und finden jenseits der Landstraße die „Haasenmühle". Als Gaststätte und als ihr eigenes Museum lockt sie die Besucher und macht es selbst dem Wanderer, der weiter will, nicht leicht, so viel konserviertes Mühlenleben schlicht zu ignorieren. In dichter Nachbarschaft mit Hämmern und mit Kotten ist sie als Wassermühle 1436 schon erwähnt, als Getreidemühle gehörte sie zum Hofgut Nesselrode (vgl. Tour 15). Man sieht das Mühlrad und die Zähne aus Holz und sitzt womöglich beim Kaffee gleich unter der hölzernen Schütte, mit der man die Säcke füllte.

Beim Weiterwandern folgen wir der Landstraße zur Wupper, vorüber an der kleinen „Wipperauer Straße", überqueren so ein zweites Mal den Fluss und folgen gleich darauf dem Fahrweg in Richtung Gut Nesselrath längs der Felder und dem Fluss entgegen („N", „L"). Schon nach 100 Metern folgen wir dann rechts dem Fahrweg „Altenhof" durch die weite Aue bis an den Altenhof heran. Ein Hof, Gut Nesselrath benachbart, ist hier schon seit Jahrhunderten erwähnt. So trägt das alte Ackergut den Namen ganz zu Recht. Wir gehen links und rechts, vorbei am Wohnhaus und vorüber an einer Voliere unter Birnen, einer kleinen ornithologischen Arche Noah mit Perlhühnern, Fasan, mit Papagei und Alexandersittich und etlichen Besuchern von außerhalb. Wir steigen weiter mit dem Fahrweg und schauen auf die Wupperaue, in der breit hingelagert Gut Nesselrath liegt.

Es geht im weiten Schwenk herum um ein Gehege, oben noch vorbei an einer Bank mit weitem Blick bis in ein kleines Stück mit Buchen. Wo dann von oberhalb ein Querweg zu uns stößt, gehen wir im spitzen Winkel links und folgen so dem Fahrweg vollends auf die Höhe. Weit hinter uns liegt Solingen auf seiner Höhe, vor uns die alte Hofstatt Bennert, 1597 als „Benroth" benannt, damals noch ohne Schule, die nun rechts am Wege liegt. Von links stößt ein Wanderweg hinzu, und wir folgen ihm nun geradeaus („X" und Winkel).

Hier oben liegt die Siedlung „Oberschmitte", nach einem Schmied benannt, und weil es unten eine zweite Schmiede und ein zweites „Schmitte" gab, heißt diese schon seit langen Jahren Oberschmitte. Hier wurde

Streuobstwiesen an der Wupper

1842 der Industriepionier Julius Pohlig geboren, der das Hüttenwesen revolutionierte, indem er Drahtseilbahnen für den Erztransport entwickelte. Die Firma J. Pohlig, bald in Köln zu Hause, baute mehr als 3.000 Transportseilbahnen und 1911 die erste Seilbahn für Personen auf den Zuckerhut in Rio de Janeiro. Er spannte seine Seile um die ganze Welt, doch begraben werden wollte er in Leichlingen, auf dem evangelischen Friedhof an der „Uferstraße", wo wir den Weg begonnen haben.

Gleich hinter der Schule und Haus 35 nehmen wir den Weg nach rechts („N", „X" und Raute), an der ehemaligen Feuerwache vorüber, die wir an den roten Toren noch erkennen, halten uns nach wenig mehr als 150 Metern links, folgen gleich der kleinen Kreisstraße ein kurzes Stück nach rechts und biegen dann halblinks in den gesperrten Fahrweg nach Bergerhof ein (Winkel). Am Rand der Ackerfläche erreichen wir die Siedlung Bergerhof, 1488 als „up dem Berge" verzeichnet, als „Freiheit auf dem Berghe" 1597, einst eine alte Dorfschaft, jetzt Siedlungsraum für neue Leichlinger. Im Ortskern stoßen wir vor einem Holzhaus (Nr. 65) auf einen Querweg. Rechts liegt am höchsten Punkt der Höhe die **Champignonzucht** von Wilhelm Marseille (Nr. 19) mit ein paar Schafen „als Rasenmäher", wie er sagt. Links setzen wir den Rundweg fort, überqueren vorsichtig die Landstraße und folgen dann dem kleinen Fahrweg „Schmerbach", weiter mit dem Winkel und „A 1".

Champignonzucht

Bei der Gabelung des Wegs nach 100 Metern halten wir uns links, hinab, und wandern weiter mit dem Winkel, „N" und „A 1". Im Nu sind wir im kühlen Grund, und irgendwann ist hier auch einmal ein Wasserrad gegangen. Seit etwa 1760 stand hier eine Mühle, breit hingelagert hinter einem dicken Schornstein. Bis etwa 1960 war die Mühle in Betrieb, und im Gedächtnis blieb sie wegen eines Schicksalsschlags im Jahre 1769: Da gab es für die Müllersleute Drillinge, von denen keiner überlebte. Der Schmerbach gurgelt eilig durch das enge Tal, wir wechseln auf das linke Ufer und folgen ihm nun lange Zeit ins Tal. Einmal kreuzt ein Wanderweg von Roderbirken, hier ginge es nun rechts hinauf nach Leichlingen. Wir bleiben nah am Bach, vorbei an einem Einzelhaus mit Fischteichen und sehen, dass der Bach schon lange seinen Namen „Schmerbach", schmieriger Bach, Lügen straft.

Unten, wo der Schmerbach in den Weltersbach fließt, halten wir uns vor dem Parkplatz rechts und folgen nun dem Bachlauf irgendeines unbekannten „Walter" nach Leichlingen zurück (weißer Balken und „A 1"). Am Weiher bei der Hasensprungmühle studieren wir die Enten und Bläßhühner, passieren die alte Hasensprungmühle, 1484 erstmals genannt, vor 1927 noch offiziell „Gasthaus und Sommerfrische", dann Jugendheim, Schulungslager, seit 1948 Tagungszentrum des Diakonischen Werks. Am kleinen „Steegerhäuschen" 1 erreichen wir die Straße, gehen rechts und folgen, nun jenseits des Bachlaufs, der „Alten Holzer Straße" links („A 1" und „X" des Wanderwegs 30) und durch den Rechtsknick weiter. Wo dann die Straße linksschwenkt, bleiben wir auf dem markierten Wanderweg und nahe an der Böschung geradeaus. So kommen wir am Freibad vorbei und durch eine Siedlung hindurch und wandern weiter mit Weg 30 („X") durch das Leichlinger Dichterviertel und mit der Straße „Im Dorffeld" bis an die „Kirchstraße" und links zurück zum Stadtpark mit dem Denkmal für Julius Pohlig.

Die „Gartenstraße" gegenüber bringt uns, wenn wir wollen, jetzt ins „Dorf", das „Dorf" auch nur noch heißt: es ist der Kern des alten Leichlingen, ein verwinkeltes Ensemble verschieferter Fachwerkhäuser, von der Wupper einst bespült, ehe man 1928 den letzten Wupperarm, den „Hüpplingsgraben", verfüllte, ein denkmalgeschützter Augenschmaus auf jeden Fall, mit Gastronomie so reichlich durchsetzt, dass auch an andere Genüsse jetzt zu denken ist.

Rast am Ritterpfad

Bei Burscheid an den Rand des Bergischen

Wiesdorf war ein Dorf am Rhein mit einem Fronhof, als es bei Burscheid schon zwei feste Rittersitze gab. Und als dann Burscheid 1856 mit seinen Kotten, Hämmern, Pulvermühlen und Textilfabriken von der preußischen Regierung zur Stadt erhoben wurde, war Wiesdorf immer noch ein Dorf. Fünf Jahre später aber kam aus Wermelskirchen eine ganze Farbenfabrik an den Rhein, und für Wiesdorf begannen rosige Zeiten in Ultramarin. Nach dem Firmengründer heißt der Ort seit 1930 Leverkusen, und Burscheid nennt man nun gerne die „Musikstadt im Bergischen Land", als gäbe es hier keine Arbeit mehr. Doch lieber als das Goetze-Werk erwähnt man den „Oelberger Instrumentalverein" und seine musi-

Kurzbeschreibung

Anfahrt
Haus Landscheid, der Startpunkt, liegt abseits der B 51, Zufahrt gegenüber der L 310 nach Altenberg. Oder aus Köln und Remscheid mit RVK-Linie 260 bis Burscheid.

Wegverlauf
„X" 30 bis Lambertsmühle, mit Winkel (Weg 11) weiter, über Sieferhof nach Klein- und Großhamberg und weiter auf die Höhe. An Asphaltweg zur „Schönen Aussicht" vorüber, 500 m dahinter rechts bis Grunder Mühle, dahinter rechts „A 4" und „BN". An Teichen vorüber, „BN", „X" 30 nach Dierath und zurück.

Dauer
4 Stunden

Länge
Ca. 14 km

Wanderkarte
Landesvermessungsamt Nordrhein-Westfalen: Solingen zwischen Rhein und Wupper. Wanderkarte NRW Nr. 48, 1: 25.000
Landesvermessungsamt Nordrhein-Westfalen: Köln, Nördliche Ville. Freizeitkarte NRW Nr. 18, 1: 50.000

Gasthäuser
„Waldrestaurant Wilddieb", 51399 Burscheid, Tel. 02174/1587
Restaurant „Wiehbachquelle", Kaltenherberg 22, 51399 Burscheid
Tel. 02174/780 337 (Zugang zur Wiehbachquelle)
In Burscheid zahlreiche

Hinweise
Direktvermarkter: Grunder Hof, Familie Kamphausen, Grunder Wiesen 18
51381 Leverkusen, Tel. 02171/317 89, www.grunderhof.de
Obstanbau Stamm, Großhamberg 13a, 51399 Burscheid, Tel. 02174/638 22
Gut Engelrath (B 51), 51399 Burscheid, Tel. 02174/610 74

Auskunft
Stadtverwaltung Burscheid, Tel. 02174/670-0, www.burscheid.de
Stadt Leverkusen, Tel. 0214/406-0 (Bürgertelefon 303), www.leverkusen.de

www.
Siehe Hinweise und Auskunft

Lambertsmühle

kalischen Liebhabereien seit 1812. Das muss man wissen, wenn man sich auf diesen Rundweg macht, denn er berührt die ganze Geschichte der beiden benachbarten Kirchdörfer – bis hin zum Panoramablick auf Leverkusen und das 21. Jahrhundert.

Haus Landscheid

Haus Landscheid ist schon 1301 erwähnt, doch das schöne Herrenhaus im engen Bachtal, wo wir losmarschieren, ist ein barocker Neubau aus der Zeit nach 1718. Von den Besitzern wird seither bevorzugt Skandalöses mitgeteilt: Das waren „flotte Junker" oder streitsüchtige Bürgerliche, die sich mit dem Herrn von Katterbach zu Diepenthal um Jagd- und Fischereibesonderheiten prügelten oder, als Betreiber einer Färberei im Tal, Haus Landscheid säuberlich durch eine vertikale Mauer in zwei Hälften teilten. Das wohlproportionierte Haus war vor Jahren noch ein ambitioniertes Tagungshotel und steht nun leer wie oftmals schon: „Wie im Märchen", sagt uns eine Nachbarin, „die Teller standen auf den Tischen, aber draußen wuchs das Ganze langsam zu". Das Haus war feucht von unten und von oben. Und für die Zukunft gab es bis zuletzt nur Pläne: Schönheitsfarm, Privatklinik, womöglich Tagungszentrum. Man wird es sehen. Am Haus vorüber, geht es an der Eisenschranke auf den Wanderweg mit dem Andreaskreuz (30, „X") unterhalb des asphaltierten Fahrwegs. Wir folgen dem Lauf des Landscheider Bachs am Fuß der Böschung unter lichtem Laubwald. Dann unterqueren wir das breite Viadukt der Autobahn, sehen die alten Bögen der „Straße des Führers" und die modernen Pfeiler aus Beton nach der Verbreiterung und folgen gleich darauf dem Querweg mit dem Winkel des Wanderwegs 11 nach links. Nach 200 Metern erreichen wir im Tal die schöne **Lambertsmühle**, wiederhergestellt mit reichlich Liebe und Herz in der Holztür im Nebengebäude.

Lambertsmühle

Haus Landscheid

Sie ist hier 1649 schon erwähnt, hieß anfangs „Hunds"- oder auch „Honnsmühle", erst später nach einem Bewohner namens Lambert. Natürlich ist auch diese Mühle einmal abgebrannt, im Februar des Jahres 1766, auch in diesem Fall soll ein Knecht des Müllers unachtsam gewesen sein, aber diesmal nicht beim Mahlen: Die Magd des Hauses, wie man sagt, war schwanger, und sie bezichtigte den Knecht, der sie daraufhin ermordet haben soll und mitsamt der Leibesfrucht, der Futterkammer und dem ganzen Mühlenbau verbrannte. Die Mühle, immerhin, erstand schon 1766 neu und hat seitdem die heutige Gestalt. Mühle war sie noch bis 1956.

Unser Weg bleibt links des kleinen Wiembachs und folgt nun lange Zeit dem Winkel. Ein kurzes Stück nur bleiben wir auf dem Asphaltweg, in seiner Kehre gehen wir geradeaus und auf dem Laub des Buchenwaldes weiter. Bald liegt die Gerstenmühle unter uns, zur Wetterseite hin verschiefert, wir wandern in der Böschung weiter, vorbei an einer Furt mit einer Balkenbrücke mit Geländer und auf das dreigeschossige Fachwerk der Dürscheider Mühle zu, und erreichen hinter ihr die Straße und den kleinen Ort am Bach. Mit der „Dürscheider Straße" geht es links durch das Dorf, vorüber am „Kapellenweg" und an den Bach, zum Ort hinaus. Wir überqueren den Bach und folgen nun der kleinen Straße in Richtung Leverkusen-Lützenkirchen.

Wo wir das Bachtal hinter uns gelassen haben, stoßen wir auf die Landstraße und folgen ihr, wie auch der Wanderweg, nach rechts, den Berg hinauf in Richtung Burscheid. In Kehren und Kurven geht es hinauf auf den bergischen Buckel. Wo oben dann die Landstraße nach rechts schwenkt, folgen wir dem Fahrweg „Sieferhof" nach links, kommen an der Hofstatt vorüber und wandern mit dem Winkel durch den Wind der Höhe, geradewegs auf den modernen Wasserturm von Leverkusen zu. Das ganze

Rheintalblick

Rheintal liegt als Silhouette vor uns, das Bayer-Hochaus wie die Kölner Skyline.

Nach 300 Metern folgen wir rechts dem Fahrweg in Richtung Hamberg und kommen rasch hinunter nach Kleinhamberg. Wo rechts ein „Wilddieb" auf Besucher wartet, halten wir uns links und gehen mit der Landstraße nach Leverkusen abermals nach links, nur ein paar Meter aller-

Ohne Worte

dings, dann geht es gegenüber mit der Anliegerstraße (Winkel am Verkehrsschild) nach Großhamberg, am Bauernhof vorüber und hinter der Schulbushaltestelle links und aufwärts mit dem Winkel. Hinter einem weißen Wohnhaus geht es abermals nach links und dann mit dem Asphaltweg längs der Gärten durch den Schwenk nach rechts und weiter hinauf. Oben folgen wir dem Querweg nach links und kommen so im Schwenk nach rechts, vorbei an Apfelbaumplantagen, weiter auf die Höhe und dort an den Querweg heran. Hier sind wir auf dem höchsten Punkt der ganzen Tour, 140 Meter hoch, und zugleich auf der Gemeindegrenze zwischen Leverkusen und Burscheid. Der Blick reicht ringsum weit bis auf die nächsten Höhen, die den Westrand des Bergischen Landes markieren, und vor uns in die Kölner Bucht. Eine alte Sage kennt hier einen Zwerg, der seinem Bauern Peterjohannes schier aus Dankbarkeit die Kühe hütete; doch der Zwerg verschwand schon im Verlauf der Erzählung, und an Bauern glauben wir so nah der Großstadt auch nur, weil wir rechts und links die Äcker sehen.

Mit dem Querweg wandern wir nach links und auf der Höhe weiter. Nach weniger als einem halben Kilometer erreichen wir den asphaltierten Weg, der links zur Siedlung „Schöne Aussicht" führt; wir gehen weiter geradeaus und folgen etwa einen halben Kilometer weit dem Feldweg auf der Höhe („A 5" und Winkel), bis wir bei einer großen Eiche zwischen Ackerland den Wanderweg verlassen müssen und rechts auf unmarkiertem Pfad hinuntersteigen. Der Weg ist stellenweise unwegsam, schwenkt dann nach links und führt uns unten an dem großen Bau der Grunder Mühle vorbei. Dies war vor Zeiten eine Brennerei, in der im weiten Umkreis alle Welt beschäftigt war. Jetzt ist hier alles still bis auf zwei Schafe auf der Weide und einen Hund am Wegesrand. Wir überqueren den kleinen Olbach, der mitten durch das Haus fließt, und wenden uns dahinter, vor der stillgelegten Eisenbahn, nach rechts in Richtung Atzlenbach.

Atzlenbach

Nach einem halben Kilometer Wegs ist **Atzlenbach** erreicht: Es geht am schönen Grunder Hof und hübschen Fachwerkfassaden vorüber. Wo unser kleiner Fahrweg „Grunder Wiesen" auf die „Atzlenbacher Straße" stößt, gehen wir nach rechts, schwenken gleich darauf nach links („Atzlenbacher Straße 55") und folgen vor dem Fachwerkhaus dem Weg am kleinen Naturschutzgebiet entlang, das Bachtal linker Hand, die bewaldete Böschung zur Rechten („A 4" und „BN", Rundweg um Bergisch Neukir-

Lambertsmühle

chen). Nach etwa 600 Metern stoßen wir auf einen breiteren Weg und nähern uns den Teichen von Oberölbach im Tal. Wir bleiben diesseits des Wassers im Tal, steigen ein paar Meter auf und folgen links dann dem Weg in der Böschung (weiter „BN“).

Als wir die Teiche hinter uns gelassen haben, stoßen wir auf einen asphaltierten Querweg, gehen deutlich rechts und folgen diesem Weg auch gleich darauf nach einem sachten Linksschwenk durch die freie Flur („A 1“ und „BN“).

Nach etwa 300 Metern schwenkt der Weg am Ende des Weidezauns nach links und folgt nun nah den Erlen am Ufer weiter und bachaufwärts. Bei einer weißen Barriere führt uns eine Brücke aufs andere Ufer, es geht ein Stück durch Bruchgebiet und abermals über den Bach und weiter, wie bisher, dem Bachlauf entgegen. Vor einem kleinen Waldstück stoßen wir auf einen breiteren Weg und folgen ihm nach links; nach etwa 100 Metern bringt uns dann ein asphaltierter Weg wiederum links nach Romberg hinein. Es geht nur an wenigen Häusern vorüber und gleich darauf erneut ins Freie, geradewegs und weiterhin bachaufwärts („A 1“ und „BN“). Der Weg steigt nun ein wenig an, und 100 Meter hinter dem letzten landwirtschaftlichen Betrieb zur Rechten stoßen wir in den Wiesen auf den schon vom Anfang her bekannten Wanderweg 30 und wandern nun mit ihm nach rechts, hinauf, durch Äcker in das preisgekrönte

Dierath

Dierath mit einer Ruhebank am „Ritterpfad“, der an die Zeiten um das Jahr 1181 erinnern mag, als das Dorf noch Thiotrode oder doch so ähnlich hieß.

Wir wandern über das Wegekreuz hinweg und weiter mit dem Andreaskreuz bis auf die Dorfstraße mit schönen Fachwerkhäusern rechts und links. Hier halten wir uns links, und folgen hinter der geschmückten Schule und der Feuerwehr dem Wanderweg nach rechts. Es geht am Zaun entlang, hinunter in die freie Flur, dann knickt der Weg nach links, führt durch die letzten Gartengrundstücke und rechts durch eine Obstbaumwiese in die Mulde eines Siefens, an dessen linkem Hang der gut markierte Pfad („X") nun weiterhin verläuft.

Es geht durch schlanken Buchenwald bis in das Quertal des Bornheimer Bachs, wo uns der Wanderweg nach links weist, bachaufwärts bis an die untersten Häuser von Bornheim („X"). Es geht im Schwenk nach rechts hinauf, wir kreuzen unterhalb des Hauses 19d die Straße und kommen gegenüber gleich wieder in den Wald. Hier steigt der Weg nun stetig an und entfernt sich immer mehr vom Bachlauf, bis wir oben auf die freie Höhe kommen. Hier kreuzen wir die Landstraße und wandern weiter mit dem Fahrweg „Niederrepinghofen" („X"). Der asphaltierte Weg führt geradeaus, und als er dann nach knapp 400 Metern nach links knickt, bleiben wir mit dem Andreaskreuz geradeaus auf dem Pfad durch die Wiese und auf die jähe Böschung zu. Am Hochsitz halten wir uns sacht halbrechts und folgen dann vom Waldrand an dem Weg, der in raschem Schwung nach links und rechts hinunterführt bis an das Sträßchen oberhalb der Gerstenmühle. Nun geht es links bis an die schöne Lambertsmühle und gegenüber auf demselben Weg zurück, auf dem wir angefangen haben.

Tour **18**

Tatort für einen Mädchenmord

Nach Altenberg

Hätte ein Künstler mit Empfinden für Effekte einen gotischen Sakralbau in eine angenehme Landschaft setzen sollen, er hätte keinen schöneren Platz finden können als den des Altenberger Doms im Tal der Dhünn.

Kurzbeschreibung

Anfahrt
Altenberg liegt abseits der B 51 (A 1, AS Burscheid) an der L 101 Odenthal-Dabringhausen. Parkplätze im Klosterbereich sind begrenzt und gebührenpflichtig, frei ist der Wanderparkplatz an der Umgehungsstraße sowie der Parkplatz „Am Rösberg" abseits der Straße nach Blecher, neben Haus „Eißkirchen". Oder mit S 11 von Köln bis Berg. Gladbach, dort mit KWS-Linie 430 nach Altenberg.

Wegverlauf
„X" 30 bis Scheuren, „A 7" zurück

Dauer
2,5 Stunden

Länge
8 km
Varianten: Ein Spazierweg ist der Waldlehrpfad um den Bereich der Teiche; kürzer wird der Weg durch zwei Möglichkeiten, mit „A 10" abzukürzen. Zu jeweils einer großen Runde erweitern lässt der Weg sich mit den Touren 19 oder 23.

Wanderkarte
Landesvermessungsamt Nordrhein-Westfalen: Bergisch Gladbach, Odenthal, Königsforst. Wanderkarte NRW Nr. 3, 1: 25.000
Landesvermessungsamt Nordrhein-Westfalen: Köln, Nördliche Ville. Freizeitkarte NRW Nr. 18, 1: 50.000

Gasthäuser
In Altenberg zahlreiche, siehe auch:
www.altenberger-dom.de/gastrono/gastro1.htm
„Altenberger Hof" gegenüber dem Dom, Tel. 02174/4970
www.altenberger-hof.de
Gaststätte „Küchernhof", neben der Markus-Kapelle gegenüber dem Dom
Tel. 02174/414 13
„Hotel Restaurant Wisskirchen", Am Rösberg 2, Tel. 02174/671 80
Cafe-Restaurant „Märchenwald", Tel. 02174/404 54
In Scheuren: „Café Restaurant Heuer", Scheurener Str. 77, Tel. 02207/2400

Hinweise
Führungen im Altenberger Dom, Anmeldung montags bis freitags 9-12 Uhr
Tel. 02174/4533
Wasserspiele „Die tanzenden Fontänen" und „Deutscher Märchenwald"
Tel. 02174/404 54

Auskunft
Gemeinde Odenthal, Tel. 02202/710-0, www.odenthal.de

www.
www.altenbergerdom.de
www.vka-altenberg.de
www.landschaftundgeschichte.de

Altenberger Dom

Doch kein Schinkel und kein Caspar David Friedrich des Mittelalters haben diesen Flecken ausgewählt, kein Bischof und kein Mönch, vielmehr – ein Esel. So will es zumindest die Legende.
Mit zwölf Mönchen hatte Abt Berno 1133 die alte Burg der Herren von Berg bezogen, mons vetus, „Altenberg", auf halber Höhe über dem Fluss gelegen. Von hier aus machten sie sich auf, um in der Niederung einen besseren Platz für eine neue Zisterzienserabtei zu finden, konnten sich aber lange nicht einig werden, denn schön erschien es jedem anderswo. So wälzten sie die heikle Entscheidung ab auf einen Esel, den sie mit Geld und den Abzeichen des Klosters beluden und dann talwärts trieben. Sollte der beschließen, wo sie bauen würden. Der Esel machte es spannend, wie es heißt, blieb ein paar Mal stehen, dass den Klosterbrüdern hinter ihm das Herz im Halse klopfte, zog dann aber weiter, vielleicht durch kurze Stoßgebete, vielleicht auch durch den einen oder andern Steinwurf angestachelt, und machte der merkwürdigen Prozession erst auf einer frischen Wiese ein Ende, wo er sich zur Ruhe legte. „Das ist der Bauplatz! Gott will es so!", riefen da die Mönche durcheinander, dass es dem ahnungslosen Grautier angst und bange werden konnte. Schon wenige Jahre später stand hier eine romanische Klosterkirche, über deren Fundamenten ab 1255 der heutige gotische Dom errichtet wurde, das „spectaculum Montium in Monte", das bergischen Wunder im Herzogtum Berg.
Wir tun ein Übriges und steuern den Wanderparkplatz oberhalb des Doms und der Umgehungsstraße an, von wo wir später leicht zu Fuß hinuntersteigen können. Hier folgen wir dem Sträßchen „Bülsberger Weg" mit

dem Andreaskreuz des „Neandertalwegs“ (30) rechts hinab und zwischen den Teichen hindurch, die schon die Mönche hier gegraben haben. Der Heilige Bernhard von Clairvaux hatte es ihnen verboten, Fleisch und gewürzte Speisen zu genießen. Da traf es sich, dass er sie auch von Städten und Bergen fernzuhalten suchte: So konnten sie sich wenigstens an Fischen gütlich tun von Zeit zu Zeit.

Hier haben wir uns jenes Drama vorzustellen, mit dem die frommen Brüder einmal ihren guten Ruf gefährdet haben: Einer von ihnen soll einst eine Jungfrau verführt haben. Eilig beschloss man den Tod als Strafe, aber den des Mädchens, nicht des Bruders; man mochte sich an Evas Sündenfall erinnert haben, auch wollte man sich wohl vor Folgetaten schützen. Das Mädchen wurde jedenfalls ertränkt bei den Fischen und starb mit einem doppelten Fluch auf den Lippen: Kein großer Wissenschaftler werde jemals aus dem Kloster erwachsen, und Flammen würden es dereinst verzehren.

Die erste Prophezeiung konnte noch gelassen hingenommen werden, denn selbst der Heilige Bernhard hielt nur wenig von der Wissenschaft, dafür viel von „ora et labora“; aber an die zweite Prophezeiung hatte man sich später zu erinnern.

Kultur- und Waldlehrpfad

Wo der Fahrweg dann beim Wiederaufstieg seine erste enge Kehre nimmt, finden wir den Hinweis **„Kultur- und Waldlehrpfad“** und wandern nun halblinks hinab, weiter mit Andreaskreuz, lesen den Hinweis auf Erzabbau und Pingen, die hier die Böschung modelliert haben und wandern nun für lange Zeit am Rand des Pfengstbachs hinauf, den drei Quellgewässer unterhalten, ehe er sich wenig später, am Sockel der alten Burg Berge, in die Dhünn ergibt.

Spezarder Mühlenteich

Es geht an einem Steinbruchloch vorbei, vorüber an der Abzweigung nach rechts („A 10“) und neben einem alten Hohlweg weiter mit Andreaskreuz, „A 6“ und auch „A 10“. Es geht ein wenig aufwärts und vom Bach hinweg, dann sehen wir im dünnen Erlenwald zur Linken den Weg „A 7“, dem der Waldlehrpfad über Treppenstufen abwärts folgt, den Bach hinab, zurück nach Altenberg.

Weide bei Großspezard

Wir wandern weiter geradeaus mit dem Andreaskreuz, wo uns der Weg „A 6" nach links verlässt, und erreichen einen Mauerrest zur Rechten. Hier stand, so lesen wir, bis in die Mitte des vergangenen Jahrhunderts, das Wohnhaus der Spezarder Mühle. Zum Bach hin steht hier eine kleine, dunkle Schutzhütte, und nur ein wenig oberhalb am Bach stand einst die Mühle, jetzt ist sie verschwunden.

Dem Altenberger Kloster hätte beinahe das nämliche Schicksal gedroht: Drei Jahre nach der Aufhebung des Klosters 1803 verkaufte die Regierung den gesamten Komplex für 24.415 Reichstaler und 54 Stüber an den Kölner Weinhändler Pleunissen. Der wird gewusst haben, warum er eine chemische Fabrik sich in die Klosterhallen holte, die hier mit giftigem Salpeter werkelte, bis in der Nacht des 7. November 1815 sich alle Vorräte mit Kloster und Fabrik auf einen Schlag in Rauch auflösten. War das der Fluch der geschändeten Jungfrau?

Der Dom blieb als Ruine stehen, ohne Dach dem Wetter ausgesetzt, sodass am 1. Oktober 1821 die südöstliche Vierung morsch zusammenstürzte. Jetzt wurden auch die letzten Reste noch geplündert; die mehr als 5 Quadratmeter große Messinggrabplatte des Stifters Bischof Wikbold war mit einem Mal kein Kunstwerk mehr, sondern Buntmetall, für das ein Altwarenhändler nur den Schrottpreis zahlte, um es einzuschmelzen.

Beinahe wären selbst die Steine noch verladen worden; sie sollten wie die Mauern von Kloster Heisterbach beim Rhein-Maas-Kanal verwendet werden; aber da hatte es sich endlich bis zu den mittelaltersüchtigen Romantikern herumgesprochen, was hier vor sich ging. Friedrich Wilhelm IV. von Preußen regte die Rettung der Ruine an. Fünf Jahre, nachdem er

In Altenberg

den zweiten Grundstein für den Dom zu Köln gelegt hatte, reiste er nach Altenberg, der Dom war fertig. Und weil die Preußen protestantisch waren, dient er nun beiden Konfessionen.

Beim nächsten Wegedreieck wenig später halten wir uns links (rechts „A 10“) und folgen weiter dem Andreaskreuz und dem „A 7“. Hinter dem alten Spezarder Mühlenteich beginnt erneut der Anstieg, dann kreuzen wir im Wald die Ferngasleitung. Wo das Bachtal sich vor einem Zulauf rechts verbreitert, gabelt sich der Weg erneut: Wir bleiben links und folgen den bewährten Zeichen, kreuzen so den Winkelhauser Zulauf des Pfengstbachs und wandern dem Breidenbacher Quellgewässer entgegen, vorüber an den Winkelhauser Weiden.

Es geht durch Buchenwald und dann auf einem schönen Brückchen über ein weiteres Wasser hinweg und, nun folgen wir dem Pfad den Siefenlauf hinauf, in Kehren steil hinauf. Oben kommen wir bei einer Bank zum Wald hinaus und zwischen Koppelzäunen durch die Wiesen bis nach Scheuren. Schräg gegenüber liegt hier die Gaststätte „Heuser“, als habe sie auf uns gewartet. Hier schaut der Wirt den Skatspielern ins Blatt, dieweil der Sohn das Zapfen übernimmt, dahinter lesen wir die faule Prophezeiung „Morgen Freibier“.

Nach der Pause folgen wir weiter der „Scheurener Straße“ über die Einmündung der „Peter-Hecker-Straße“ hinweg (u. a. „X“, „A 7“) und am Fahrweg „Wirtspezard“ vorüber, der den „Neandertalweg“ („X“) verlässt, und gleich darauf „Zum Wirtsspezarder Hof“ nach links. Wir wandern weiter mit „A 7“. In der Biegung passieren wir die Sackgasse „Winkelhausen“ und folgen der Straße noch 300 Meter, bis wir am Wanderparkplatz nach rechts in den Fahrweg einbiegen (Winkel von Weg 8, weiterhin „A 7“). Der Wildzaun neben der Straße begrenzt den **Strauweiler Wildpark**, der sich von hier bis zur Dhünn kilometerweit erstreckt. Bald

Strauweiler Wildpark

kommen wir zum Wald hinaus, wo das Vieh vom Hof Großspezard in Ammenhaltung auf den Wiesen steht. Es geht am Hof vorüber und aufs Neue an den Wald mit einer Schutzhütte, an der der Weg „A 10" vorüberführt. Wir bleiben hier halblinks mit Winkel und „A 7", auch „A 10".
Wo der Wald zur Linken endet, schwenkt der Weg „A 10" nach rechts. Wir bleiben weiter auf dem Weg mit Winkel. Am Waldrand auf der Rechten folgt noch einmal eine Bank. Hier berühren wir den Weiler Bülsberg und gehen rechts, an der weißen Mauer vorüber ins Tal. Bald passieren wir die alte **Fachwerkhofschaft Bülsberg**, es geht noch einmal in den Wald, nach links, und in der ersten steilen Kehre fällt unser Blick durch das Laub auf den Dom.

Fachwerk-hofschaft Bülsberg

Die baulichen Besonderheiten, die man aus der Nähe eher ahnt als sieht, werden hier erkennbar. Die schlanken Gemäuer sind vollkommen glatt und ohne Schnörkel, keine Verzierung lenkt ab von der Funktion. So mag er wie ein Fremdkörper inmitten der Natur erscheinen, wie ein wertvoller Kristall im Wiesental. Das mögen die Erbauer ebenso empfunden haben, sonst hätten sie wohl kaum den Reiz des Gegensatzes im Innern noch einmal erzielen wollen, wo jedes Ornament wie eine Huldigung an die Natur ringsum erscheint.

Tour 19

Auf dem Pilgerpfad

Von Altenberg ins Tal des Eifgenbachs

Kurzbeschreibung

Anfahrt	Altenberg liegt abseits der B 51 (A 1, AS Burscheid) an der L 101 Odenthal – Dabringhausen. Parkplätze im Klosterbereich sind begrenzt und gebührenpflichtig, frei ist der Wanderparkplatz an der Umgehungsstraße sowie der Parkplatz „Am Rösberg" abseits der Straße nach Blecher, neben Haus „Eißkirchen". Oder mit S 11 von Köln bis Berg. Gladbach, dort mit KWS-Linie 430 nach Altenberg.
Wegverlauf	Anfangs mit „A 4", ab Furt und Brücke mit Weg 8 (Raute) und Jakobspilgerpfad (Muschelsymbol) den Eifgenbach hinauf bis „X" 29 im Bachtal, rechts hinauf bis Limmringhausen, Zufahrt „Gut Steinhausen" und „Maria in der Au", hinab mit „N" und Weg 8 (Winkel) bis Schöllerhof, rechts und mit Weg 8 (Winkel) über Furt und am Eifgenbach entlang zurück.
Dauer	3-4 Stunden
Länge	13 km Varianten: Der Weg lässt sich verbinden mit Tour 18 sowie Tour 25.
Wanderkarte	Landesvermessungsamt Nordrhein-Westfalen: Bergisch Gladbach, Odenthal, Königsforst. Wanderkarte NRW Nr. 3, 1: 25.000 Landesvermessungsamt Nordrhein-Westfalen: Köln, Nördliche Ville. Freizeitkarte NRW Nr. 18, 1: 50.000
Gasthäuser	In Altenberg zahlreiche, siehe auch: www.altenberger-dom.de/gastrono/gastro1.htm „Altenberger Hof" gegenüber dem Dom, Tel. 02174/4970 www.altenberger-hof.de Gaststätte „Küchernhof", neben der Markus-Kapelle gegenüber dem Dom Tel. 02174/414 13 „Hotel Restaurant Wisskirchen", Am Rösberg 2, Tel. 02174/671 80 Cafe-Restaurant „Märchenwald", Tel. 02174/404 54
Hinweise	Direktvermarkter: Thomashof, Hammerweg 69, 51399 Burscheid (oberhalb des Böckershammers) Tel. 02174/61268 Führungen im Altenberger Dom, Anmeldung montags bis freitags 9-12 Uhr Tel. 02174 / 45 33 Haus Maria in der Aue, In der Aue 1, 42929 Wermelskirchen-Dabringhausen Tel. 02193/505-0
Auskunft	Gemeinde Odenthal Tel. 02202/710-0, www.odenthal.de Stadtverwaltung Wermelskirchen, Tel. 02196/710-0 www.wermelskirchen.de
www.	www.altenbergerdom.de www.vka-altenberg.de www.landschaftundgeschichte.de

St. Bernhard

Nach Altenberg und in den Märchenwald: Das war der klassische Spaziergang in den 1950er Jahren, von Mülheim mit dem roten Bus der „Wupper-Sieg“, von der Endstation der „G“ in Bergisch Gladbach auch zu Fuß. Wer hatte damals schon ein Auto?

Ein kleines Foto mit dem Altenberger Dom im Hintergrund beweist den Ausflug auch noch nach Jahrzehnten; lebendig blieben die Erinnerungen an die Zwerge und die Wasserspiele ohne jedes Souvenir: Die „Leichte Kavallerie“ mit hüpfendem Strahl, als habe der Wiener Kapellmeister Franz von Suppé mit seinem Dirigentenstab wie Moses an den Fels geklopft. Das alles liegt schon märchenweit zurück: Es war einmal.

Damals wussten wir natürlich noch nicht, dass ein halbes Jahrtausend zuvor auf jenem Wegstück, das wir uns für heute vorgenommen haben, Jakobuspilger eine regelmäßige Erscheinung waren, unterwegs zum Grab des Apostels Jakobus d. Ä. in Santiago de Compostela. Heute wird daran erinnert: Vor dem Westportal des „Doms“, der gar kein Dom, zumindest keine Kathedrale, keine Bischofskirche ist, steht eine jener Stelen, die an den wiederhergestellten Pilgerweg erinnern. Das Kloster Altenberg, der erste romanische Bau, mehr noch der gotische Blickfang im Herzogtum Berg des 14. Jahrhunderts war stets und für jedermann eine willkommene Station.

Seit Jahren und noch immer wird das bauliche Herzstück des Bergischen Landes saniert, damit es einmal wieder wirken kann wie schon im späten Mittelalter. Den Märchenwald dagegen treffen wir ganz unverändert an, als habe er für viele Jahre im Dornröschenschlaf gelegen.

Wir machen uns am alten Kloster auf den Weg, vorbei am „Altenberger Hof“, durch das barocke Tor und über die Dhünn, „ante portam super

„Spectaculum Montium in Monte“

Duynam fluvium“, wie die Chronik des Klosters besagt. Dem Querweg vor der Böschung folgen wir dann rechts, dem Lauf der Dhünn entgegen mit dem Zeichen des Pilgerwegs, der stilisierten Jakobsmuschel, bis zum **„Deutschen Märchenwald“**. Mögen andere Wälder gewachsen sein: Dieser ist „erbaut“, und zwar im Jahre 1931. So steht es stolz in rotem Sandstein. Und erbaulich ist er auch.

Deutscher Märchenwald

Hier ist noch alles so, wie wir es aus der Kindheit kennen: die Mutter mit dem lieben Kleinen auf dem Arm, die Bären, der Dukatenesel und die Zwerge mit dem nackten Po, die jedermann den Weg aufs Töpfchen weisen. Auf der Terrasse sitzen schon Familien bei Kaffee und bei Limonade, und die Eltern reden von den Zeiten, als auch sie als Kinder hier mit ihren Eltern saßen. Und noch immer tanzen drinnen stündlich die Fontänen.

Wir gehen weiter, sacht bergab, und wo wir am Laternenmast den Wolf und Rotkäppchen als holzgeschnitzten Hinweis finden, verlassen wir den asphaltierten Weg, gehen also nicht hinunter bis zur Brücke, sondern folgen vor uns in der Böschung dem Zeichen des Rundwegs „A 4“. Tief unten fließt die Dhünn und hält dem Himmel über uns sein blaues Spiegelbild entgegen. Der Weg wird schmal und läuft dann um die Kerbe eines Wasserlaufs herum. Nach einiger Zeit führt der Weg hinab, und wir stoßen bei einer hölzernen Schutzhütte auf einen Querweg, der rechts hinabführt an den Eifgenbach, der hier auf seinen letzten Metern der Dhünn entgegenstrebt. An dieser Stelle hatten schon die Altenberger Mönche eine Wiese „super ripam Eyffgen“, vielleicht dieselbe, die wir gegenüber mit der Hand voll Rinder sehen. 1133 waren sie zu zwölft nach Altenberg gekommen, das damals noch gar nicht so hieß, sondern „Berge“; 12 Jah-

re später zogen sie vom Hang hinunter in das Tal der Dhünn und begannen mit dem Bau des neuen Klosters, und wieder 50 Jahre später, 1195, hieß die verlassene Stammburg der Grafen von Berg, die bald zum Steinbruch wurde, Altenberg: mons vetus. Der zisterziensisch strengen Vorschrift ihres Ordens war die Abgeschiedenheit der Stätte eben recht. Erst bei der Aufhebung des Klosters 1803 verließen 26 Mönche, mehr als 100 Laienbrüder und der Abt das stille Tal.
Wir bleiben diesseits von Brücke und Furt und folgen links dem Weg den Bach hinauf (Weg 8 mit Raute).

Tal des Eifgenbachs

Das **Tal des Eifgenbachs** ist eines der reizvollsten Täler im Bergischen Land, noch immer scheinbar abseits vom geschäftigen Betrieb der Welt, auch wenn die Straße, die sich erst vor Dabringhausen auf die Höhe schwingt, mitunter gut zu hören ist. Fossiliensammler schätzen die Versteinerungen in der feingekörnten Grauwacke der Felsaufschlüsse an der Böschung, und Botaniker staunen vielleicht, wie viele Moose hier gefunden worden sind: nicht 9, nicht 19, sondern 198 Arten!
Nach etwa einem halben Kilometer verlässt uns links der Weg „A 3"; wir wandern weiter, über einen Siefenlauf hinweg und bleiben bei der nächsten Gabelung dann links, zuverlässig auf der Spur der Raute und des Pilgerpfads. Nach wieder einem halben Kilometer türmt sich schroff der blanke Felsen neben uns, hier hat der Bach den Bergsporn angeschnitten. Wenig später finden wir bei einer Bank den Hinweis auf die „Eifgenburg", und nur einen Steinwurf weiter weist ein Zeichen uns den Weg nach links hinauf: Wir gehen vor dem Wasserlauf hinauf, dann links aufwärts bis an die Wallanlage, wo es höher nicht mehr geht. Man weiß nur wenig über diese Hügelburg, nicht einmal, wie sie hieß. Denn „Eifgenburg" ist der moderne Name, der helfen soll, die deutlich erkennbaren Spuren des 11. Jahrhunderts vor dem Geiste des Betrachters wenigstens zu Festungsmauern aufzurichten. Es muss ein großes und besitzendes Geschlecht gewesen sein, das diese Burg besessen hat: Das ungleichmäßige Oval der Ringmauer maß 220 Meter, der hohe Schildwall, der die Burg auf ihrer schwachen Seite schützte, hatte eine Steinmauer als Kern, die 1,60 Meter stark war. So viel Aufwand konnte längst nicht jeder treiben. 3 Kilometer weiter südlich liegt Burg Berghe, die Stammburg des späteren Herzogtums Berg, der Nabel des Bergischen Landes. Ob die Eifgenburger Ritter für die Berger Herren gute Nachbarn oder lästige Rivalen waren, war bisher auch nicht mit Grabungen zu klären. Die Berger wurden stärker mit den Jahren, also werden sich die Eifgenburger ihnen angeschlossen haben. Man weiß nicht einmal, wann und wie die Burg ver-

lassen worden ist: Zwar gibt es Spuren eines Feuers, aber ob die Burg durch Brand erobert wurde oder ob die Spuren aus der Zeit der Rodung auf dem Bauplatz stammen, ist noch immer nicht entschieden.

Wir umwandern einmal das Oval der alten Burg, entdecken auf der abgeflachten Feldseite einen Acker, und steigen nach dem Rundgang wieder ab, zurück bis an den Weg im Tal des Eifgenbachs.

Gleich nach der Abzweigung nach Kaltenherberg schwenkt der Weg nach rechts und gabelt sich: Wir steigen links mit der Raute hinauf, kommen über einen zweiten Bergsporn hinweg und steigen in der Böschung abermals hinab. Ein Stück weit sichern Ketten den Pfad, dann sind wir wieder nah am Bach und gehen weiter seinem Lauf entgegen.

zwei mächtige Eiben

Wir bleiben an der Böschung auf dem rechten Ufer, es geht vorbei an einer alten Brücke über einen Kottengraben und schließlich zwischen **zwei mächtigen Eiben** hindurch. Die beiden Veteranen im dunkelgrünen Nadelkleid gelten als die Wahrzeichen des ganzen Tals, obwohl sie doch so offensichtlich Fremde sind: Hier stand einmal der Bökershammer vom Beginn des 18. Jahrhunderts. Es war ein Fabrikant aus Remscheid, Clemens Böker, der hier, weil er im nahen Morsbach- wie im Eschbachtal für einen Eisenhammer keinen Raum mehr fand, einen Hammer kaufte. Daneben baute er ein Wohnhaus und legte einen Garten mit den beiden Eiben an. Bis weit ins 19. Jahrhundert war das Werk noch in Betrieb, zuletzt als Fruchtmühle. Zu Beginn des 20. Jahrhunderts stand nur noch das Wohnhaus da, der Hammer war Ruine. Der letzte erwähnte Bewohner war ein Tanzlehrer und Musikant mit Namen Wilhelm Steffens. Er betrieb hier eine Art von Tanzschule mitsamt Lokal, heute würde man vermutlich „Disko“ sagen, ein ziemlich übel beleumdetes Etablissement. Und zwischen diesen beiden Eiben soll der Eingang in sein Reich gelegen haben.

Furt im Eifgenbach

Hier bringt uns eine Brücke über den Bach, dahinter führt der Wanderweg abermals dem Eifgenbach entgegen, der kabbelig in seinem flachen Bett auf dem Felsboden gluckst. Bald geht es ein paar Schritte hinauf, und wir folgen nun dem Querweg in der Böschung, weiter links, für einige Schritte hoch über dem Bach, dann geht es wieder abwärts in der Böschung, an den Bach heran.

Auf einer kleinen Fußgängerbrücke überqueren wir sodann den Bach und folgen dem bequemen Weg am rechten Ufer weiter. Nach etwa einem halben Kilometer passieren wir ein Wehr, wo der Bach im **Sumpfgebiet** gestaut ist und über eine Rampe abwärts schießt. Wiederum nach einem halben Kilometer auf dem festen Weg heißt es Obacht geben: Der breite Weg schwenkt links, wir folgen weiter unseren Zeichen und kommen rechts und in die Bachaue, wo wir nach einem Viertelkilometer den Eifgenbach zum letzten Mal auf einer Brücke überqueren. Nun geht es in der Böschung ein paar Meter aufwärts, dann links und wiederum dem Wasserlauf entgegen.

Sumpfgebiet

So kommen wir das letzte Stück im Bachtal ohne Steigung weiter, bis wir nach einem halben Kilometer auf einen großen Querweg stoßen. Hier verlassen wir die Raute, die Pilgerstrecke und den Eifgenbach und folgen dem Andreaskreuz des Wanderwegs 29 rechts hinauf und bald darauf zum Wald hinaus. Rechts auf der Weide stehen Kühe, Kälber, junge Bullen und Pferde voller Eintracht beieinander. Noch ehe wir die Landstraße erreichen, folgen wir dem asphaltierten Weg nach links („X") und nehmen erst bei dem weißen Haus 16 den Weg nach rechts bis an die Höhenstraße. Gut die Hälfte des gesamten Weges liegt nun hinter uns. Wir überqueren hier die Landstraße und wandern gegenüber weiter in die Sackgasse. Wenig später nehmen wir rechts den Asphaltweg nach Steinhausen und „In der Aue" und kommen bei der letzten Hofstatt ins Freie. Nach der malerischen Enge im Eifgenbachtal genießen wir den freien Blick und auch den Wind, der auf der Höhe bläst. Bald führt der unmarkierte Fahrweg uns durch einen kleinen Wald, dann geht es an **Gut Steinhausen** vorüber, das in bergischem Barock mit Schieferfronten, grünen Läden und wetterfest lackierten weißen Balken als ein großes „U" um seinen Hof errichtet ist. Hier führt der Fahrweg uns in einer Kehre abwärts, durch die Wiesen an die Dhünn. Rechts liegt leicht erhöht Haus Haniel, einst das Jagdschloss eines Industriellen und Händlers en gros, seit 1955 offiziell „Maria in der Aue", einst eine kirchliche Tagungsstätte, nunmehr ein Hotel.

Gut Steinhausen

Eifgenbach

Den Aufstieg der Haniels zu Großindustriellen fasste der Autor Josef Wilden 1951 in seiner Unternehmer-Hagiografie „Gründer und Gestalter“ eher fasslich als passend in ein Bild der Natur: „Aus einem kleinen unscheinbaren Reis entwickelt sich ein mächtiger Baum, dessen Wipfel weithin seine Früchte spendet.“ – Von selbst gewachsen ist das freilich nicht: Mit einer Kohlenhandlung, „Haniel und Cie“, begann es 1803. Bald kamen Hüttenwerke hinzu, Schifffahrt und Handel, bald eine Werft, ein Walzwerk, schließlich eine Reederei. Das liest sich wie ein Schaustück aus dem „Deutschen Märchenwald“, wo der Kater sich im Kreis um seine Mühle dreht: Das gehört alles dem Grafen. Nur der Müllerbursche war kein Graf, und die Bürgerlichen mochten noch so tüchtig schaffen – Grafen waren sie noch lange nicht. Man rief sie „Schlotbarone“, doch das war eher schon ein Schimpfwort. Titel konnte man nicht kaufen, Schlösser schon. Und so ließ Karl Haniel ab 1927 hier im Wald ein Schloss errichten für die Jagd mit lieben Gästen, 60 über 40 Meter groß, mit allem ausgestattet, was sich denken und gebrauchen ließ, mit Schwimmbad, Kegelbahn und Tennisplätzen, auch reichlich Land ringsum: Steinhausen gehörte dazu, die Hofstatt mitsamt Gärtnerei, dazu der Lauf der Dhünn vom Eingangsportal bis zum Forstamt, wo wir bald den Fluss verlassen. 450 Handwerker bauten hier im Sinne des Barock.

Alt freilich wurde niemand als Bewohner: Bald kam es an die Herren einer neuen Zeit, die Nazis lehrten hier die Kunst des rechten Kinderhütens, dann ließ es sich der Gauleiter gefallen, hier zu wohnen, wie nach ihm der alliierte Kontrollrat, später die Landesregierung. Geschichte ließ sich so am Klingelschild studieren. Seit 1956 diente „Haus Haniel“ dem kirchlichen Familienwerk, und seit dem vollständigen Umbau 1996 als Tagungshotel.

Wir überqueren hier die Dhünn und folgen dahinter dem Weg am Bach entlang (Weg 8 mit Winkel). Es geht vorbei am Forsthaus Aue und lange weiter durch den Wald und das Helenental, in dem bis weit ins 19. Jahrhundert viele Pulvermühlen lagen, bis wir bei dem schönen Fachwerkhof

Aue den Wald verlassen haben und auf einen Querweg stoßen. Ihm folgen wir nach rechts, hinweg über die Dhünn und am Fuß der Böschung weiter bis an den Schöllerhof und an die Landstraße heran. Wir überqueren sie mit Vorsicht und folgen ihrem Fußweg nun ein Stück nach rechts, gut 200 Meter weit bis in die Biegung, und nehmen dann den Weg halblinks bis an den Eifgenbach heran (Winkel).

Dort an der Brücke haben wir den Rundweg hinter uns gebracht, jetzt machen wir ihn noch zur Acht: Wir überqueren den Bach und nehmen dann den Pfad zur Linken, der dem Wasser folgt (Andreaskreuz und Raute). Bald begegnen uns die ersten Ausflügler wie Herolde der Kaffeefahrt zum Altenberger Dom: Im Sonntagsstaat, auf dünnen Sohlen, stolpern sie den Felsensteig am Bach entlang.

Hier hat der Eifgenbach sein Ziel erreicht und überlässt sein Wasser nun der Dhünn. Wenig später überwinden wir auf einer kleinen Brücke einen Siefenlauf und erreichen gleich darauf die Straße, die rechts hinaufführt an den Märchenwald. Doch diesmal halten wir uns links, kreuzen die Dhünn, überqueren dann den großen Parkplatz und wandern durch die Wiesen und zurück bis an den Altenberger Dom.

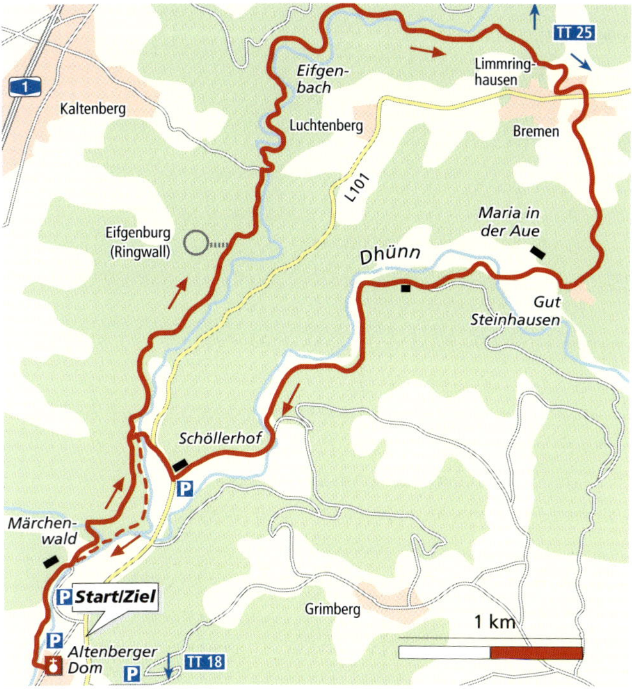

Tour **20**

Verhexte Gegend

Nach Odenthal

Udo war der Sohn des Grafen Gebhard von Franken. Der hatte es durch treue Dienste an einem Kind auf dem Königsthron bis zum Titel eines Herzogs von Lothringen gebracht und außerdem zu Ländereien fern am Rhein, wo fast schon Nifelland beginnt. Gesehen hatte Gebhard die Besitzung nie; erst Udo zog den Rhein hinab und gab Befehl, im Tal der Dhünn zu siedeln. Das war nach 910, als Gebhard fern im Ungarnland

Kurzbeschreibung

Anfahrt Odenthal ist zu erreichen über Leverkusen-Schebusch, Bergisch Gladbach-Schildgen und über die A 1 (AS Burscheid). Zahlreiche Parkgelegenheiten im Ort, kostenfrei am Schulzentrum im Süden des Orts. Oder aus Köln mit S 11 nach Bergisch Gladbach Busbahnhof, weiter mit Bus 430, 432 sowie ab Köln-Mülheim mit Bus 434.

Wegverlauf Der Weg folgt dem Rundweg „A 2", von Höffe bis Hunger auch Weg 8 mit Winkel.

Dauer 2-3 Stunden

Länge 9 km
Varianten: Der Weg wird zum Spaziergang, wenn man sich in Oberkirsbach auf dem unmarkierten Weg statt nach rechts nach links wendet und dann nach 250 m wieder links dem „A 2" folgt. Andererseits lässt er sich jeweils leicht verbinden mit den Touren 18, 20 und 22.

Wanderkarte Landesvermessungsamt Nordrhein-Westfalen: Bergisch Gladbach, Odenthal, Königsforst. Wanderkarte NRW Nr. 3, 1: 25.000
Landesvermessungsamt Nordrhein-Westfalen: Köln, Nördliche Ville. Freizeitkarte NRW Nr. 18, 1: 50.000

Gasthäuser In Odenthal Ortsmitte zahlreiche
Sterneküche gibt es im „Hotel zur Post", Altenberger-Dom-Str. 23
Tel. 02202/977 780
Am Weg in Odenthal-Höffe:
„Forellenhof", Scherfbachtalstr. 19, Tel. 02202/784 62
„Höffer Hof", Scherfbachtalstr. 8, Tel. 02202/783 95

Hinweise Die Sayn-Wittgensteinsche Forstverwaltung auf Schloss Strauweiler verkauft Wildpret, Brennholz, Weihnachtsbäume und veranstaltet Feiern im Wald.
Auskunft: Tel. 02202/977 870

Auskunft Gemeinde Odenthal, Tel. 02202/710-0, www.odenthal.de

www. Siehe ggf. Touren 18 und 19

Selbach

gefallen war. Nach der Rodung wurde die sumpfige Aue noch trockengelegt, und das war offenbar die größere Leistung, denn nach ihr erhielt der Ort seinen Namen: „Udin-darre" (Udos „Dörrland" oder Drainage, wenn man so will). Dabei blieb es, und so heißt der Ort noch heute: Odenthal, nicht etwa Odenrath.

Im 17. Jahrhundert kam dann allerdings ein böser Vorname hinzu, der dem Kirchspiel heute noch anhängt: Hexen-Odenthal. „Sie breeten zu Ohnder/die Hexen wie Hohnder", reimten damals lakonisch die Nachbarn: „In Odenthal brieten sie die Hexen wie die Hühner." Und das war wohl nur wenig übertrieben. Allein im Jahre 1602 wurden in Bensberg fünf Odenthaler Bürgerinnen gefoltert, erwürgt und verbrannt, und 1612 war das sogar dem Schultheiß zuviel, und er beschwerte sich, und zwar schriftlich: nicht wegen der Hexen, aber wegen des Waldfrevels, wenn wieder einmal Eichen zu Scheiterhaufen zersägt werden sollten.

In den meisten Sagen erkannte man die Teufelsbuhlerinnen daran, dass sie auf Kommando Mäuse ohne Schwänze zaubern konnten; im wirklichen Leben war es noch einfacher: Da waren sie entweder besonders alt und hässlich oder, umgekehrt, besonders jung und schön: beidesmal irgendwie anders als man selbst, und das wird auch der Grund des ganzen Hexenwahns gewesen sein.

Hexenbrunnen

Die schöne Kirche heben wir uns für die Rückkehr auf, vorerst interessiert uns hinter ihr der **„Hexenbrunnen"** des Bildhauers Walter Jansen, der 1988 auf dem Hans-Klein-Platz zwischen Kirchturm und der Dhünn errichtet worden ist, um jener Odenthalerinnen wie Scheuers Tring zu gedenken, die wegen ihrer Hexenkünste rund um einen solchen Kessel

(„Schmierpott") hingerichtet wurden, jene Katharina Güschen 1613. Fünf Fabelwesen tragen den Pott, dessen Wasser wallend den finalen Werdegang der Hexen auf dem Rand verschleiert: vom Hexenwirken übers Halsgericht mit Folterzangen, Streckbett bis ins Feuer. An der kleinen Fachwerk-Atelierscheune ist der ganze Spuk erläutert und als „Progrom" benannt: Politisch korrekt, nur orthographisch leider falsch.

„Liebe Hexe Kaukaukau, hau mir meine Nase blau!": Das lasen wir in ungelenker Kinderhandschrift auf den Brettern einer Bank, als wir den Weg zuallererst erkundet haben. So schön, als sei es glatt erfunden, und doch bloß aufgelesen unterwegs. Die Kinder haben mit Hexen meist keine Probleme.

weißes Rathaus

Hier beginnt unser Weg. Wir wandern längs der Dhünn vorüber an der Polizei und dann zum **weißen Rathaus** von 1873 am Kreisverkehr. Hier überqueren wir die Straße vor dem „Herzogenhof", wo einst der Herrenhof des Grafen Udo stand. Dann folgen wir der „Bergisch Gladbacher Straße" bis hinter das schöne Fachwerkhaus Nr. 5 und nehmen links die stille Straße „Herzogenfeld". Jenseits des Sträßchens „Kleiner Kamp" kommen wir in den Wald und mit den Wegen „A 2" und „A 3" links und gleich bergauf. Der schmale asphaltierte Weg führt uns oben an den Friedhof. Vor der Straße halten wir uns links bis an das Ende des Wanderparkplatzes, dann wandern wir jenseits der Straße zwischen Streuobstweiden mit der befestigten Zufahrt hinunter nach Selbach („A 2", „A 3").

Der Weg taucht durch die Mulde des Siefens und führt dann zwischen Mist und schönem Fachwerk wieder hinauf. Bei dem nächsten Wohnhaus knickt die Fahrspur rechts, doch unser Pfad („A 2", „A 3") führt kaum erkennbar weiter geradeaus, hart am Rand der Quellmulde, die neben uns von Fichten gesäumt ist. Rechts neben uns die Böschung mit dem Weidezaun. Wo dann die Lichtung mit der Weidefläche endet, knickt unser Pfad („A 2", „A 3") im spitzen Winkel rechts und läuft nun schön am Oberrand des Weidelands entlang. Nach etwa 100 Metern geht es dann im sachten Bogen in den Wald (nicht spitzwinklig nach links, wo auch ein Weg verläuft!), und wir wandern weiter mit dem gut markierten Weg hinauf. Zum Tal hin stehen Fichten, zur Linken leuchtet hoch das Laub. Nach knapp 200 Metern schwenkt er deutlich links und bringt uns weiter sacht hinauf. Im Rechtsschwenk dann nach rund 300 Metern vereinigt er sich mit dem Weg, den wir vorher ignoriert haben, und wir erreichen auf der flachen Höhe mit Fichtenwald und alten Windwurf **Oberkirsbach**: zunächst nur ein Gatter von ferne, dann etwas Fachwerk und schließlich der Traum vom Leben auf dem Land als Wirklichkeit, ein Wohnhaus hinter einem Nussbaum, ein Häuschen für den Brunnen mit Hortensien, ein weiteres daneben, offenbar ein alter Backes, dazu „ein bisschen Hund" mit freundlichem Benehmen. Und zu dem allem kommt der wunderbare Blick: Voiswinkel gegenüber, in der Ferne Köln mit Hochhäusern, Kirchen und Schloten, dem Dom im Dunst und dem Fernmeldeturm.

Oberkirsbach

Wir folgen hier dem asphaltierten Weg nach rechts und die sanfte Böschung hinab (weiter „A 3"). In Unterkirsbach hängen harte Äpfel in den Zweigen und wären so gerne Bratäpfel geworden. Vor der tief gekerbten Mulde am Waldrand schwenkt der Weg nach rechts und führt an die Talstraße im Scherfbachtal heran. Hier liegt das alte Höffe, das neben einem Odenthaler Hof auch einen zweiten hatte, der zum nahen Rittersitz von Scherf gehörte. So kam der Weiler an den Namen mit dem Plural, dem heute noch zwei Ausflugslokale entsprechen: der „Höffer Hof" und der „Forellenhof". Dicht neben dessen Becken berühren wir bei den Erlen am Ufer die Straße, wo sie den Scherfbach überquert, und steigen gleich auf Trittstufen aus Grauwacke links wieder in den Wald (Wanderweg „8" des Kölner Eifelvereins, Winkel in Richtung der Winkelspitze, daneben auch „A 1" und „A 2").

In Selbach

Oberkirsbach

Es geht zunächst durch Laubwald mit einzelnen Kiefern darunter. Vor dem Fichtenwald schwenkt der Weg ein Stück nach links, steigt nach etwa 100 Metern rechts auf den Rücken des Bergs und folgt ihm links und stets bergauf. Nach knapp 400 Metern schwenkt der Weg dann rechts, schließlich vorüber an einer Weide im Wald und bringt uns oben und im Schwenk zuletzt bis an die Straße, wo uns der Weg mit dem Winkel und „A 1“ nach rechts verlassen.

Hunger

Hier geht es nun mit dem „A 2“ nach links, vorbei an den wenigen Häusern von **Hunger**, wie früher die Nachtweide hieß für das Vieh. Wir kommen mit dem Fußweg neben der Straße schließlich wieder in den Wald. Nach 150 Metern folgen wir der Einfahrt in den Wald, überqueren mit „A 2“ den kleinen Waldparkplatz und wandern halbrechts weiter auf einem feingestreuten Weg, den Hochwald zur Rechten, zur Linken Gehölz und über die flache Höhe hinweg. Beim Wiedereintritt in den Hochwald, 300 Meter nach der Straße, halten wir uns mit den gut markierten Zeichen rechts, kreuzen die Schneise der Ferngasleitung und folgen lange dem „A 2“ am Rande der Geländekerbe, sacht hinab. Der Buchenhochwald geht in Fichten über, es geht vorbei an Birken, Ebereschen, Brombeerhecken, am Ende nur durch braunes Fichtenholz und immer noch bergab.

Nach einem leichten Linksschwenk erreichen wir endlich die Kreisstraße nach Scheuren. Rund 70 Meter folgen wir ihr nach links. Dann gibt es gegenüber eine Lücke im Waldrand, und unser Weg „A 2“ führt hier als feingestreuter Pfad hinab, um gleich darauf im Knick nach links der Straße abermals zu folgen bis an den Rand der freien Flur. Dort schwenkt er rechts und bringt uns im weiten Bogen durch den Wald hinab bis an das breite Tal der Dhünn.

Unten kommen wir bei einer rot-weißen Eisenschranke zum Wald hinaus und auf eine Lindenallee, die auch so heißt. Rechts führt ein asphaltierter Weg bis an das Tor des **Strauweiler Schlosses**. Der leuchtend gelb verputzte Rittersitz, 1395 den Rittern von Quade zum Lehen gegeben, ist in vielem noch so erhalten, wie ihn die Jahrhunderte gesehen haben. Selbst die Einstiegsluke ins Verlies ist noch am alten Platz. Der Wohnturm, von vier Rapunzeltürmen gekrönt, geht vermutlich bis auf das 14. Jahrhundert zurück, denn 1416, anlässlich ihrer Zerstörung, wird die Anlage bereits erwähnt.

Strauweiler Schloss

Wie seit Jahrhunderten ist das Schloss noch immer privater Besitz. „Einmal Prinz zu sein“ wie Wicky Junggeburt, Prinz nur im Kölner Karneval: Das braucht der Eigner nicht zu singen, denn er ist's – Hubertus Prinz zu Sayn-Wittgenstein-Berleburg, Hausherr hier seit 1955. Wir wandern zurück und dann auf der Platanenallee halbrechts bis zur „Lindenallee“ nahe der Straße. Am Pfarrhaus und an der verschieferten Marienkapelle von 1697 vorüber kommen wir geradewegs auf die romanische Apsis der Pfarrkirche zu. Mit der „Dorfstraße“ erreichen wir das schöne Fachwerkensemble unter dem Turm, wir nehmen zuletzt den Weg durch den Durchlass im alten Küsterhaus und erreichen den Kirchhof.

St. Pankratius ist eine der ältesten Kirchen im Lande, sie steht hier vermutlich seit dem 11. Jahrhundert; ein kleines Abbild ihrer Stiftskirche zu Kaiserswerth. Ein seltenes Prunkstück im Bergischen Land ist der Taufstein des 12. Jahrhunderts. Der größte Stolz von Odenthal hängt aber gut und gerne 20 Meter höher, den Blicken entzogen und nicht einmal zu hören. Die älteste Glocke im Turm ist vielleicht noch älter als die Kir-

Hexenbrunnen

rechts:
Oberkirsbach

che selber, eine der ältesten am Rhein und wohl auch eine der ältesten der ganzen Welt.

Damals, als wir diesen Weg zum ersten Mal erkundet haben, stiegen wir hinter dem alten Küster, Wilhelm Kombüschen, über Stiegen, Dielen und Leitern nach oben in schwindelnde Enge, an der Orgel vorüber und vorbei an der Uhr, die schon auf einer Rechnung des 17. Jahrhunderts erwähnt ist, „aber immer noch so genau wie das Fernsehen", wie er stolz betonte. Geräumig war es nicht dort oben, denn um das alte Vierer-Geläute zu schonen, wurden 1981 zusätzlich vier neue Glocken aufgehängt. Der Besuch im Glockenstuhl war auch als Ausnahme gedacht. Die alten Glocken stammen alle aus dem Mittelalter, die älteste, leicht zu erkennen an der Bienenkorbform, gar aus dem 11. Jahrhundert. Auch der Klang soll ihr Alter verraten, aber wir erkannten nicht einmal, dass wir ein „gis" zu hören bekamen, als wir dem fleckigen Mantel mit dem Knöchel ein fernes Summen entlockten.

Der alte Küster ist nun auch schon Jahre tot, und auch sein Nachfolger hat einen Nachfolger gefunden. Die alte Glocke hängt noch immer da, knapp eine Tonne schwer – und ganz und gar aus reinem Silber: So wussten es zumindest früher die Gerüchte. Die Kölner sollen der Gemeinde einmal sogar angeboten haben, den Weg von Odenthal bis Köln mit silbernen Talern zu pflastern, wenn sie dafür die Glocke bekämen. Aber, wie man sieht (und hören kann): Sie bekamen sie nicht.

Tour 21

Wo die Frösche das Maul halten

Von Odenthal ins ländliche Leverkusen

Kurzbeschreibung

Anfahrt	Odenthal ist zu erreichen über Leverkusen-Schebusch, Bergisch Gladbach-Schildgen und über die A 1 (AS Burscheid). Zahlreiche Parkgelegenheiten im Ort, kostenfrei am Schulzentrum im Süden des Orts. Dort Start und Ziel der Tour. Oder aus Köln mit S 11 nach Bergisch Gladbach Busbahnhof, weiter mit Bus 430, 432 sowie ab Köln-Mülheim mit Bus 434.
Wegverlauf	Anfangs Pilgerpfad (bzw. Raute des Wegs 8 oder Winkel von Weg 7, Fahrweg „Unterbech", rechts über Brücke, danach Weg links dhünnabwärts bis Hummelsheim. Hier geradewegs rechts auf Höhe zu, links hinauf und ausführlicher Beschreibung folgen bis Höfen, weiter mit Weg 10 (Winkel) bis „Teitscheider Hof". In Glöbusch nach 350 m rechts unmarkierter Weg („Pützbusch"), „Wingensiefener Straße" links, rechts „Zum Hahnenberg" und weiter geradeaus, hinab mit „A 1", an der Dhünn rechts zurück mit „A 4".
Dauer	3-4 Stunden
Länge	11 km Varianten: Die Strecke lässt sich jeweils mit den Touren 19 und 20 zu einer großen Runde verbinden.
Wanderkarte	Landesvermessungsamt Nordrhein-Westfalen: Bergisch Gladbach, Odenthal, Königsforst. Wanderkarte NRW Nr. 3, 1: 25.000 Landesvermessungsamt Nordrhein-Westfalen: Leverkusen zwischen Rhein und Bergischem Land. Wanderkarte NRW Nr. 40, 1: 25.000 Landesvermessungsamt Nordrhein-Westfalen: Köln, Nördliche Ville. Freizeitkarte NRW Nr. 18, 1: 50.000 Vorsicht, in den Karten, auch den Neuauflagen (Verkaufszeitraum bis 2008!), ist das Teilstück Hummelsheim – Höfen falsch verzeichnet und bietet noch den alten, nun gesperrten Wegverlauf.
Gasthäuser	In Odenthal-Ortsmitte zahlreiche In Leverkusen-Edelrath: „Landgasthof Edelrath, Haus Gerfer", Edelrather Weg 186, tägl. geöffnet von 11-22 Uhr, Tel. 0214/525 10, www.gerfer.de In Odenthal-Glöbusch: Restaurant „Schöne Aussicht", Tel. 02174/4742 geöffnet ab 18 Uhr, sonntags 11-14.30 und 18-1 Uhr (Donnerstag Ruherag)
Hinweise	Direktvermarkter: Behr-Heyder, Odenthaler Straße 65, Tel. 0214/513 40 Wilhelm Weyhofen, Leimbacherhof, Odenthaler Straße, Tel. 0214/206 66 69 Reitsportgemeinschaft Leverkusen e. V., Teitscheider Hof, Teitscheider Weg 9 A Tel. 0214/931-00
Auskunft	Gemeinde Odenthal, Tel. 02202/710-0, www.odenthal.de Stadt Leverkusen, Tel. 0214/406-0 (Bürgertelefon 3303)
www.	www.leverkusen.de

Bei Kursiefen

Tief ist der Schlaf der Gerechten, denn also sprach der Herr zu Moses: „Jch wil Fried geben in ewrem Lande / das jr schlaffet vnd euch niemand schrecke.“ – Wie indessen war es mit den Herren von St. Gereon? Sie unterhielten fern bei Odenthal im Dhünntal einen Herrenhof, und zu den Pflichten ihrer Leute zählte auch das Fröschescheuchen in der Dämmerung. Denn das subversive Quaken in den Uferwiesen störte den Schlummer der geistlichen Herren. Die Güter hatten davon ihren Namen weg, „Quackgüter“ rief man sie, und der Flecken an der Dhünn heißt seither Osenau, die „Ohren-Au“.

Osenau

Das Tal der Dhünn bei **Osenau** ist heute unser Ausgangspunkt. Vom Parkplatz vor dem Schulzentrum gehen wir über die Brücke der Dhünn und auf das Schulzentrum zu. Gleich dahinter nehmen wir den unbefestigten Weg nach links, den Fluss hinab am rechten Ufer („A 4“, Winkel und Raute als Zeichen). Im Auwald nähert sich der Weg noch einmal an die Straße an, wir kommen durch den sachten Bogen der Dhünn und überqueren vor dem Sportplatz abermals den Fluss. Jetzt folgen wir dem Wasser auf dem linken Ufer, eine Zeit lang auf der Spur der Jakobspilger. Wo wir den Scherfbach an der Mündung überqueren, verlässt uns der Rundweg „A 4“, wir bleiben weiter nah der Dhünn mit Winkel und mit Raute. Am schroffen Steilhang steigt der Weg hinauf, gesichert durch ein straff gespanntes Drahtseil, dann geht es abermals hinab und weiter durch das malerische Tal, dem Ort gleich vis-à-vis. Wo ein Rohr das Wasser überquert, liegt am Osenauer Ufer das Klärwerk gegenüber. Nur Vögel hören wir vereinzelt, aber keine Frösche. Wenig später strebt der kleine Waschbach in die Dhünn, strudelnd gegen die Strömung des großen Gewässers. Am Bach entlang und seinem Lauf entgegen führt uns der

Unterbech markierte Wanderweg, bis wir auf den asphaltierten Fahrweg von **Unterbech** stoßen, der den kleinen Bachlauf überquert. Hier verlassen wir die großen Strecken-Wanderwege und folgen rechts dem Sträßchen, nach weniger als 100 Metern geht es nochmals rechts, und wir erreichen gleich darauf die Landstraße. Ihr folgen wir nach rechts, bis wir die alterskrummen Fachwerkhäuser und das Ortsschild von Osenau sehen. Als wir erneut die Dhünn erreichen, die rechts geräuschvoll über ein Wehr fällt, verlassen wir die Straße auch schon wieder und folgen gleich jenseits der Brücke dem Weg nach links, zwischen den Bäumen am Fluss und der Feldflur bis zur Biegung der Dhünn. Hier führt ein Pfad hinab ans Ufer, und wir wandern nah am Wasser weiter, bis rechts eine bewaldete Kuppe das Ackerland begrenzt. Der Weg ist aufgewühlt von Pferdehufen. Wir kommen durch ein kleines Waldstück. Reiher fliegen auf, als wir uns nähern und suchen Zuflucht in den höchsten Bäumen.

Als wir das Waldstück hinter uns haben, wird der Weg wieder besser. Jenseits der Dhünn liegt links nun das Wirtschaftsgut Hoverhof. Es geht an einem kleinen Acker zur Linken vorüber, dann lange Zeit am Waldrand, durch die Feldflur, bis wir nach etwa einem Kilometer auf die Landstraße von Schlebusch stoßen.

Gegenüber liegt die alte Hofanlage Hummelsheim. Vor Jahren hatte ihr Besitzer sagenhaften Ärger mit den Zwergen: Die wohnten gerade unter seinem Stall und führten Klage, dass die Pferde alles schmutzig machten. Mit harten Worten wies der Bauer sie zurück, drohte wohl auch Prügel an und stutzte erst, als seine Pferde krank und kränker wurden, wie die Zwerge es geweissagt hatten. So gibt man schließlich nach, bis alles sagt, es sei da wieder einer zur Vernunft gekommen: Der Bauer baute einen neuen Stall, und fortan strotzten seine Pferde vor Gesundheit wie noch nie.

Wir berühren gegenüber nur die Straße und folgen rechts sogleich dem Weg, mitten durch die Felder bis an den Rand der langen, bewaldeten Höhe. Hier gabelt sich der Weg, und beide Pfade führen in der Böschung auf die Höhe. Doch weil zur Rechten nach dem Aufstieg über Tritte ein „Privatweg" steht, halten wir uns links bis an den Rand von **Edelrath**, kommen oben links durch eine Reihe Buchen und folgen ihnen rechts bis an den „Edelrather Weg". Rechts geht es in den Ort, gut 150 Meter weit (und bis zum populären Gasthaus „Gerfer" von 1899 ein paar Meter weiter), dann verfolgen wir den „Kursiefer Weg" nach links. Es geht an Wohnhäusern vorbei im Bogen rechts und dann im Linksknick auf die Höhe. Rechts liegt ein Haus des Kolpingwerks, links ganz Leverkusen mit Rheinbrücke, Wasserturm und Bayerkreuz. Gleich darauf passieren wir die alte Hofstatt Kursiefen mit neuen Klinkerbauten und kommen mit dem Weg durch eine flache Mulde. Nach dem Wiederanstieg folgen wir dem Fahrweg rechts, entlang der kleinen Siedlung Neuenhaus, die ungeachtet ihres Namens auch noch alte Häuser hat. Hinter Nummer 69 halten wir uns links und kommen zwischen 71 und 75 im Schwenk zum Ort hinaus.

Edelrath

Dem letzten Gartengrundstück folgen wir nach links auf schmalem Pfad, dann steigen wir im Wald hinab. Hier geht es über einen Siefenlauf hinweg, dann erreichen wir den Leimbach, der sich durch den Grund der Buchen windet. Wir bleiben diesseits des Gewässers und wandern nun den Bach hinauf nach rechts. Nach kurzem Aufstieg erreichen wir den Fahrweg „Erbelegasse" mit dem Winkel des Wanderwegs 10 und kommen links erneut hinunter an das Wasser. Unten an der „Wilhelmsgasse" halten wir uns mit dem Fahrweg „Horkenbach" ein paar Schritte rechts, hinauf, dann folgen wir erneut dem gut markierten Wanderweg den Leimbach linkerhand entlang. Es geht vorüber an der Höfermühle mit Teich und Wehr und kleinem Wasserrad, dahinter steigt der Weg dann in der Böschung hinan, bis es oberhalb des Baches links auf einem Querweg weitergeht.

In Odenthal

In Odenthal

Bei der Hofanlage Haefenleimbach kreuzen wir die Straße neben der Brücke und wandern weiter, nah am Bach und über einen Siefenlauf hinweg. Dann führt der Wanderweg uns rechts und in der Böschung mit dem Winkel geradewegs hinauf in Richtung auf die freie Höhe. Dicht vor dem Hochsitz schwenkt der Weg noch einmal links und bringt uns gleich darauf zum Wald hinaus und oben auf die Weidefläche. Nach etwa 100 Metern folgen wir dem Weg, den wir in seinem Scheitelpunkt erreichen, weiter geradeaus, hoch auf dem Rücken der Höhe, an Koppeln vorbei. Die Höhe gegenüber wird beherrscht vom roten Backsteinbau der Boddenberger Kirche.

Vor der Hofanlage Teitscheid halten wir uns an den Koppelpfosten mit dem Zeichen links, schwenken gleich darauf nach rechts und wandern so zwischen Koppeln und Reitsporthalle weiter, auf die Straße zu und mit der „Avenue la Päd" bis an den Sitz der „Reitsportgemeinschaft Leverkusen e.V.". Auf der Zufahrt geht es dann links an die Straße heran und rechts mit der „Schlinghofener Straße" nach Glöbusch und ein Stück weit durch den Ort. Nach Johann Bendel hat der alte Weiler seinen Namen vom Holz der Lohgerber („Lohbusch"). Nach etwa 350 Metern verlassen wir die Straße und mit ihr den Wanderweg mit Winkel und folgen halbrechts dem gesperrten Fahrweg, im Bogen rechts um die bewachsene Mulde herum („Pützbusch").

Nach etwa 300 Metern erreichen wir die „Wingensiefener Straße" und folgen ihr nach links. Es geht am Hang entlang und sacht hinauf, vorbei an manchen neuen Häusern und einigen Sträßchen. Unmittelbar ehe wir zuletzt die „Bergstraße", die Kreisstraße nach Odenthal, erreichen, biegen wir rechts in das Sträßchen „Zum Hahnenberg" ein und wandern mit dem Weg „A 1" nach rechts, bald weiter in die Sackgasse hinein, vorüber an dem **Gasthaus „Schöne Aussicht"** mit seiner herrlichen Linde und dem Kreuz „Zur Erinnerung P.-G.". Wo dann die Straße rechts schwenkt, folgen wir dem Wanderzeichen geradeaus und kommen auf dem „Quellenweg" rasch zum Ortsrand.

Gasthaus „Schöne Aussicht"

Hier folgen wir vom Wendehammer geradewegs dem schmalen Fußweg in die Siefenmulde und wandern mit dem Weg „A 1" am linken Oberrand der Kerbe weiter, bei der Gabelung des Wegs dann rechts, hinab, bis wir am Ende zwischen den wohnlich wiederhergestellten Fachwerkhäusern des Weilers Stein den „Mühlenweg" im Tal der Dhünn erreichen. Hier sind wir wieder auf den Wanderwegen des Beginns, und mit Jakobsmuschel oder Winkel geht es rasch den Fluss entlang, an Odenthal vorüber mit der schönen Kirche St. Pankratius und mit „A 4" zurück zum Ausgangspunkt. Besser freilich vorher bei der Brücke mit der „Dorfstraße" links zurück in den Ort, zur Kirche und zu Kaffee, Kuchen oder Abendessen, je nachdem.

Am Leimbach

Nicht jedem unternehmungslustigen Besucher muss es hier ergehen wie den beiden Musikanten aus dem nahen Paffrath, die bei Osenau auf einen Hexenball gerieten und mit Wein und schönen Weibern wie im Rausch die Nacht genossen. Am Morgen wachten sie mit Frösteln auf: Ihr Bett war eine Schädelstatt, und statt der silbernen Pokale hielten sie bloß hohle Pferdeknochen in den Händen. Und wieder nüchtern, fiel es ihnen auch wohl ein: Odenthal hieß nicht umsonst in Paffrath wie im ganzen weiten Umkreis „Hexen-Odenthal".

Tour 22

Die Quelle im Schatten der Buchen

Rund um Herrenstrunden

Der Müller von Spitze mochte sich schon lange geärgert haben über die kleinen Kühe, die ihm die Zwerge aus der „Quergskuhl" der Zwergengrube am Fuß des Spitzer Berges, täglich zu seinem Rindvieh auf die Weide trieben. Die fraßen zwar nicht allzu viel, aber dafür war der Müller über alle Maßen geizig. Als ihm deshalb eines Tages eines der possierlichen

Kurzbeschreibung

Anfahrt
Herrenstrunden liegt abseits der B 506, östlich von Bergisch Gladbach an der L 286 nach Spitze, Kürten. Wanderparkplatz am östl. Ortsrand gegenüber der Malteser Komturei. Oder aus Köln mit S11 nach Bergisch Gladbach Busbahnhof, weiter mit Bus 426.

Wegverlauf
„A 4" bis Trotzenburg, Weg 4 (Winkel) bis Asselborn (rechts Abstecher zur Asselborner Mühle), mit 4 (Winkel) über Bech nach Ober- und Unterhombach, dort mit Kreissymbol an Landstraße heran, links mit Weg 9 (Raute) bis Papiermuseum, mit Weg 8 (Winkel) Anstieg um Igeler Hof, „A 1" rechts zurück.

Dauer
3,5 Stunden

Länge
11 km
Der Weg wird zum kleinen Spaziergang von 5 km, wenn man von der Asselborner Mühle weiter dem „Asselborner Weg" bis zum Ortsteil „Asselborner Hof" folgt. Gleich an dessen jenseitigem Rand, wo der Wald beginnt, halbrechts mit Dreieck Pfad durch den Wald und die Böschung hinauf, oben mit den Wohnstraßen „Schifferberg", „Portzenbusch" und „Strunder Delle" halblinks hinab zur „Burg Zweiffel".

Wanderkarte
Landesvermessungsamt Nordrhein-Westfalen: Bergisch Gladbach, Odenthal, Königsforst. Wanderkarte NRW Nr. 3, 1: 25.000
Landesvermessungsamt Nordrhein-Westfalen: Köln, Nördliche Ville. Freizeitkarte NRW Nr. 18, 1: 50.000

Gasthäuser
„Asselborner Mühle", Asselborner Weg 11, Tel. 02207/14 14
www.gourmetguide.com/asselborner_muehle
„Dröppelminna", Herrenstrunden 3, Tel. 02202/325 28
Im ehemaligen Schwimmbad: „Altes Freibad", Restaurant und Kleinkunstforum, Kürtener Str. 339, Tel. 02202/245 667
www.altesfreibad.de

Hinweise
Malteser Komturei, Hotel garni, Tel. 02202/294 80

Auskunft
Stadt Bergisch Gladbach, Tel. 02202/14-0

www.
www.gutschiff.de
www.altesfreibad.de

Die Quelle

Tierchen zu nahe kam, schlug er mit dem Knüppel auf das Kühlein ein. Da verwünschte ihn das Zwergenweiblein, dem die Kuh gehörte: „Schlägst du ming Kuh schwarz un brung / So sullst du das Wasser holen zu Strung!“ Noch in der Nacht wanderten die Zwerge aus, der Müller aber merkte wenig später, was das Zwergenweib vermocht hatte: Alle Räder standen still, der Mühlbach zu Spitze war versiegt, erst unten in Herrenstrunden sprang das Wasser wieder aus dem Berg.

Dann kamen die Johanniter, denen der Erzbischof Engelbert von Berg einiges an Land gestiftet hatte, und bauten im Bereich der Quelle eine Komturei, die Komturei der Herren Strune, zu der 27 Güter im weiteren Umkreis gehörten, dazu eine Kapelle für den Orden, die heutige **Pfarrkirche St. Johann Baptist von Herrenstrunden**. Hier soll unser Rundweg durchs Tal der Strunde und über die Höhen beginnen. Doch unser erster Gang gehört der Quelle: Auf der Hangseite des Parkplatzes folgen wir dem Wanderweg 9 mit der Raute nordostwärts und kommen gleich an die Strunde heran, die hier, kurz vor der Straße, zu einem flachen Tümpel gestaut ist, und wandern dann bachaufwärts weiter bis an die eigentliche Quelle. Das Becken ist halbrund in Stein gefasst, und nur mit Mühe lesen wir die alte Inschrift: „Sprudelt, segenbringende Quellen, die ihr speiset die fleißige Strunde.“ Ihr Fleiß ist sprichwörtlich geworden: Die Stunde gilt als fleißigster Bach Deutschlands, 35 Mühlen zählt ihr Biograf Frank Schule („Die Mühlen der Strunde“, 1979), am Wasser aufgereiht auf 20 Kilometern bei einem Gefälle, so hoch wie der Kölner Dom: 160 Meter. Seit dem 13. Jahrhundert hatte das Flüsschen zu tun, trieb Pulver- und Getreidemühlen, mahlte Gips und Tabak und half beim Spinnen und beim Sägen. Schon 160 Meter nach der Quelle war sie stark genug für die „Mal-

Pfarrkirche St. Johann Baptist von Herrenstrunden

teser Mühle“, und wo sie in den Rhein fließt, wuchs dank ihrer Kraft ein ganzes Dorf, das auch von ihr den Namen hat: Mülheim. Doch am meisten haben ihr wohl die Papiermühlen in Bergisch Gladbach zu danken, darunter die von J. W. Zanders, die ihr 1956 diesen Stein gespendet hat. So wie der Stein das Wasser halbrund fasst, so schließt sich auch die hohe Böschung halbrund um die Quelle, von hohen Buchen überragt. Wir sehen, dass die Strunde wirklich aus dem Boden „sprudelt“ oder strudelt, und eben davon hat sie ihren Namen. Die alte Komturei auf der anderen Seite der Straße ist inzwischen ein Hotelbetrieb und Reiterhof. Zurück am Parkplatz, wandern wir nun anfangs mit der Raute längs der Straße an der Komturei vorüber, vorbei an der kleinen Pfarrkirche hinter der gewaltigen Kastanie, bis uns das Wanderzeichen in den „Malteserweg“ nach rechts verlässt. Nur ein paar Meter weiter biegen wir dann an der Bushaltestelle links in den „Trotzenburger Weg“ ein, der nach etwa 100 Metern an den letzten Häusern leicht nach links schwenkt und, für den Verkehr gesperrt, eingekerbt im Wald nach oben führt (in Gegenrichtung als „A 4“ markiert). Nach einem halben Kilometer, bei einem alten Stein von 1603, geht es neben einer Sitzgruppe zum Wald hinaus und weiter durch die freie Flur bergauf. Oben geht es durch die **Hofstatt Trotzenburg** hindurch mit Gänsen am Tümpel zur Rechten und Pferden links.

Hofstatt Trotzenburg

Hinter der nächsten Biegung stoßen wir vor Spitze auf die Höhenstraße („Bensberger Straße“) mit dem Wanderweg 4 (Winkel, der Weg ist auch mit Dreieck und Kreissymbol markiert). Ihm folgen wir ein Stück nach rechts bis an den Rand des Ortsteils Trotzenburg. Schon 40 Meter hinter dem Waldrand verlassen wir dann die Straße und biegen rechts in den Feldweg ein, der uns geradewegs auf die Kirchturmspitze von Herkenrath zu führt, mit sachter Steigung durch die Saaten, dann über die Höhe hinweg und dem Tal entgegen (Winkel). Wo das Ackerland in Weideland übergeht, ist das Gelände steiler, und der Weg führt nun in Kehren abwärts bis auf die Straße „Asselborner Weg“.

Hinauf nach Trotzenburg

Rechts bietet sich Gelegenheit zur Rast nach einem Abstecher: der Straße durch die Doppelkehre nach, erreichen wir im Tal die schöne alte „Asselborner Mühle“. Nach den Waffeln oder der Erfrischung geht es auf demselben Weg zurück bis „Unterasselborn“, von wo aus wir auch

Bei Spitze

weiterhin Weg 4 mit Winkel folgen: Mit der Straße weiter geradeaus, um das schöne Fachwerkhaus 75 herum („Herkenrath 1,3"), und weiter bis nach Oberasselborn.

Hier geht es mit dem weißen Winkel rechts in den für Lastwagen gesperrten Fahrweg „Bech", über den Asselbach hinweg und stetig aufwärts durch die Wiesen. Nach 300 Metern kommen von rechts, von Bech, weitere Zeichen hinzu, wir wandern mit dem Winkel weiter, vollends auf die Höhe und an einen Herkenrather Vorposten aus Einfamilienhäusern zur Linken heran, zur Rechten freies Weideland.

Bald ist die Höhe überwunden, es geht am verschieferten Haus 4 und dem „Breitenweg" vorüber, weiter geradeaus und hinab. Erst am Fuß des Sträßchens „Im Wiedenhof" folgen wir mit dem „Hombacher Weg" und unserem Winkel dem kleinen Hombach zu Tal, also rechts („Herrenstrunden"), bald vorüber an der Abzweigung nach Oberhombach, wo in der Böschung gegenüber ein alter Stollen weiträumig beschirmt ist, weil dort Fledermäuse hausen.

Hofstatt Unterhombach

300 Meter weiter überqueren wir den Bach nach links und kommen mit den Wanderwegen 4 und 9 (beide mit Winkel) in die **Hofstatt Unterhombach**. Jenseits der wenigen Häuser und hinter der Biegung des Fahrwegs steht auf einem schön gepflasterten Rondell das freigestellte Kreuz der Eheleute Gerhard Meis und Elisabeth Meuthen zur Hombach von 1842, 1935 wiederhergestellt und nun von einer Hainbuchenhecke umgeben. Wir sehen Sankt Antonius mit Schwein bei Fuß und stutzen bei der Inschrift: „Ora pro nobis, Sancti Antoni". – Der Kasus macht uns grübeln: Ob das wohl richtiges Latein ist? Von hier aus, mehr als einen Kilometer weit entfernt, sehen wir noch einmal Sankt Antonius: Die Herkenrather Kirche auf dem Berg.

In der Asselborner Mühle

Unser Wanderweg verlässt schon vor dem Kreuz und vor der Linksbiegung den asphaltierten Weg (mit den beiden alten Wanderwegen) nach rechts und bringt uns auf den schmalen Pfad am Oberrand des Bachtals (Andreaskreuz „X“ des Neandertalwegs und Kreissymbol). Wir kommen in der Böschung sacht bergab, überqueren auf einem malerisch bemoosten Brückchen abermals den Bach und folgen dann mit beiden Zeichen weiterhin dem „Hombacher Weg“, zum Wald hinaus und an die Landstraße heran. Rechts, in Richtung Herrenstrunden, liegt das schöne Gut Schiff, eine der vielen alten Mühlen an der Strunde. Hier standen schon im 16. Jahrhundert eine Schleifmühle, eine Walkmühle, auch eine Ölmühle. 1761 erwarb die Ölmühle ein Pulverfabrikant und baute sie für seine Zwecke um. Zur Sicherheit ließ er fünf Jahre später nahebei ein Kreuz errichten, aus Lindlarer Gestein und für die Ewigkeit gedacht.

Es wirkte aber nur bis 1803, dann flog die Pulvermühle Schiff am 2. März, nachmittags zwischen vier und fünf, mitsamt dem Pulvermacher und dem Lehrling in die Luft. Die jetzigen Besitzer sind die Nachfahren des letzten Pulvermachers, aber sie betreiben hier nur Landwirtschaft und einen gut sortierten Hofladen mit halben Schweinen und Geflügel, nur die beiden Schwäne zählen nicht dazu. In den 80er Jahren des vergangenen Jahrhunderts wäre Gut Schiff doch noch beinahe untergegangen: Ein Unternehmer wollte das ganze Tal ausbaggern, weil hier Dolomit zum Straßenbau zu holen ist. Der Plan war aber schließlich doch allzu toll, und Schiff verlor nur seine herrliche Kastanienallee, weil ein paar Bäume morsch und mürbe waren. Inzwischen sind neue gepflanzt, und irgendwann wird wieder alles so sein, wie es einmal war: Klar Schiff, sozusagen.

Mit einem neuen Zeichen, der Raute des Wanderwegs 9 (auch „A 3“), folgen wir nun der „Kürtener Straße“ nach links und kommen mit der Landstraße gleich in den Wald. Am Ende des breiten Banketts am Straßenrand führt unser Weg uns rechts, erst über den Hombach, dann über die Strunde hinweg, die hier im Auwald durch ein System von alten Gräben mäandriert. Vor den wuchtigen Natursteinbauten der alten Igeler Getreidemühle von 1860 kreuzen wir erneut den Bach und folgen ihm auch weiterhin. Nach kurzem Stück schießt erneut ein Graben quer, wir überqueren ihn an der Vereinigung mit einem zweiten auf einem hölzernen Brückchen und wandern auf dem Dammweg mit dem Lauf des Wassers. Für sicher können wir schon längst nicht mehr behaupten, was hier Bach und was bloß Mühlengraben ist. Vor Jahren hat das Flüsschen sich sogar mit den Lokalpolitikern angelegt; immerhin hatte sich das Bächlein unbotmäßig weder um den Oberkreisdirektor noch um die Untere Wasserbehörde geschert und hatte freventlich zunächst den Generalentwässerungsplan und dann die Ufer übertreten, was umso schlimmer war, als gerade das bis dato amtlicherseits als „grundsätzlich ausgeschlossen" galt.

Komturei

600 Meter nach der Igeler Mühle erreichen wir noch vor ersten Bauten der „Oberen Dombach", benannt nach einem alten Rittergut, den Staubereich der einstigen Papiermühle von 1614. Der Buchdruck und ein neuer Aufwand an Verwaltung schrien schon seit mehr als 100 Jahren nach Papier. Anfangs meist auf Italienisch, später immer mehr auf Deutsch. Seit 1582 schöpfte man Papier in Bergisch Gladbach, zwei Jahrhunderte nach ihrer Gründung war die Dombach, um eine „untere" erweitert, der größte Hersteller im Ort, seit 1876 in die Fa. „J. W. Zanders" integriert.

Rechts, wo eine Betonplatte am Fuß der Böschung eine Kerbe überbrückt, führt später unser Rundweg weiter mit dem Winkel von Weg 8. Doch vorher gehen wir noch geradeaus (mit Raute und „A 3") und erreichen neben einem alten, großen Steinbruchloch mit „Plattenkalken" der Bergisch-Gladbach-Paffrather Mulde den Geo-Pfad, der aufmerksamen Hobby-Geologen Hoffnung auf „Lagunensedimente" macht. Wir folgen dem Asphaltweg geradeaus, vorbei an allerlei Gewerbe und der Halle „Dombach" mit der gewaltigen Papiermaschine „PM 4", die bis 1991 bei „Zanders" in Betrieb war. Dann geht es geraden Wegs auf schönem Pflaster heran ans **„Rheinische Industriemuseum Alte Dombach"**. In der ehemaligen Papiermühle kann man, „vor Ort" gewissermaßen, alles ums Papier studieren, vom Formular bis zur Toilettenrolle sind die Belege ausgestellt. Beide machen jeweils 6 Prozent des Papierverbrauchs aus, 39 Prozent dienen als Verpackung, doch der größte Posten wird bedruckt: 42 Prozent, das meiste tagtäglich als Zeitung, Altpapier von morgen.

Rheinisches Industriemuseum Alte Dombach

Wer nur von draußen zuschaut, mag sich von der Schönheit der Gebäude täuschen lassen: Die prächtig wiederhergestellten Fachwerkbauten

Bei
Asselborn

erzählen nichts von dem Gestank der Lumpen, nichts vom Milzbrand aus dem Faserstaub, und an die sozialen Randerscheinungen der Arbeit erinnert allenfalls von fern die vergoldete Uhr hoch unterm Giebeldach. Vom Museum wandern wir zuletzt zurück und steigen dann an der genannten Stelle links in der Böschung bergauf mit dem Winkel von Weg 8 (und „A 1"). Es geht auch hier an Steinbruchaufschlüssen vorüber, anfangs steil im Hang über der Strunde. Fast auf der Höhe stößt der Pfad auf einen breiteren Weg. Hier gehen wir nach rechts, kommen so zunächst ein wenig abwärts, dann im Steilhang ohne Steigung weiter bis an eine Gabelung, von der aus wir tief unter uns die Igeler Mühle entdecken: Hier halten wir uns links, hinauf, auf einem schmalen Pfad im dünnen Stangenwald. Dann öffnet sich der **Blick ins Tal**, der Weg schwenkt unter hohen Buchen links und bringt uns vollends auf die Höhe.

Blick ins Tal

Wo wir den Wald verlassen, sehen wir links die Gebäude des Igeler Hofs, Wohnsitz der Familie Zanders und bergisches Refugium des Kölner Komponisten Max Bruch (1838-1920) bei seiner Gönnerin Maria Zanders. Unser schöner Weg verläuft am Waldrand weiter, bei einer Bank vorüber an der gewundenen Zufahrt zum Hof, und auf die ferne Höhenstraße zu.

200 Meter weiter, an der Kreuzung, halten wir uns rechts und kommen zwischen Grün und Acker in den Wald („A 1") und nun mit jedem Schritt hinab, auch hier an Spuren alter Steinbruchtätigkeit vorbei. Wo dann die Wiesen von Gut Schiff zur Rechten enden, führt uns der tiefe Hohlweg unter hohen Buchen, zwischen Efeu und Ilex, zügig hinab, und wir erreichen punktgenau den Ortseingang von Herrenstrunden.

Rechts liegt das ehemalige Freibad von Herrenstrunden, das als gastronomischer Betrieb jetzt „Altes Freibad“ heißt, zumal sein Eingangsgebäude seit 1934 unter Denkmalschutz steht. Wir nehmen vom Sträßchen „In der Mühlenwiese“ den Spazierweg am Weiher der gelben Burg Zweiffel entlang (Raute des Wegs 9), passieren die schöne Maltesermühle, 160 Meter unterhalb der Strunder Quelle, und erreichen jenseits des „Malteserwegs“ die Kirche und die Komturei und den Parkplatz vor der Quelle. Eine Schlange, so heißt es in der Sage, soll noch immer in der Strunder Quelle leben, ein Fabelwesen mit einer goldenen Krone, das einst ein armes Kind mit einem Edelstein beschenkte, weil es seinen Brei mit ihm geteilt hatte. Den Sohn des Junkers von der Dombach aber, der ihr die Krone stehlen wollte, riss sie für immer in die Tiefe.

Antonius mit Schwein

Liegt in dieser Sage nicht die bürgerliche Lebensweisheit der Strunder Müller verborgen! Feudale Willkür führt bloß ins Verderben: Das ist die Botschaft der Schlange, die natürlich die Strunde selber ist. Wie man weiterkommt, das hat sie ihre Anrainer schon früh gelehrt. Und deshalb heißt sie auch seit eh und je „die Fleißige“.

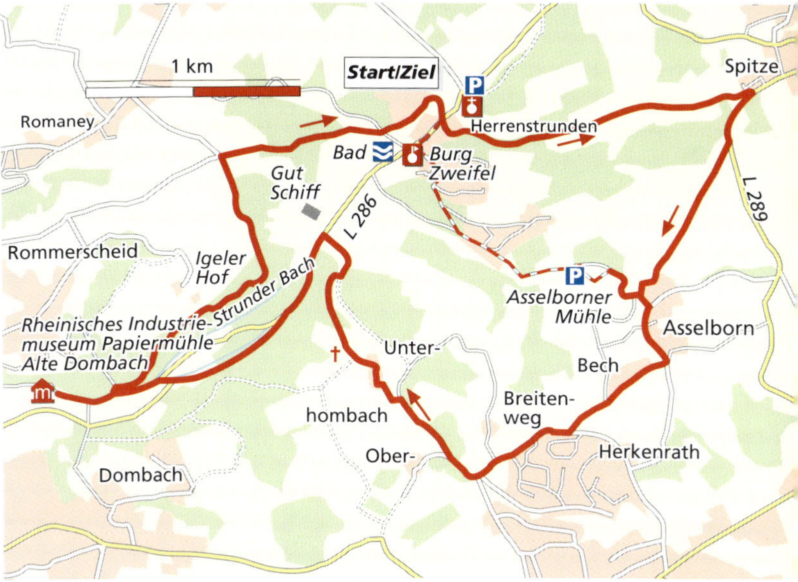

Tour 23

Skalken, Phister, alte Hufe

Ins Scherfbachtal

Als der Graf von Berg 1216 Abt und Kloster Altenberg von seiner Steuerlast befreite, saß schon ein „Lambertus de Scherve" zwischen ihnen am Verhandlungstisch. Seither reißt die amtliche Erwähnung der Ritter aus dem Scherfbachtal nicht ab; noch 1460 werden sie von ihrem „Wilhelm von gotz gnaden" auf nun schon herzogliche Weise ausgestattet mit dem Fischereirecht „sonder Argelist". In Höffe standen ihre Höfe, ein wenig abseits auf der Höhe hatten sich in Schallemich die „skalken", ihre Diener, angesiedelt; ihr Hauptsitz heißt nach einem Herrn des 17. Jahrhunderts noch heute Amtmannsscherf. Die Landschaft nahe Odenthal ist längst ein viel besuchtes Ausflugsziel. Doch in dem Namen hat sich die Vergangenheit erhalten: So lässt das Land sich lesen wie ein Palimpsest, ein altes, abgeschabtes und erneut genutztes Pergament, das seine

Kurzbeschreibung

Anfahrt	Der Ausgangspunkt liegt östlich von Bergisch Gladbach an der B 506, Wanderparkplatz „Straßen" zwischen GL-Romaney und Odenthal-Eikamp. Oder mit S 11 von Köln bis Berg. Gladbach, dort mit KWS-Linie 427 nach Romaney und mit den KWS-Linien 430 und 431 bis Odenthal.
Wegverlauf	„A 4" bis Scherfbachtalstraße, „A 5" rechts, über Scherf, Klasmühle bis Ortsrand Scheuren, „A 2" und „X" 30 rechts hinab, mit „X" 30 bis B 506 zurück.
Dauer	3 Stunden
Länge	Ca. 11 km Varianten: Der Weg lässt sich mit Tour 18 zusammenlegen, Anschlüsse an die Touren 20, 22 und 26 sind leicht möglich.
Wanderkarte	Landesvermessungsamt Nordrhein-Westfalen: Bergisch Gladbach, Odenthal, Königsforst. Wanderkarte NRW Nr. 3, 1: 25.000 Landesvermessungsamt Nordrhein-Westfalen: Köln, Nördliche Ville. Freizeitkarte NRW Nr. 18, 1: 50.000
Gasthäuser	In Scherf: „Zur Lindenwirtin", Schallemicher Str. 46, Tel. 02202/785 72 In Scheuren: „Café Restaurant Heuer", Scheurener Str. 77, Tel. 02207/2400
Hinweise	Direktvermarkter: Fam. Esser, Straßen, Tel. 02202/714 55, eigene Schlachtung mittwochs bis samstags geöffnet In Hochscherf Hofladen Gut Borsbach
Auskunft	Gemeinde Odenthal, Tel. 02202/710-0, www.odenthal.de
www.	siehe Auskunft

Meute

überholte Inschrift noch erkennen lässt. Die Siedlungsdokumente können es beweisen: Hier stand die Wiege des Bergischen Landes, hier ist altes Hufeland ringsum, und ebenda, bei Altehufe zwischen Romaney und Eikamp, beginnt auch unser Rundweg an der Höhenstraße. Die war einmal beim Volk bekannt als „Heerweg"; heute ist uns doch die amtliche Bezeichnung „Bundesstraße" lieber: B 506.

Am Wanderparkplatz an der Abzweigung nach „Straßen" mit einer neuen Wegetafel des SGV folgen wir dem Zeichen für den Weg „A 4", halten uns gleich hinter dem Parkplatz aber nicht links, sondern geradeaus auf dem als Sackgasse markierten Fahrweg, und durchqueren rasch einen Fichtenriegel, und auf der Höhe laufen wir weiter auf die **Hofschaft Straßen** zu. Dort verlassen wir am Strommast den asphaltierten Weg und wandern weiter auf dem nun gesperrten Weg („A 4"). So kommen wir am folgenden Waldrand über einen Querweg und durch den nächsten Streifen Wald: Rechts geht es zwischen Fichten tief hinab, links stehen dünne Buchen mit einzelnen Lärchen dazwischen.

Hofschaft Straßen

Wieder im Freien, dreht sich der Weg gemach nach rechts und führt hinab, vorbei an einem Fichtensolitär am Querweg, und weiter auf das wuchtige Backsteingemäuer von Amtmannsscherf zu: „Gut Amtmann Scherf" steht über dem Portal. Das war der Sitz der Ritter aus dem Scherfbachtal. Einer unter ihnen, Childerich von Scherf, soll einst mit seinem Kaiser in den Krieg im Morgenland gezogen sein und kehrte nur als Sagenheld zurück: Seither wartet eine schöne Jungfrau weinend Nacht für Nacht am Turm auf ihren Liebsten – nur auf sein Versprechen hin, er werde wiederkommen. Dass selbst der heiligste der Kriege Opfer fordert, mochte

sie Jahrhunderte hindurch nicht glauben. 1830 wurde dann die Burg durch einen Bauernhof ersetzt, und auch der Turm verschwand um 1860. Jetzt kennt man die treue Geliebte nur noch vom Hörensagen.

Wir gehen vom Hof auf der Zufahrt über den Scherfbach hinweg und an die Talstraße heran. Ihr folgen wir auf ihrem Fußweg für etwa 300 Meter nach rechts und nehmen dann am Rand des Auwalds die „Schallemicher Straße“ Richtung Eikamp.

Weiler Scherf

Wieder geht es über den Scherfbach hinweg und sacht hinauf, dann erreichen wir den **Weiler Scherf**. Von der langen Geschichte des Dorfes ist vorläufig wenig zu ahnen, erst im Ortskern gibt es ein typisches Fachwerkensemble. Hier kommen wir an der Bushaltestelle und in der Linksbiegung am Umspannhäuschen vorüber. Die Straße nur ein Stück hinauf, bestünde Möglichkeit zur Einkehr bei der „Lindenwirtin“, Käthe Pund. Doch wir verlassen die Straße schon hinter der Abzweigung zu den Häusern 202-212 in der spitzen Rechtskehre nach links und folgen hier vom Drängelgitter an dem Pfad nach links, der als „A 1“, „A 2“, „A 4“, „A 5“ bezeichnet ist, am kleinen Lattenzaun entlang. An der Grundstücksecke knickt der Pfad zwischen Weidezäunen nach rechts und läuft nach etwa 100 Metern mit einer Baumreihe nach links und wieder an die Scherfbachtalstraße heran.

Hier überqueren wir die Straße und den Bach und folgen mit denselben Zeichen gegenüber dem Fahrweg „An der Scherf“ ein Stück noch am Scherfbach entlang durch die Wohnstätte Klasmühle und dann der Straße bis an die kleine Kapelle mit dem Wanderparkplatz gegenüber. Dahinter geht es mit dem „Kapellenweg“ rechts bergauf, vorbei am Kruzifix von 1911 und bei der Kastanie vorüber am letzten Hof vor dem Aufstieg auf die nächste Höhe.

Der Fahrweg schwenkt im Bogen auf die Höhe von Scheuren, berührt erst rechts, dann links bei einer Bank den Waldrand und stößt am Ende nah am Eingangsschild von Scheuren auf die Höhenstraße. Rechts geht es in den Ort. Gleich bei den ersten Häusern halten wir uns wieder rechts und folgen bei den neu gebauten Doppelhäusern auf der Höhe rechts dem Fahrweg „Zum Wirtsspezarder Hof" und dem Andreaskreuz des „Neandertalwegs" 30 des SGV (auch „A 2"). Am Ende der neuen Häuser wird der Weg ein wenig schmaler und schwenkt halblinks zum Hof, vor dessen Wohngebäude auf der linken Seite eine **alte Linde** steht, in ihren jungen Jahren wie Spalierobst aufgezogen und heute 23 Meter breit. An der dunklen Scheune hängen pralle Maiskolben in Bündeln, unerreichbar allen Mäusen. Rechts daran vorüber führt der Weg „A 2" ins Freie und zwischen Zäunen bald hinab, auf einen dunklen Riegel Fichten zu.

alte Linde

Wo der Weg auf den Wald trifft, knickt er nach links und führt auf dem Rücken der Höhe hinab, durch den Wald, und im Schwenk nach einem halben Kilometer, vor dem Scherfbach, wieder rechts und auf die Hofstatt Meute mit der alten Wassermühle zu. Die „Meute" hat mit keinem Hund zu tun, ihr Name kommt von der „Muot", der künstlichen Erhöhung oder „Motte", auf der hier früh gesiedelt wurde. An die Vergnügungen der Müllerskinder erinnert noch ein ramponiertes Schild am Mühlenteich: Schlittschuhlaufen könne man hier nur auf eigene Gefahr.

Die Brücke bringt uns links bald wieder über den Scherfbach hinweg, dann geht es mit dem Fahrweg „Meutemühle" bei Pistershausen an die Talstraße heran. Dies war in alter Zeit der Sitz des „phisters", wie der Altenberger Klosterbäcker hieß.

Der Straße folgen wir 200 Meter nach rechts, dann nehmen wir den Fahrweg „Am Stein-

Am Wirtsspezarder Hof

hauser Busch“ nach links („X“ und „A 2“). Es geht beim Aufstieg am „Haus Hubertushang“ der Arbeiterwohlfahrt vorüber, hier kommen wir in den Wald und folgen nun mit dem Andreaskreuz dem Weg die kleine Bachkerbe hinauf.

Unablässig geht es aufwärts, durch eine Doppelkehre mit dem Wanderweg hinauf, bis wir zuletzt den Wald verlassen und auf der Höhe weiterwandern bis an die Kreisstraße heran in ihrer Biegung. Links zweigt nah der Weg nach Hochscherf ab; wir wandern mit „A 2“ und mit Andreaskreuz auf der Straße rechts nach Schallemich. Noch in der Kurve, vor den ersten Häusern, folgen wir dort der Sackgasse nach links und kommen mit dem Wanderweg („X“) noch einmal in ein kleines Tal.

Hofstatt Oberkäsbach

Unten in der Kehre bringt uns unser Wanderweg (auch „A 1“) geradeaus über den kleinen Käsbach hinweg, dann steigen wir mit dem Privatweg vor uns wieder an, entlang am Lauf des Altehufebachs. So kommen wir im Rechtsschwenk aus dem Wald hinauf, hinweg über den Wasserlauf und in die schöne alte **Hofstatt Oberkäsbach** mit Fachwerk, Backstein und Scheunen aus Holz, während keinen Kilometer weit entfernt, in Eikamp, noch immer wie im Wettbewerb gebaut wird. Kaum mag man glauben, dass „Eikamp“ einmal die Weide meinte, die für sich allein und abseits lag.

Von Käsbach folgt der Wanderweg dem Fahrweg durch die Biegung weiter aufwärts bis nach Altehufe, wo es längst kein altes Hufenland, doch neue Wohnbauten und Kunststeinpflaster gibt, vorüber an dem Sträßchen „Auf dem Gleichen“, bis uns der „Oberkäsbacher Weg“ am Landmaschinenhandel „Orth“ an die „Alte Wipperfürther Straße“ bringt, den alten Heerweg und die Bundesstraße vom Beginn. Rechts sehen wir 400 Meter weiter schon den Parkplatz, bei dem die Wanderung begonnen hat. Ein letztes Mal geht es nach 150 Metern vorbei an einem Zeugnis ältester Besiedlung: der Fachwerk-Hofstatt „Grünenbäumchen". Und diesmal braucht es keine weitere Erklärung für den Namen: Drei Linden stehen vor der Tür, die sind noch jedes Frühjahr grün geworden.

Auf halber Strecke

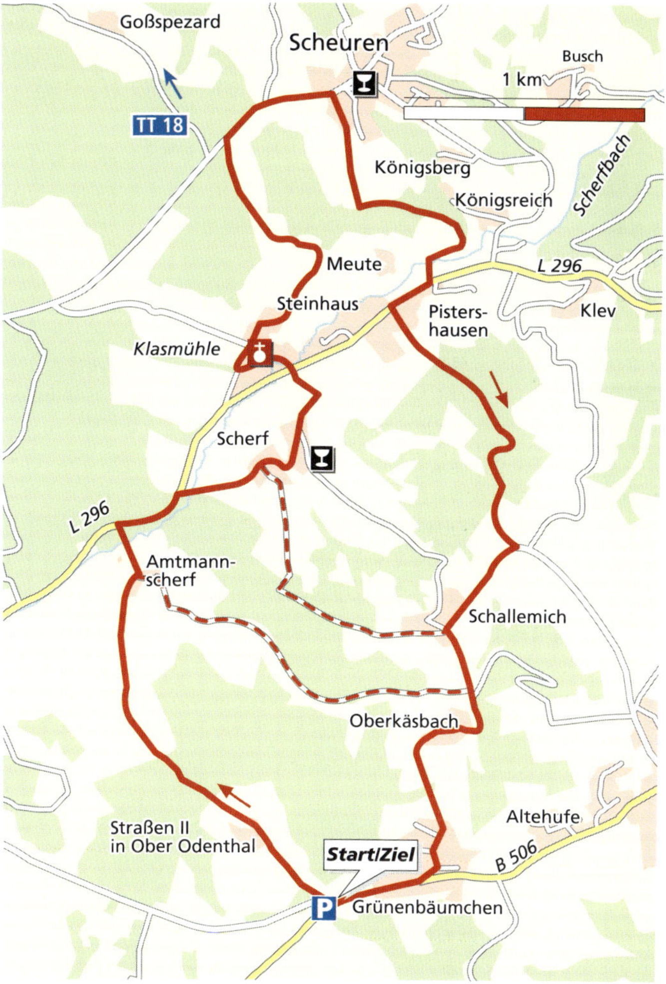

Tour 24

Wohlstand zwischen Habenichts und Hoffnung

Von Wermelskirchen durch das Tal des Eifgenbachs nach Dhünn

Der Sohn des Apothekers war vom Pillendrehen umgewechselt auf die Herstellung von Farbe. In der „Telegraphenstraße" zu Wermelskirchen stellte er zum ersten Mal den künstlichen Farbstoff Ultramarin her, die „Wermelskirchener Farbe" wurde berühmt in der Welt, aber blieb es nur kurz, denn schon bald war es zu eng in dem Städtchen zwischen Eifgen-

Kurzbeschreibung

Anfahrt
Wermelskirchen liegt abseits der A 1, AS Wermelskirchen. Der Ausgangspunkt der Tour liegt am südlichen Ortsrand, abseits der Straße nach Kürten, Dhünn, Wanderparkplatz am Eifgenbach. Oder aus Köln und Remscheid mit RVK-Linie 260 bis Wermelskirchen Busbf., dort mit RVK-Linie 261 nach Dhünn. Sa/So von Wermelskirchen mit Taxibus (Info unter Tel. 01805/131 313).

Wegverlauf
Den Eifgenbach abwärts mit Pilgerweg (Muschelsymbol) und Weg 8 (Raute) bis hinter „Neuenmühle". Mit weißem Balken bis Kreckersweg, „A 1" bis hinter Osminghausen, Schutzhütte, „A 3" bis Dhünn. Mit Kreissymbol zurück.

Dauer
5 Stunden

Länge
17 km
Varianten: Der Weg verkürzt sich auf 14 km, wenn man an der Berger Mühle dem „weißen Dreieck" nach Dhünn folgt.

Wanderkarte
Landesvermessungsamt Nordrhein-Westfalen: Kürten. Wanderkarte 1: 25.000 (=Grüne Reihe)
Landesvermessungsamt Nordrhein-Westfalen: Naturpark Bergisches Land (Nord). Freizeitkarte NRW Nr. 19, 1:50.000

Gasthäuser
Am Start: „Haus Eifgen", Eifgen 1, Tel. 02196/6140
„Kartoffelhaus Neuemühle", Neuemühle 1, Tel. 02196/971 674
www.kartoffelhaus-neuemuehle.de
In Dhünn: „Hotel zur Post", Hauptstr. 32, Tel. 02196/802 16
www.hotel-restaurant-zur-post.net
Hotel „Zu den drei Linden", Staelsmühler Str. 1, Tel. 02196/803 43
In Wermelskirchen zahlreiche, u. a.: „Hotel zur Eich", Eich 7, Tel. 02196/727 00
www.hotel-zur-eich.de
„Café Wild", Markt 1, Tel. 02196/4935, www.echt-wild.de

Auskunft
Stadt Wermelskirchen, Tel. 02196/710-0, www.wermelskirchen.de

www.
www.wandern-in-remscheid.de

Haus mit Gunst: Berger Mühle

bach und Wupper, moderne Verkehrsmittel fehlten noch lange, und die Bäche waren allesamt zu klein. Nicht von ungefähr heißen hier die Dörfer nahe Wermelskirchen „Habenichts“ und „Hoffnung“. Der Farbenpionier verlegte 1862 die Fabrik vom Bergischen Land an den Rhein, bei Wiesdorf fand sich der unfruchtbare Kahlberg: Dort gründete Carl Leverkus, vormals Wermelskirchen, seine neue Farbenfabrik, dazu gleich eine Siedlung für die Arbeiter, alles wie aus der Retorte, er war ja schließlich Apothekerssohn. Später kauften die Nachfahren des Wuppertaler Fabrikanten Bayer die Fabriken, aber da hieß der Ort schon „Leverkusen“ nach dem Gründer: Hätte man ihn andernfalls wohl „Bayern“ genannt?

Die Wermelskirchener in ihrer Mehrheit waren übrigens nicht nachtragend, mit Bändern, Schuhen, mit Rollen und Rädern sowie dem königlich-preußischen Segen erwarb man 1871 dennoch Stadtrecht. Und sie erhoben den berühmten Sohn der Stadt zum Ehrenbürger: Mochte er auch Arbeitsplätze abgezogen haben aus Habenichts und Hoffnung an den Rhein, so blieb doch nach dem Umzug wenigstens der Himmel blau, und die Bäche waren es auch, und nicht vom Ultramarin.

Eifgenbach

Einer der schönsten von allen im Bergischen Land ist der **Eifgenbach**, der artenreichen Vielfalt seiner Waldbestände mit Buchen, Hainbuchen und Eichen wegen von Kennern wie von Freunden der Natur gelobt. Er entspringt am Rattenberg, nah der alten Höhenstraße zu „Werenboldeskirken“, wie der Ort um 1150 schon hieß, und bahnt sich seinen Weg durch Grauwackegestein, oft auf der felsigen Sohle, bis er bei Altenberg die Dhünn erreicht. Noch vor Jahren ging „tout Wermelskirchen“ hier zum Baden: Das Strandbad, 1905 noch zeitgemäß gerühmt als „Bade-Anstalt“, war bei seiner Einrichtung im Jahre 1883 eine Attraktion des Tals. 1914 bekam es unglaubliche 100-Meter-Becken und 1955 Umkleideräume. Jetzt nennt es sich „Eifgen-Anlage" und am alten Eingang „Freibadpark" und ist als Biotop am Bach renaturiert.

Im Tal, gleich unterhalb „Haus Eifgen" beginnen wir den Weg. Von der großen Linde aus verfolgen wir den neuen Jakobspilgerpfad (mit stilisierter Muschel), der Raute des Bezirkswegs 8 und dem Rundweg „A 3", überqueren gleich den Bach und steigen rechts mit Treppenstufen in der Böschung unter hohen Buchen an. So folgen wir dem Bach, vorbei an Ruhebänken des „VVV Wermelskirchen", vorüber an Eichen, später auch Kiefern am Hang und einem Auwald links und rechts des Bachs.

Am Waldrand mit zwei Bänken an der Wegespinne münden beiderseits Gewässer. Wir wandern am Brückchen vorüber und weiter nah dem Eifgenbach, vorüber an Platanen. Die Kläranlage gegenüber, die wir bald passieren, ist in bergischer Selbststilisierung in Grün und Weiß gehalten wie oben in der Stadt die Buswartehäuschen. Bald kommt ein Weg hinzu, der mit einem weißen Dreieck auf schwarzem Grund gekennzeichnet ist. Der Steig wird nun schmaler und felsig, bringt uns auf Balken über einen Siefenlauf hinweg, und wir erreichen, zuletzt über hölzerne Tritte, den Weidegrund der **Berger Mühle**. Hier müssen wir uns vorsorglich entscheiden: Am linken Ufer folgt der Dreiecksweg dem Bach und führt zuletzt nach Dhünn. Am Ufer gegenüber können wir dem Bach noch länger folgen und kommen auch zuletzt nach Dhünn: So folgen wir hier nun der Raute und dem Pilgerzeichen über die Brücke und erkunden erst den schönen Bau der Berger Mühle, dessen Harmonie sich von der Bergseite noch überzeugender erschließt als von der Bachseite, wo Anbauten die Proportion ein wenig stören. Das Motto über der Tür („Wo Gott zum hauß nit gibt ein gunst / so ist all arbeit umbsunst") verrät nur das Alter der Inschrift: „1654", nicht das der Mühle, die schon Jahrzehnte vorher bezeugt ist.

Berger Mühle

Drunter ...

Nah am Bach, und nun am rechten Ufer, verfolgen wir den Pfad mit den bekannten Zeichen, im Wechsel in der Böschung sacht hinan und an den Bach hinab, wo Wasserläufe münden. Nach etwa einem Kilometer, wo das Bachtal merklich breiter ist, schwenkt hinter gelben Ferngaszeichen unser Weg, so wie der Bach,

... und drüber

nach rechts. Ein Rest von Mauer in der Böschung mit einem Wasserdurchlass zeigt uns die nächste Mühle an, von der wir weiter allerdings nichts mehr entdecken. Wir wandern nun an der künstlichen Böschung des ehemaligen Mühlgrabens entlang und erreichen an der Landstraße die Hofstatt Finkenholl.

Wir gehen ein paar Schritte rechts, hinauf, und nehmen vor dem letzten verschieferten Fachwerkhaus den Weg nach links, zurück ins Tal des Eifgenbachs und wieder in den Wald. Nach 600 Metern passieren wir im Wald ein Haus mit praktisch vorgelagertem Bolzplatz, dahinter geht es gleich zum Wald hinaus und auf schmalem Pfad nun weiter durch das breite Tal des Bachs. Dann erreichen wir die kleine Kreisstraße und folgen ihr nach links bis an den hübschen Fachwerkbau der „Neuen"- oder „Neuemühle". So heißt sie schon seit 1826, als sie als eine der letzten Mühlen im Bergischen Land die Lizenz erhielt. Einst war sie, wie die Berger Mühle, eine Kornmühle, bald auch Bäckerei, seit 1912 mit Schankerlaubnis, die 1940 auch auf Alkohol erweitert wurde. Heute nennt sie sich **„Kartoffelhaus"** und bietet von der Pellkartoffel über die Kartoffel-Pizza bis zum Reibekuchen den Erdapfel in allen Varianten.

Kartoffelhaus

Der Wetterseite hält die Mühle eine Schieferfront entgegen. Hier geht es weiter mit der Straße bis an den Eifgenbach heran. Dann geht es bei der großen Erle rechts und weiterhin den Bach entlang, noch immer auf dem Pilgerpfad und mit der Raute. Ein letztes Mal geht es auf Stufen in der Böschung aufwärts, nach 250 Metern hinab und über einen Zulauf hinweg. 100 Meter weiter dann verlassen wir den Eifgenbach, mit ihm den Pilgerpfad und den Weg 8 mit der Raute, und folgen einem weißen Balken links, quer durch das Tal hindurch, über die Brücke hinweg und halblinks nochmals an die Straße bei einer Sitzgruppe und einem kleinen Parkplatz. Hier geht es ein paar Meter links, als wollten wir zur Neuenmühle, dann nehmen wir hinter dem Hollkotter Bach den felsigen Weg und steigen, dem Wasser entgegen, bis auf die Höhe. Nach 400 Metern wechseln wir auf einem hölzernen Steg aufs linke Ufer und steigen weiter, bald zum Wald hinaus und zwischen Weidezäunen weiter, noch einmal durch einen Streifen Wald hindurch und an ein Einzelhaus heran. Der Weg ist nunmehr asphaltiert, er schwenkt nach links und bringt uns an

Dhünn

dem alten Hollkotten vorüber und rechts vor Kreckersweg dann an die Landstraße heran.

Ihr folgen wir rund 100 Meter nach links und in den Ort, ein weithin gesichtsloses Konglomerat aus schönen alten Häusern, hässlich instandgesetzten alten Häusern und Neubauten, biegen mit dem weißen Balken (und nun auch „A 1") rechts in die Anliegerstraße ein und folgen vor dem Schieferhaus 6 dem Sträßchen links, bis wir in Höhe der Gaststätte „Schinderhannes" an der Landstraße rechts mit der „Eichholzer Straße" das Dorf verlassen.

Noch vor dem Ortsschild, hinter dem evangelischen Gemeindehaus, verlassen wir die Fahrbahn und steigen links im Wald in sachtem Rechtsbogen hinab, über einen Querweg hinweg. Unten halten wir uns links, durchqueren eine Freifläche am Weidezaun entlang und gehen vor dem nächsten Fichtenstück nach rechts, auf Osminghausen vor. Vor dem ersten Haus (Nr. 10) knickt der Weg „A 1" nach links und bringt uns an der nächsten Ecke wieder links und nochmals links bis an die Landstraße heran. Gleich gegenüber folgen wir dem Fahrweg „Osminghausen 28" weiter mit „A 1", an der „Prothmann-Ranch" vorüber und auf dem splittgestreuten Fahrweg in die freie Flur.

Wo wir den Wald erreichen, stößt von links der Weg „A 3" (und Dreieck) hinzu, den wir an der Berger Mühle hinter uns gelassen haben, und wir wandern geradeaus, an einer kleinen Schutzhütte vorüber. Beim Eintritt in den Wald schwenkt unser Weg sacht rechts und führt, an einer Bank vorbei, im Fichtenholz hinab. Wo das Gefälle stärker wird, schwenkt der Weg bei einer Bank nach links und bringt uns durch die enge Rechtskehre hinab und auf dem Steg über den Wasserlauf hinweg.

Dahinter gehen wir nach links und steigen durch die enge Doppelkehre, bei einer Sitzgruppe zum Wald hinaus, zwischen Vogelhecken und Büschen hinauf bis in den Ort und vor Haus 13 links, die „Schulstraße" hinab. Das **Kirchspiel Dhünn**, Jahrhunderte hindurch nur eine Hand voll Häuser um die Kirche, ist erstmals 1308 erwähnt. Die Häuser werden buchstäblich schrittweise älter, je mehr wir uns dem Ortskern an der „Hauptstraße" nähern, auf der wir, rechts hinab, zur Kirche kommen. Als man hier im Jahre 1901 die Schule baute, hat man keinen Geringeren als den lieben Gott persönlich dafür gewinnen wollen, den Preußen die Schulpflicht durchzusetzen: „Lasset die Kindlein zu mir kommen", steht

Kirchspiel Dhünn

Dhünner „Fontaine"

seit mehr als hundert Jahren in der Wand.
Eine Schule gab es allerdings in Dhünn schon 1624. Seit 1586 hatte sich das reformierte Bekenntnis im Ort durchgesetzt, 1636 erhielt die Kirche, die wir, rechts hinunter, gleich erreichen, ihre dazu passende Gestalt. Die grüne, schmuck verschieferte Laterne auf dem Turm ist so bergisch wie das barocke Prinzipalstück im Innern. Der Satz, den uns die Küsterin einst mitgab, gilt als protestantisches Bekenntnis heute noch: „Die Wieskirche in Bayern ist natürlich wunderschön, aber zuhören könnte ich da nicht."
Zum Markt hin rinnt hier Wasser in das Halbrund einer eingehegten Schale. Das ist die „Fontaine"; seit 1843 liefert sie das gute Wasser einer Quelle aus dem nahen „Eichhölzchen" ins Dorf, seit damals gab es Trinkwasser genug, sogar bei Trockenheit. Das war nicht immer so, und deshalb gruben Brunnenbauer einmal eine sagenhafte Röhre, so tief und bodenlos, dass man zuletzt die Hähne krähen hörte – die Hähne vom anderen Ende der Welt. Wasser aber hatten sie noch immer nicht. Mochte auch ihr Wappen einen Fisch und gleich drei Wasserläufe zeigen, und mochte auch von deren Brausen Dhünn den Eigennamen haben, „dun" in althochdeutscher Sprache, genauso wie der kleine Fluss am Fuß des Hügels: Wasser gab es erst mit der „Fontaine" nach dem Ratsbeschluss von 1839, seit 1928 mit dem schmucken Wappen der Stadt Lennep, zu dem, bis 1929 immerhin, das Dörfchen Dhünn gehörte.
Neben der Kirche haben wir mit einem weißen Kreis ein neues Zeichen ausgemacht und folgen nun der „Staelsmühler Straße" mit Dreieck, Kreis und auch „A 1" zum Ort hinaus in Richtung „Staelsmühle" und „Knochenmühle", vorbei am Restaurant-Hotel „Zu den drei Linden" mit zwei gestutzten Linden vor der Tür. Die dritte Linde, ahnen wir, steht einsam vor dem Haus mit dem gleichem Namen in Unterburg/Burg an der Wupper. Der Weg zum Ort hinaus führt an die **Kleine Dhünn** hinab, vorbei am „Angelparadies" und auch am Fußballplatz. Er bringt uns durch die Fachwerk-Hofschaft Staelsmühle, auch „Stahlsmühle" nach dem Begründer, Junker Stahl, und weiterhin der Kleinen Dhünn entgegen bis an die alte „Knochenmühle". Aus Knochen machte man in Solingen

Kleine Dhünn

Staelsmühle

einst Messerhefte. Dass man den Abfall, fein gestampft, als besten Dünger nutzen konnte, setzte sich im 19. Jahrhundert durch, und viele Mühlen trieben bald auch Knochenstampfen an. Diese wurde 1831 lizenziert, doch was wir vor uns haben, ist der Neubau nach dem letzten Brand von 1896. Die Schieferplatten hängen an der Wand schon lange schaukelnd in den Nägeln, auch das Mühlrad in seinem Schacht vor dem Haus ist blättrig verrottet. Einst trieb es neben einem Dutzend Knochenstampfern drei Kreissägen, eine Bandsäge und eine Drechselbank an. Wir orientieren uns an der Kastanie und steigen dann links, noch vor dem Mühlenteich, den Schotterweg hinauf, so wie der Kreis uns weist.

Es geht im Kerbtal eines Siefens durch den Wald bergauf, dann im leichten Schwenk nach rechts über die windige Höhe. Neben einer Scheune aus gewelltem Blech und Eternit geht es noch einmal und geraden Wegs durch einen Streifen Wald. Neben einer Schutzhütte des VVV Dhünn überqueren wir das kleine Sträßchen und wandern weiter mit dem Kreis durch einen Streifen Wald, zuletzt im Schwenk nach links in freier Flur bis an die Landstraße heran.

Gleich gegenüber wandern wir dann den für den Verkehr gesperrten Weg halblinks im Wald hinab bis an den hier gestauten Eifgenbach. Rechts folgen wir dem kleinen Fahrweg und dem Kreis über die Brücke und kommen durch die **Hofschaft Well** und zwischen Feldern auf die Höhe. Hier auf dem Wellerbusch haben sich einst Well und Süppelbach eine Schule geteilt, von beiden Seiten mussten da die Kinder steigen, dafür ging es mittags umso schneller zurück. Heute ist die Schule eine Kindertagesstätte für Behinderte.

Hofschaft Well

Wir kommen am Gefallenendenkmal vorüber, das für jeden Weltkrieg auch einen „Leverkus" notiert, und steigen, anfangs durch den Wald, hinab nach Süppelbach. Über den Wipfeln taucht jetzt bereits die Stadtkirche von Wermelskirchen auf als eine Landmarke mit ihrem Turm wie eine schlanke Pickelhaube. Der Witwer Johann Peter Frowein, einer der vielen Froweins der Gegend, hat hier in Süppelbach, wie wir noch heute lesen können, sein neu gebautes Haus dem Herrgott anbefohlen: „WAN

DU O HER NICHT WACHES ÜBER DISES HAUSZ / SO IST UNSER WACHEN AUSZ." – was sich ja fast wie eine Nötigung liest. In Süppelbach erreichen wir die kleine Talstraße und steigen halblinks gegenüber gleich hinab bis an den Bach. Bei einer kleinen Teichanlage geht es dann im Schwenk nach links, hinauf nach Kovelsberg, und wir wandern mit dem Kreis (und nunmehr auch „A 2") auf halber Höhe zwischen Berg und Tal zum Ort hinaus nach Westen. Zur Linken, unten, lag einmal ein Stausee, anfangs als Trinkwasserquelle gedacht, in den 1970er Jahren ein Angelgewässer, 2002 zurückgebaut zum Biotop. Auf mehr als 300 Metern wurde die Verrohrung rückgängig gemacht, der Eifgenbach ist wieder frei. Dahinter kommen wir bei Eifgen an die Landstraße und auf dem Fußweg an den Ausgangspunkt zurück.

Auch Dr. Carl Leverkus kam noch einmal zurück nach Wermelskirchen: auf den Stadtfriedhof nach seinem Tod im Jahre 1889. So hatte er es sich gewünscht.

Tour 25

Mühlen zuhauf

Rund um Dabringhausen

Mit wuchtigem Dach und gedrungenem Turm behauptet sich der Bruchsteinbau der Kirche zwischen schön gepflegtem Fachwerk und kokettiert mit der eigenen Jugendlichkeit: Der Schlussstein über dem Portal im Langhaus gibt 1783 zu, die Wandanker trotz Rost nur 1788, solange wurde nämlich hier gebaut, und nur der Turm legt glatte vierzig Jahre drauf:1748.

Kurzbeschreibung

Anfahrt
Dabringhausen liegt an der L 101 zwischen Odenthal-Altenberg und Wermelskirchen, Parkgelegenheiten im Ort, ggf. an der „Pfannkuchenmühle". Oder aus Köln und Remscheid mit RVK-Linie 260 bis Wermelskirchen Busbf., dort mit den RVK-Linien 262 und 263 nach Dabringhausen.

Wegverlauf
Von der Kirche mit Kreissymbol auf die Höhe im Ort und hinab zur „Könenmühle"/„Pfannkuchenmühle", Weg 8 (Winkel) am Linnefebach entlang, hinter 2. Abzweigung „X" 29 hinauf zur Schutzhütte, unmarktierter Weg nach Bremen, gegenüber der Straße mit „X" 29 zur „Markusmühle", Eifengenbach hinauf mit Weg 8 (Raute) und Pilgerpfad (Muschelsymbol) bis „Rausmühle", mit Kreissymbol zurück.

Dauer
3 Stunden

Länge
9 km
Varianten: Der Weg lässt sich über Weg 8 (Winkel) und im Eifgenbachtal verbinden mit Tour 19 zu einer großen Runde. Den Touren 19, 24 und 25 lässt sich die Beschreibung einer Streckenwanderung im Tal des Eifgenbachs entnehmen von Altenberg nach Wermelskirchen (oder umgekehrt).

Wanderkarte
Landesvermessungsamt Nordrhein-Westfalen: Kürten. Wanderkarte 1: 25.000 (=Grüne Reihe)
Landesvermessungsamt Nordrhein-Westfalen: Wermelskirchen mit bergischen Talsperren. Wanderkarte NRW Nr. 2, 1: 25.000
Landesvermessungsamt Nordrhein-Westfalen: Naturpark Bergisches Land (Nord). Freizeitkarte NRW Nr. 19, 1:50.000

Gasthäuser
„Pfannkuchenmühle", Coenenmühle 2, Tel. 02193/3083
www.coenenmuehle.de
„Rausmühle", Rausmühle 1, Tel. 02193/813, www.rausmuehle.de
In Dabringhausen zahlreiche

Hinweise
Fischzucht P.A. Kloda, Markusmühle 8, Tel. 02193/1466

Auskunft
Stadt Wermelskirchen, Tel. 02196/710-0, www.wermelskirchen.de

www.
www.wandern-in-remscheid.de

Rausmühle

Tatsächlich aber zählt die ehemalige Johanniskirche zu den ältesten im Lande zwischen Altenberg und Burg, errichtet im 11. Jahrhundert, seit 1560 evangelisch. Nur die alte Namensform „-inghausen" weist auf die frühe sächsische Besiedlung. 1230 ist das Dorf als „Dabrezhusen" schon erwähnt.

Hier sind wir im Herzen des Bergischen Landes, und die beiden Bäche, die den grünen Höhenrücken säumen, gehören zu den reizvollsten der Gegend. Der Weg zum Bach hinab führt anfangs auf die Höhe: Vom Chor der Kirche folgen wir dem Kreissymbol und dem Zeichen „A 3" in die kleine Anliegerstraße und durch eine leichte Senke, wenden uns am Wendekreis mit den Häusern 2 und 6 nach links und folgen keine 100 Meter weiter dann im spitzen Winkel rechts dem Sträßchen **„Butscheid"** und mit den bekannten Zeichen auch dem Winkel des Wanderwegs 8 zwischen Hecken auf die Höhe. Dort erreichen wir die „Mühlenstraße" auf dem Höhenrücken und wandern mit den Zeichen rechts. Es geht vorbei „An der Gerichtslinde" (mit neu gepflanzten Linden), wo einst das Landgericht für Recht und Ordnung sorgte. Von hier aus ging es manchmal dann nach Wermelskirchen, wo mitten im Dorf, im Ortsteil Schwanen, der Galgen stand.

Butscheid

So geht es auf der Höhe weiter mit der „Mühlenstraße" am Wohngebiet entlang. Nach einem halben Kilometer folgt der Wanderweg der Straße noch ein Stück im Schwenk nach rechts, hinab, und folgt dann hinter Haus 63 dem Hinweisschild „Weg zum Freibad" und unseren Zeichen dem schmalen Weg nach links hinauf und dort im Schwenk nach rechts in den Wald. Es geht ein Stück an Zäunen zur Rechten entlang, während

Dabringhausen

links die Böschung abfällt. Dann schwenkt der Weg nach links und, wiederum an einem eingezäunten Grund vorüber, vom Rücken der Höhe hinab. Mit dem Querweg vor dem Talgrund erreichen wir dann rechts die alte „Coenenmühle" oder „Könenmühle", wie das Straßenschild verrät – eine Form so gut daneben wie die andere, denn richtig wäre „Konradsmühle" nach ihrem ältesten Besitzer. Ihr letzter Müller, Jahrhunderte darauf, hieß Aloys Pfeifer. Der fuhr noch um die Mitte des vergangenen Jahrhunderts mit dem Pferd das Brot aus, dessen Mehl er hier gemahlen hatte. Dann verkaufte er die Mühle an die Stadt, und nach einem Wirtshaus-Intermezzo wurde aus dem Haus von 1832 die weitberühmte „Pfannkuchenmühle".

Vorbei am Parkplatz, folgen wir der Straße und kreuzen links das Bachtal. Dann geht es gegenüber rechts hinab zum Parkplatz, an den Linnefe-Bach, weiter mit dem Winkel und „A 3". Vom Parkplatzende folgen wir dem Pfad, der am Rand des Bachtals, bald im Wald, als schmaler Absatz in der Böschung liegt. Bald nähert sich der Bach mit Glitzern dem Hang. Nach mehr als einem halben Kilometer tritt der Pfad zum Wald hinaus, und wir erreichen neben einem Wasserlauf die Zufahrt zum **„Pumpwerk Dabringhausen"** des Wupperverbands. Gleich gegenüber folgen wir dem schönen Bachlauf weiter, nach wie vor begleitet von dem Winkel und „A 3".

Pumpwerk Dabringhausen

Es geht an einem Siefenlauf vorüber, dann gabelt sich der Weg: Rechts ginge es mit dem „A 3" hinauf zum großen Wasserwerk, wir bleiben in der Böschung nah dem Bach, wo der Weg zum Winkel nun auch das Andreaskreuz des Wanderwegs 29 trägt. Nach 100 Metern zweigt ein Brückchen ab nach „Haussels", wie ein Schild verspricht, wir bleiben weiter rechts des Wassers, bald vorbei an einer Sonnenbank, zumindest einer Bank mit Platz für reichlich Sonne. Das Tal ist seit dem Brückchen breiter, auch sumpfig, mit Binsen bestanden.

Nicht lange, und wir stehen auf dem ausgesetzten Pfad hoch über einem Quertal. Wir steigen rechts über Tritte hinab bis an den Wasserlauf und nehmen Abschied von Weg 29 („X"), der nach links zur Dhünntalsperre führt. Wir kommen mit dem Brückchen über den Zulauf hinweg und erklimmen geradewegs den Buckel vor uns, am Ende über Tritte, bis an eine Schutzhütte am Weg. Von hier aus folgen wir dem festen, unmarkierten Abfuhrweg nach rechts, das Seitental hinan (mit Hinweis „Bremen"). Nach 250 Metern knickt der breite Weg vor riesigen Buchen nach links. Wir wandern zwischen diesen Bäumen weiter geradeaus auf einem schmalen unmarkierten Pfad und steigen oberhalb des Kerbtals an.

Gut beschildert

Bei einer Weide erlaubt ein Durchlass uns den Aufstieg durch die freie Flur, wir queren geradewegs das Weideland und steigen dann bei einem zweiten Durchlass weiter, das Weideland zur Linken, rechts Haselnussgebüsch. Zuletzt hat sich der Pfad zum Hohlweg eingegraben. Von hier bis oben ist er ein „Privatweg", freilich einer von der angenehmen Art, und wir kommen zwischen landwirtschaftlichen Betrieben weiter, vorüber an der Zufahrt nach „Steinhausen" und der Tagungsstätte „Maria in der Aue".

Wir überqueren vorsichtig die Landstraße und wandern gegenüber weiter („Bremen 12 – 24"). So erreichen wir nach kurzem Stück den Querweg mit den Wanderwegen, die wir im Tal verlassen haben („X" 29 und „A 3"), folgen ihnen links, und ehe wir nach 150 Metern erneut die Landstraße berühren, wenden wir uns vor der Weidefläche rechts und kommen nah am Wald entlang hinab. Noch vor dem Talgrund schwenkt der alte Karrenweg nach links und bringt uns neben einem kleinen Siefenlauf hinab, das Kerbtal rechts mit Eschen begrünt, die Böschung zur Linken mit Fichten. So erreichen wir vor einer wuchtigen Eiche den Weg, der im Tal des Eifgenbachs verläuft, und wandern hier nun rechts, dem Lauf des schönen Eifgenbachs entgegen – mit Raute und Andreaskreuz, „A 2" und auch „A 3".

Bald erreichen wir das eingezäunte Fischrevier der „Markusmühle", das einmal der Mühlenteich war. Schon 1545 wurde hier eine Mühle als Knochenmühle erwähnt. Sie brannte mehrfach ab, zuletzt im Jahre 1984, Jahre nur nach unserem ersten Besuch. Schon damals war sie keine Mühle mehr, sondern eine schlichte Gastwirtschaft. Was sich heute **„Markusmühle"** nennt, ist ein Pavillon mit einer Theke, an der man Fische wie Erfrischungen erwerben kann. Dahinter schwenkt der Weg nach links und bringt uns zwischen Fachwerkhäusern an die Straße.

Markusmühle

Weg am Eifgenbach

Hier überqueren wir mit ihr den Eifgenbach und folgen gegenüber dann dem Weg am Fuß der Böschung (Raute und „A 3"). Bald hinter einem alten Steinbruchloch im Prallhang verlässt uns der Weg 29 („X") nach links, wir überqueren rechts den Zulauf und folgen weiterhin dem schönen Eifgenbach mit der felsigen Bachsohle und den bekannten Zeichen, zu denen sich inzwischen auch die stilisierte Jakobsmuschel des Pilgerwegs nach Santiago gesellt hat. Im Prallhang geht es zwischenzeitlich weit hinauf, erst nach etwa einem Kilometer steigen wir hinab bis an den Zufluss eines Bachlaufs von Bechhausen im breiten Wiesental mit der Schutzhütte „Bechhausener Grund". Rechts führte der „A 3" nun geradewegs zurück zum Ausgangspunkt. Wir überqueren mit dem Brückchen den Zulauf und wandern weiter mit der Raute des Wegs 8 dem Eifgenbach entgegen, dabei rechts des Felsenrückens, nah am Bach.

So nähern wir uns nun der Kreisstraße und bleiben mit dem Zeichen in der steilen Böschung geradeaus auf einem Pfad mit hölzernem Geländer. Erst bei der Haltestelle **„Rausmühle"** erreichen wir die Straße, folgen ihr ein kleines Stück, bis sie nach rechts das Tal durchquert, und wandern geradeaus dann mit Weg 8 und Raute bis zur Mühle, einem schön erhaltenen Ensemble aus Fachwerkwohnhaus aus dem 19. Jahrhundert, grüner Scheune und funktionierender Mechanik an der Wand zum Garten hin: Gerinneanlage mit Obergraben und zwei oberschlächtigen Mühlrädern. Hier wurde ungefähr seit 1500 Korn gemahlen, später dann auch Brot gebacken, die Mühle wurde Gartenwirtschaft, seit 1960 Restaurant, so gut besucht wie immer. Und dennoch hätten die Besitzer Grund genug, sich gern der alten Zeiten voller Ruhe zu erinnern, da niemand zu Besuch kam als die Zwerge aus dem nahen Felsenloch. Die borgten bei der Müllerin sich einen Kessel und kochten Reis. Was sie der Nachbarin zuletzt im Töpfchen ließen, wurde reines Gold. Das ging solange gut, bis böswillige Bauern die Zwerge schmähten und als Nachbarn nicht mehr dulden mochten. Die Zwerge zogen fort, und wer heute hier vorüberkommt, lässt selten Gold zurück.

Rausmühle

Wir wandern weiter, noch im Tal des Eifgenbachs hinauf bis an das Ende des Mühlengeländes. Hier folgen wir dem Kreissymbol und nehmen

Kirchturm Dabringhausen

Abschied von der Raute, wenden uns nach rechts und kreuzen den Bach wahlweise auf dem Brückchen oder in der Furt und steigen neben einem Siefenzulauf geradewegs hinauf. Nach rund 200 Metern schwenkt der Weg vor einem Fichtenhochwald links und bringt uns weiterhin nach oben, bis wir mit dem Kreis den Wald verlassen und vor einer Weidefläche links am Waldrand weitersteigen. Zwischen Weidezäunen queren wir die freie Flur nach rechts und wandern rechts der asphaltierten Lindenallee mit Weißdornhecke am Friedhof vorüber. Von dort aus folgen wir der Zufahrt (Kreis und Winkel von Weg 8) bis an die Landstraße heran und über sie hinweg und weiter mit dem „Friedhofweg" am kleinen Park entlang bis an die Dorfstraße im Ort, die „Altenberger Straße", und rechts zurück zum Ausgangspunkt.

Tour 26

Zum rostfreien Esel

Rund um Bechen und den Heerweg

Ohne ihren Esel fühlen sich die Bechener vermutlich unvollständig. Kaum jemals war ein Tier im Dorf den Leuten so geschwind ans Herz gewachsen wie den Bechenern ihr Esel, und dabei war er nur aus Gips und Drahtgeflecht. Das Prinzenpaar der „Bechener Assele" hatte solch ein Wappentier gestiftet, doch böse Buben hatten der Figur aus Gips den spätestens seit Ringelnatz bekannten Stips gegeben – und seither ließ der Esel arg die Ohren hängen und war auch sonst ganz ramponiert.

Nun hätte man die Zukunft so wie die Vergangenheit in Bechen wohl auch ohne Esel meistern können, immerhin war Bechen als „Beche trans

Kurzbeschreibung

Anfahrt
Kürten-Bechen liegt an der B 506 Bergisch Gladbach – Wipperfürth, Parkplatz in Ortsmitte. Oder aus Köln mit S 11 nach Bergisch Gladbach Busbahnhof, weiter mit Bus 427.

Wegverlauf
„X" 29 bis Durhaus, Weg 9 (Raute) bis Hove, „A 5" bis Dürscheid. Dort rechts zur Kirche, „Kirchberg" bis Haus 36 und „A 4" zur Jakobuskapelle. In Spitze an der Kreuzung rechts und dann mit Weg „N" über Bölinghoven, „Kramerhof" bis „Liesenberger Mühle", mit „K" und „A 4" zurück.

Dauer
4 Stunden

Länge
14 km
Varianten: Ein wenig kürzer wird die Strecke, wenn man ab „Liesenberger Mühle" mit „A 1" zurückgeht. Durch den „A 3" zwischen Durhaus und „Liesenberger Mühle" lässt der Weg sich in zwei Rundwege aufteilen (einmal von Bechen aus, einmal von Dürscheid).

Wanderkarte
Landesvermessungsamt Nordrhein-Westfalen: Kürten. Wanderkarte 1: 25.000 (=Grüne Reihe)
Landesvermessungsamt Nordrhein-Westfalen: Naturpark Bergisches Land (Nord). Freizeitkarte NRW Nr. 19, 1:50.000

Gasthäuser
„Taverna Kalyva", Kölner Straße 375, 51515 Kürten-Bechen, Tel. 02207/5685
Hotel / Restaurant „Dürscheider Hof", Wipperfürther Str. 111
51515 Kürten-Dürscheid, Tel. 02207/966 90
„Ristorante Al Numero Uno", Bensberger Str.1, 51515 Kürten-Spitze
Tel. 02207/700 169, www.al-nr1.de

Auskunft
Gemeinde Kürten, Tel. 02268/939 129, www.kuerten.de

www.
www.jakobsweg.info

Grautier mit vier Buchstaben

Rhenum“ schon seit 1175 urkundlich belegt. Aber schade war es schon, und deshalb musste schnell ein neuer Esel her, ein dauerhafter, sagen wir: aus Bronze. So griffen alle in die Tasche und hatten schließlich Geld genug zusammen für ein Denkmal für die Ewigkeit: rostfrei, knitterfest und pflegeleicht. Die feierliche Inthronisation des Grautiers wurde schier ein Volksfest, da standen alle Häuser leer bis auf das Bierzelt, und auch der Pfarrer in der Kirche, der sich ganz unverhofft sechshundert Hörern gegenübersah, gab zum Asinus sein Amen.

Ungerührt von alledem blieb nur der Esel, und der steht heute noch am Parkplatz und schaut mit Bronzeblick ein wenig melancholisch auf die Bundesstraße. Hier, gegenüber der **Kirche St. Antonius Eremit**, deren alte Schönheit durch den schlichtmodernen Ausbau noch hervorgehoben wird, beginnen wir den Weg, kreuzen den alten Heerweg der „Kölner Straße“ (B 506) und folgen neben der „Taverna Kalyva“ dem Andreaskreuz des „Bergischen Wegs“ des SGV „Zum Friedhof“, wie die Straße heißt (auch „A 2“). Jenseits des Friedhofs führt der Weg als Fußweg weiter und hinab, erreicht am „Spatzenfeld“ die „Raiffeisenstraße“ und bringt uns rasch zum Ortsrand, an die freie Flur.

Kirche St. Antonius Eremit

Am Ortsrand hinter dem gestreuten Querweg steht rechts ein steinernes Wegkreuz von 1873, das vom festem Glauben und der lockeren Orthographie seiner Stifter zeugt. Vorbei an Wirtschaftsbauten, geht es in den Wald, im Hohlweg bergauf zwischen Buchen („X“).

Vor der Kuppe stößt ein Fichtenwald von links an unseren Weg, dann geht es zwischen hohen Buchen schon wieder hinab und über einen Siefenlauf hinweg. Hier steht ein 1994 restauriertes Holzkreuz neben einer

St. Nikolaus Dürscheid

Bank und hält die Erinnerung wach an eine junge Frau, die damals, 1936, als sie hier zu Tode kam, so alt war wie das Jahrhundert. Der Weg steigt und bringt uns vor dem Waldrand an die Straße. Rechts geht es dann hinunter in die freie Flur, vorüber an der alten Hofstatt Durhaus.

Am Gittermast hinter dem nächsten Acker, wo links der „Breibacher Weg" beginnt, verlassen wir den Wanderweg 29 mit dem Andreaskreuz („X") und wenden uns nach rechts (Weg 9 mit Raute sowie „A 3"). Die Zeichen an der Eisenschranke weisen uns ins Tal. Es geht an einer Schutzhütte vorbei, zuletzt am Waldrand weiter, bis wir vor dem kleinen Weyerbach den Weg nach links verfolgen, weiterhin den Zeichen auf der Spur, nun auch mit Weg 4 mit Winkel. So folgen wir dem Bach bis an die Weyermühle mit Teich und Mühlenhaus.

Auf der Fahrstraße dahinter („Weyermühle") bleiben wir noch einen guten halben Kilometer weiterhin am Bach. In Hove dann verlassen wir die beiden Wanderwege und folgen nun Weg „K" nach links (auch „A 2" und „A 5"), kommen über den Bach hinweg nach Hauserhof. Am Teich vorüber, gehen wir am letzten Einzelhof nach rechts und weiter mit denselben Zeichen, wieder an den Weyerbach heran, der hier zwischen Wald und Weideland verläuft.

Kirche des St. Nikolaus

Bei den ersten, schönen Wohnhäusern von Dürscheid-Steeg verlässt uns der Weg „K" nach links, um weiter Kürten zu umrunden, wir wenden uns nach rechts („Steeger Höhe"), erreichen so die Talstraße und folgen ihr nun bis zur **Kirche des St. Nikolaus**. Die hebt sich rechts der Straße wie ein gotisches Gebirge in den Himmel, überragt die Linden ringsumher, den „Dürscheider Hof" sowieso und auch den romanischen Turm des 13. Jahrhunderts mit seinem dritten Langhaus von 1895.

Hinter dem „Dürscheider Hof" steigen wir rechts über Treppen hinauf mit „A 4" und kommen auf das Sträßchen „Kirchberg". Der alte Turm erscheint hier wie ein Knirps mit viel zu großem Rucksack. Wir kommen längs der Linden an der Kirche und dem Pfarrhaus vorüber, ebenfalls von 1895, im Linksschwenk an der Schule, auch an der Feuerwehr, dann kreuzen wir den „Hover Weg" und folgen weiter dem „Kirchberg", am Friedhof entlang.

Wer hier in einer Nacht im Februar auf Geister stößt, braucht weiter nicht besorgt zu sein, denn hier ist regelmäßig Halloween. Glücklich muss sich allerdings der nächtliche Besucher preisen, wenn der Geist auf seinen Schultern seinen Kopf noch trägt. Denn wer in Dürscheid auf kopflose Gespenster trifft, der kann schon alles für sein eigenes Begräbnis richten. Soviel weiß die Sage sicher.

Im letzten Linksschwenk, vor Haus 36, folgen wir dem Sträßchen „Zur Kapelle" geradeaus („A 4"), nach einem Viertelkilometer links, bis wir auf der Höhe, die aus guten Gründen „Spitze" heißt, die alte **Jakobuskapelle** erreichen. Sie steht, von Kreuzwegstationen umgeben, in einem Kranz von hohen Linden, von einer Buche überwölbt. Das „kleine Heiligtum", als das es hier gewürdigt wird, ist – wie meist – wohl älter als das Dokument seiner ersten schriftlichen Erwähnung von 1663. Neben der Kapelle steht ein Kreuz von 1842 mit der Bitte an Jakobus d. Ä.: „ora pronobis sancte iacobe", vor der Umfriedung auch seit jüngstem eine Stele der „Deutschen Jakobusgesellschaft". Sie klärt darüber auf, dass hier der „kleine" Heerweg verlief, auch „Kurfürstenweg" genannt, eine Variante auf dem Weg nach Bensberg.

Jakobuskapelle

Durhaus

Rechts geht es an die Kreuzung mit dem Gasthof „Zur Linde“ und dem „Ristorante Al numero uno“. Hier halten wir uns rechts und folgen der „Bechener Straße“, an der Shell-Tankstelle vorüber, gut 300 Meter bis weit in die Kurve hinein. Dort verlassen wir sie auf dem „N“ („A 4“, auch Raute) in Richtung Bölinghoven. Wir kommen durch den Flecken hindurch und steigen vor der Weide zwischen Wald und Weidezaun bergab nach links, wo wir im Fichtenwald dann weiter den Weg „N“ verfolgen. Unten auf dem asphaltierten Weg halten wir uns rechts („N“ und „A 6“) und kommen an die **Hofstatt Oberthal**. Zwischen Fichten steht ein Kreuz, von Efeu überwuchert; dahinter, noch vor der großen Linde, nehmen wir den Weg nach rechts, und wo er sich nach etwa 50 Metern gabelt, halten wir uns links, zwischen Brombeerranken und Haselnussgebüsch hinauf in den weiten Buchenwald. Oben geht es durch ein Fichtenstück, dann hinauf bis auf die Höhe mit dem Weiler Nussbaum und den hellen Ponys des „Fjordhofs Giesen“. Hier sind wir wieder auf der Bundesstraße vom Beginn, dem alten „Heerweg“, an den das Flurstück linkerhand mit seinem Namen heute noch erinnert: „Durchmarsch“.

Hofstatt Oberthal

Keine 100 Meter folgen wir der „Alten Wipperfürther Straße“ links, schon mit dem Fahrweg „Kramerhof“, wo man vor lauter Doppelhäusern an der Höhenstraße keinen Hof mehr ahnt, halten wir uns rechts („N“, „K“ und „A 6“) und kommen bald ins Freie. Ehe der Weg nach etwas mehr als 500 Metern ein Buchenwaldstück mit einzelnen Häusern erreicht, weist das Zeichen „K“ nach rechts. Ein wenig kommen wir bergab auf eine Weide, folgen weiter den Zeichen „K“ und „N“ und „A 4“, bis wir wieder den Wald erreicht haben. Hinter einem Durchlass im Weidezaun erreichen wir das geschützte Quellgebiet des Scherfbachs. Rechts unter uns begleitet uns ein Siefen, die Landschaft wird, was man so gerne „wildromantisch" nennt. Links auf dem Bergsporn, sagt die Karte, lag einmal die „Kramerburg", und vorstellen, immerhin, lässt sich das leicht. Wo am Fuß des Bergs ein zweiter Siefenlauf hinzukommt, schwenkt unser Weg hinab und bringt uns auf einem Brückchen hinüber. Jenseits dieses Siefens erreichen wir am felsigen Sockel der Böschung einen breiteren Weg und folgen ihm nach rechts und lange geradeaus, das Bächlein neben uns zur Rechten. So erreichen wir die Straße.

Liesenberger Mühle

Ihr folgen wir für 200 Meter nach links und gehen talwärts bis zur **„Liesenberger Mühle"**, alte Fachwerkfronten mit einem grauen Wohnhaus davor, wo uns Weg „N" verlässt. Wir wandern rechts mit „K" zum Haus hinüber und überqueren auf der Brücke mit dem Holzgeländer das Gewässer, das sich ein wenig unterhalb mit anderen zum Scherfbach vereinigt. Hier erreichen wir erneut das Naturschutzgebiet und wandern nun mit „K" und einigen anderen halblinks hinauf.

Der Aufstieg kostet Kraft, dafür bietet dann der Weg, als er noch in der Steigung scharf nach rechts schwenkt, schöne Blicke auf das Scherfbachtal. Der Weg bleibt auf dem Höhenrücken, wir folgen weiter den vertrauten Zeichen und kommen schließlich übers Feld nach Keffermich. Hier folgen wir dem Fahrweg „Kochsfeld" und darauf der „Altenberger Straße" zurück zum Esel und zum Ausgangspunkt. Das alte Höhendorf war immer schon, was man im Dartmoor „mother of the rivers" nennt. Und von den vielen Bächen, die in seinen Mulden unterhalb entspringen, hat es auch den Namen: „Bechen".

Sagenhafte Kramerburg

St. Jakobus-
kapelle

Keine Angst vor fliegenden Bällen

Von Kürten an die Dhünntalsperre

Mit der Hülse, Ilex aquifolium, verhält es sich wie folgt: Als Pontius Pilatus den Herrn nach Folter und Verhör den Seinen noch einmal vor Augen führte mit den Worten „Ecce Homo" – er hatte nämlich vor, ihn freizulassen –, da schrien sie: „Ans Kreuz mit ihm!" Viermal steht es so im Evangelium, da ist ein Zweifel ausgeschlossen – „vnd jr vnd der Hohepriester geschrey nam vberhand", so heißt es nach Luther bei Lukas. Und alle Palmen, die da waren, rollten ihre Blätter ein und ließen spitze Stacheln wachsen und waren Stechpalmen fortan, Ilex aquifolium.

Kurzbeschreibung

Anfahrt	Kürten liegt abseits der B 506 Bergisch Gladbach – Wipperfürth, Wanderparkplatz gegenüber der Kirche. Oder aus Köln mit S 11 nach Bergisch Gladbach Busbahnhof, weiter mit Buslinien 426, 427.
Wegverlauf	„A 3" über Oberduhr, Bech nach Hutsherweg (B 506), dort 100 m rechts und „A 2", „K" zur Dhünntalsperre, mit „K" nach Dörnchen (B 506), links Schmitte, Enkeln, Johannesberg (Golfplatz). Dort rechts auf unmarkiertem Weg über Meiersberg, Ahlenbacher Mühle ins Tal und rechts („Am Hang") zurück.
Dauer	3,5 Stunden
Länge	Ca. 13 km
Wanderkarte	Landesvermessungsamt Nordrhein-Westfalen: Kürten. Wanderkarte 1: 25.000 (=Grüne Reihe) Landesvermessungsamt Nordrhein-Westfalen: Wermelskirchen mit bergischen Talsperren. Wanderkarte NRW Nr. 2, 1: 25.000 Landesvermessungsamt Nordrhein-Westfalen: Naturpark Bergisches Land (Nord). Freizeitkarte NRW Nr. 19, 1:50.000
Gasthäuser	In Kürten zahlreiche, unterwegs nur am Golfplatz „Altbergisches Haus", Kirchplatz 3, 51515 Kürten, Tel. 02268/7050 www.altbergischeshaus.de „Golf-Restaurant Bergerhöhe", Johannesberg 13, Tel. 02268/3295
Hinweise	Golf-Club Kürten e. V., Johannesberg 13, 51515 Kürten, Tel. 02268/8989 www.golf.de/kuerten/frameload.cfm
Auskunft	Gemeinde Kürten, Tel. 02268/939 129, www.kuerten.de Infozentrum Große Dhünn-Talsperre, Tel. 02193/511 80 www.wupperverband.de
www.	siehe Hinweise und Auskunft

Pfarrhaus Kürten

Kein Wort von wahr: Der Ilex steht in keinem Evangelium, und dennoch galt er immer schon als wundertätig: Er half bei Seitenstechen, und mit geweihtem Wasser schützte er das Haus vor Blitzen. Er war auch sehr beliebt als Heckenpflanze, der Stacheln wegen, und hieß, weil er das Haus umhüllte, Hülse. Es half ihm nichts, man kennt ihn heute nur noch mit dem frommen Namen, im „kreutterbuch“ von 1539 wird „Stechpalme“ schon nachgewiesen, und nicht einmal das Duden-Wörterbuch will ihn im dritten von sechs Bänden kennen.

Hofstatt Dörnchen

Nur wo der Ilex wächst, da ist sein alter Name noch geläufig, zum Beispiel in bergischen Namen wie Hülse, Hülsenbusch und Hülsensteeg. Noch die **Hofstatt Dörnchen** an der alten Landstraße nach Wipperfürth erinnert uns an seine Blätter. Hier, oberhalb von Kürten, war die Hülse einmal sehr verbreitet. „Vor Jahrhunderten“, so schreibt der Dorfchronist und Heimatforscher Franz Toenniges aus Kürten, „war der Höhenzug zwischen der Kürtener Sülze und der alten Kölner Straße, dem alten Heerweg, ein großes Waldgebiet, das sich bis an die Sülz erstreckte. Durch die Mitte des Waldes, von der Sülz aufwärts zur Höhe, zog sich ein großer Hülsenwald hin. Am Rande dieses Holzes lag das kleine Kirchdorf Kürten. Kein Weg führte durch den Hülsenbusch.“ Das war einmal. Heute ist der Wald gerodet, der „Küeter Buur“, der Kürtener Bauer, ist eine Karnevalsgestalt, und seine Mitbewohner und Kollegen sind mit dem Siebener Eisen vermutlich mehr vertraut als mit dem Dreschflegel. Denn dort, wo einst der alte Hülsenbusch am dichtesten war, liegt heute der Kürtener Golfplatz mit Fairways, Greens und Bunkern. So ändern sich die Zeiten.

Längst führen Wege durch das Waldgebiet von einst. Und so finden wir zu Fuß der Reihe nach die Punkte, wie sie Toenniges erwähnt: das Kirchdorf Kürten oberhalb der Sülz, den Heerweg und den Höhenzug mit „Dörnchen". Und von den Hülsen überall noch Überbleibsel, Büsche und Geschichten.

Pfarrhaus

Am schönen **Pfarrhaus**, einem Fachwerkbau von 1771, machen wir uns auf den Weg. Hier steht die Kirche St. Johann Baptist auf halber Höhe über dem Fluss, von jeher mit trockenen Füßen und noch immer mit dem Turm aus dem 12. Jahrhundert. Wir gehen mit der Straße aufwärts, über das Sträßchen „Im Winkel" hinweg und noch vorüber an dem weißen Eckhaus 36. Das ist der alte Molitorhof, zur Straße hin ein Wohnhaus, doch zum Hang hin, wie wir gleich erkennen, früher ein bedeutender Bauernhof. Wir nehmen hier den unbenannten Weg an seiner fensterlosen Fachwerkfront entlang, zur Linken vorbei an Haus 17 und geradewegs bis an Haus 5 heran. Hier folgen wir dem neuen Sträßchen „Erlenweg" nach links und aufwärts mit dem Weg „A 3". Nach etwa 100 Metern erreichen wir die Wohnstraße „Am Lindchen" (gegenüber „Eschenweg") und gehen rechts, vorbei an manchen neuen Häusern und unterhalb des Waldfriedhofs zur Linken auf den Wald zu, wo uns immergrünes Unterholz begrüßt.

St. Johann Baptist

Hier finden wir zur Linken die letzte Station eines modernen Kreuzwegs, zu dem der Ilex – rein legendenmäßig – passen will. Rund einen halben Kilometer folgen wir dem breiten, schön gestreuten Weg und lesen die Passionsgeschichte rückwärts. Bei der Station zu „Raub, Erniedrigung, Scham" verlassen wir den Leidensweg, der weiter geradeaus und auf die Höhe führt und dann zurück zum Friedhof, und folgen rechts dem Weg in einer Siefenkerbe abwärts (weiterhin „A 3", da wir dem Weg entgegengehen, sind seine Zeichen nur beim Blick zurück zu lesen).

So kommen wir durch Oberduhr und wandern vor dem breiten Bachtal auf dem gesperrten Fahrweg links. Wo wir den Waldrand berühren, haben wir die grüne Aue mit den Mäandern des Duhrbachs zu unseren Füßen. Nach 150 Metern verlassen wir den Wald und

Hülsen in Enkeln

wandern weiter geradeaus und durch das schöne Tal des Durbachs, der hier rechts und links aus Quellbächen zusammenfließt. Dahinter geht es wieder in den Wald, hinauf und sacht nach links durch Fichten, bis wir vor dem jenseitigen Waldrand einen Querweg erreichen. Dort bringt uns der „A 3“ nach links auf den gesperrten Fahrweg und wieder abwärts an den Bach heran, bei einer Bank hinüber und dem Lauf des Wassers weiterhin entgegen.

Die nächste Hofstatt, einen Viertelkilometer weiter, liegt am Bach und heißt auch so, schlicht „Bech“. Hier, wo der Wasserlauf zu einem hübschen Ententeich gestaut ist, folgen wir dem asphaltierten Fahrweg rechts hinauf, vorüber an dem schönen Wohnhaus und durch die freie Flur im Wind hinauf bis an die Wipperfürther Höhenstraße, die B 506, den alten Heerweg, der sich in dem Namen dieses Weilers eingenistet hat: Hutsherweg. Dort wenden wir uns rechts, passieren eine blechverkleidete Scheune und nehmen etwa 100 Meter weiter bei einer Eisenschranke gleich den ersten Weg nach links.

Bis jetzt hat uns der Weg „A 3“ begleitet, nun folgen wir, und abermals für lange Zeit, dem Rundweg um Kürten („K“ im Kreis) und dem Weg „A 2“, die beide mit dem breiten Weg rechts neben einer Kerbe im Buchenwald gemächlich abwärts führen. Nach einem halben Kilometer verlässt uns der Rundweg „A 1“, um den Vorsperrdamm der Dhünntalsperre zu erreichen. Wir gehen rechts, alles in allem 3 Kilometer weit auf einem breiten Weg hoch über einem letzten Ausläufer der großen Talsperre. Wo kleine Wasserträger ihr entgegenfließen, heißt es weite Kehren machen, immer auf dem Weg „A 2“ und „K“, bisweilen über Querwege hinweg und ohne nennenswerte Höhenunterschiede durch den Wald und vereinzelte Wiesen.

Dhünnberg Bald ragen über uns die Giebel des Dörfchens **Dhünnberg** in den Himmel, im weiten Bogen umwandern wir seine gerodete Kuppe und kommen weiter durch den Wald, nach wie vor das Wasser grau wie Blei zur Linken. Ein letztes Mal noch geht es, mehr als einen Kilometer später, über einen unmarkierten Weg hinweg, der im Wald steil abwärts führt, dann schwenkt unser Weg herum, steigt an und bringt uns an ein Wegkreuz im Wald, wo uns der „A 2" nach rechts verlässt. Nach links führt nach wie vor der Weg zum Parkplatz „Neumühle"; wir folgen nun allein dem „K" hinauf und kommen vor einem verschieferten Fachwerkbau aufs Neue an die Höhenstraße heran. Hier ist Dörnchen, kaum mehr als dieses Haus, das mit seinem niedlichen Namen der bergischen Hülse und ihrem dornigen Laub die Treue hält.

Wir folgen nun der B 506 nach links, 300 Meter weit, am Ortseingang von Laudenberg nehmen wir den Fahrweg rechts hinab nach Enkeln, das wir hinter einem Fichtenwald erreichen. So übersichtlich auch das Dörfchen vor uns liegt, so ist es doch wie Cäsars Gallien noch dreifach unterteilt, und so wandern wir zunächst durch Oberenkeln. Wo das Sträßchen dann nach rechts schwenkt und nach Unterenkeln führt, halten wir uns geradeaus und lesen an dem schmiedeeisern eingehegten Kruzifix zur Linken, dass wir hier in Mittelenkeln sind, 1898 als „Mittelenkeln" in Stein gehauen.

Gleich hinter den wenigen Häusern finden wir rechts die **jahrhundertealte Stechpalme von Enkeln**, die ihre beste Zeit, wie man betrübt erkennt, wohl hinter sich gelassen hat. Ausgehöhlt und morsch bis in die Äste steht sie da, die letzte Zeugin jenes Hülsenwaldes, der auf allen Höhen der Umgebung wuchs. Wir steigen nur noch ein paar Schritte, dann reicht der Blick nach allen Seiten weit ins Land und über jenen Höhenzug, auf dem einmal das Hülsendickicht undurchdringlich stand.

alte Stechpalme von Enkeln

Beim Wegdreieck folgen wir links dem Asphalt und dem „K" und erreichen eine wehrhafte Hofstatt, fest aus Stein gefügt, mit einem großen Misthaufen zur Abschreckung im Vorfeld. Zwischen diesem und dem

Enkeln

Johannesberg im Sommer ...

nächsten weißen Haus, führt unser Wanderweg nach links, entlang der Birnbaumweide, vorbei an einer Eisenschranke und dann rechts im Schwenk über einen Wasserlauf hinweg und neben Teichen abwärts mit dem Bach. Vorbei an einer wohnlichen Fachwerkscheune mit Glas in den Gefachen, geht es nah am Wasser weiter und hinab bis in das geschützte **Altenbachtal**. Am Wegdreieck halten wir uns rechts, dann bald darauf bei einem kleinen Hochsitz links und wandern durch das Naturschutzgebiet, hinweg über den Bach, der zwischen Erlen mächtig sprudelt, und schließlich im Schwenk, doch immer noch recht steil, den Höhenzug hinauf, den wir aus Toenniges' Erzählung kennen. Hier liegt der Golfplatz „Bergerhöhe" rechts und links der Kreuzung auf dem langen Rücken. Unser alter Rundweg „K" verabschiedet sich nun von uns und schwenkt nach links. Wir gehen vor der alten Linde mit dem grün bemoosten Kruzifix auf der Höhe vor dem Hof Johannesberg nach rechts, ganz im Vertrauen auf das Warnschild zu Beginn, das nur „außerhalb der Wege Verletzungsgefahr durch fliegende Bälle" für möglich halten mag. Von allen Tees genießt man hier die Fernsicht, und wir genießen obendrein die Aussicht auf die Tees: Neben uns drischt einer seinen Schläger in den Grund, dass die Fetzen fliegen, aber immerhin kein Ball, erst recht kein Querschläger. 450 Meter nach dem Kreuz unter der Linde passieren wir auf der windigen Höhe das Wegkreuz zweier Brüder aus dem nahen Meiersberg von 1812. Hier ruhen sie „in Frieden" wie es heißt, denn hier beginnt das Ackerland. Der Golfplatz ist zu Ende. Wir wandern weiter auf dem Rücken, nun schon auf die Kirche zu, die gegenüber auf halber Höhe liegt. Doch vorher müssen wir ins Tal. Der Weg schwenkt sacht nach links, stößt an

Altenbachtal

... und Winter

der Hofstatt Meiersberg auf einen Fahrweg und folgt ihm geradewegs mit der Falllinie den Rücken hinab. Vor dem tief gekerbten Quertal dreht sich der Weg nach links und führt uns an einzelnen Häusern vorüber. Hinter Haus 15 nehmen wir den praktischen Privatweg rechts hinab und gehen unten bis zur Sülztalstraße mit der alten „Ahlenbacher Mühle“. Mit der „Wipperfürther Straße“ gehen wir nach rechts, gut 100 Meter weit bis an die Abzweigung der „Wermelskirchener Straße“ und steigen gegenüber mit dem schönen Kirchweg auf. Der heißt „Am Hang“ und meint das auch, doch dafür bringt er uns geradewegs zur Kirche. In ihrer Nachbarschaft lag jener Herrenhof, lateinisch „curtis“, von dem das Dorf den Namen hat. Es hieß noch „Cürten“ als das Langhaus 1844 neu errichtet wurde. Erst 1930 kam es zur Kürtener Rechtschreibreform und zum „K“. Schließlich hatte Cöln sich 20 Jahre vorher schon, und ein für allemal, von seinem „C" getrennt.

Tour 28

Das Dorf des frommen Ritters

Rund um Kürten-Olpe

Es war im Jahr des Heils 1228, als ein Ritter auf dem Kreuzzug seinen Feinden in die Hände fiel. Da er kaum mehr noch als sein Leben zu verlieren hatte, bot er den Sarazenen Geld und seinem Herrgott jenen Handel an, den man auch heute noch Gelübde nennt: Wenn er jemals wieder heil nach Hause komme, werde er es ihm mit einer eigenen Kapelle danken. Der Herr schlug ein, zumindest kam der Ritter frei und sein Heimatdorf an die Kapelle, deren größter Schatz ein Splitter aus dem

Kurzbeschreibung

Anfahrt	Kürten-Olpe liegt ostsüdöstlich auf der Höhe über Kürten. Aus Köln mit S 11 nach Bergisch Gladbach Busbahnhof, weiter mit Buslinie 427 (nur werktags).
Wegverlauf	„A 1" über Löhfeld, hinter Biegung mit Fahrweg rechts hinab nach Olpermühle, mit „A 3" und „K" Olper Bach entlang bis an die L 304 vor „Grunder Mühle", mit „A 2" rechts hinauf und links nach Sülze, mit „A 3" rechts ab und über Oberselbach bis Petersberg, Weg 9 (Raute) rechts bis Bornen und mit „A 2", „A 3" rechts zurück.
Dauer	3 Stunden
Länge	10 km
Wanderkarte	Landesvermessungsamt Nordrhein-Westfalen: Kürten. Wanderkarte 1: 25.000 (=Grüne Reihe) Landesvermessungsamt Nordrhein-Westfalen: Naturpark Bergisches Land (Nord). Freizeitkarte NRW Nr. 19, 1:50.000
Gasthäuser	„Landhotel Olper Hof", Hauptstr. 21, 51515 Kürten-Olpe, Tel. 02268/2645 www.landhotel-olperhof.de Bergisches Gasthaus „Haus Olpe", Hauptstr. 26, 51515 Kürten-Olpe, Tel. 02268/6142, www.kuerten.de/freizeit/haus-olpe.htm Hähnchen-Restaurant „Hähnchen-Ewald", Selbach 4, 51515 Kürten-Selbach Tel. 02268/6226, www.haehnchen-ewald.de Am Weg: „Gut Hungenbach", 51515 Kürten-Hungenbach, Tel. 02268/6071 & 72 www.guthungenbach.de
Hinweise	AngelparkGrundermühle / Forellen Bosbach, Räucherei, Inh. A. Böggemann Tel. 02268/1407
Auskunft	Gemeinde Kürten, Tel. 02268/939 129, www.kuerten.de
www.	siehe Auskunft

Hungenbach

Kreuze Christi wurde. Noch heute feiert die Gemeinde zum Fest der Kreuzerhöhung im September ihre Kirmes.
Das Dorf des frommen Ritters war vor ihm schon durch einen „Reinaldus de Olpe“ urkundlich als Adelssitz belegt, so mag denn auch ein anderer auf Palästinafahrt gewesen sein. Vor allem aber finden wir hier auf der Höhe die **Kapelle**, im Volksmund „Kreuzhüschen“ genannt und schon im Mittelalter Ziel von frommen Pilgern. Bis 1899 war sie Teil der Kirche aus dem frühen 16. Jahrhundert und blieb hier stehen, als die Kirche abgerissen wurde, weil nebenan seit 1896/97 der stolze Neubau von Sankt Margareta stand. Die Kreuzkapelle wurde 1901 um einen Chor erweitert und erhielt zuletzt den romanischen Bogen, das ehemalige Portal der ältesten Vorgängerkirche, das wieder an die 100 Jahre älter ist als die Legende selbst. Ringsum von bergischen Linden und gastlichem Fachwerk umstellt, sind beide Mittelpunkt des schmucken Dorfes, zu dem sein Name bei den Nachbarn, „Hexen-Olpe“, auf den ersten Blick nicht passen will. Es gibt tatsächlich keinen Fall von Hexerei, für den es Zeugen gäbe, doch im Volksmund wimmelt es nur so von Hexensagen.

Kapelle

In Olpe brechen wir an diesem Morgen auf zu einem Kreuzzug der friedlichen Art, wenn man so will: vorüber an etlichen Grauwacke-Kreuzen, die von der Gottesfurcht der späteren Bewohner wie von der nahen Bruchsteinindustrie beredtes Zeugnis geben. Wir schauen uns die makellose neugotische Kirche an, in deren Tabernakel, in einem kleinen Kreuz aus Bergkristall, die Kreuzreliquie verwahrt wird, und werfen einen Blick in die Kapelle gegenüber. Dann machen wir uns auf den Weg.
Gleich neben „Haus Olpe“ folgen wir der „Olpetalstraße“ nach Süden. Es geht vorüber „An der Pasche“, dann biegen wir hinter Haus Nr. 7 nach

links in den Fahrweg „Löhfeld“ ein („Olpermühle 900 m“). Es geht vorbei am Kreuz der Eheleute Höller von 1932, vorüber an der wohnlich umgebauten Hofstatt Löhfeld. Dahinter steigt der Fahrweg wieder an, beim Blick zurück grüßt Olpe mit der hohen Kirche. Dann dreht der Weg sich links und führt bergab, wir haben Olpe hinter uns gelassen.

In der bewaldeten Böschung führen zwei markierte Wanderwege weiter geradeaus, wir bleiben auf dem Fahrweg und kommen rechts im scharfen Knick hinunter an den Olper Bach. Ihn überqueren wir und erreichen gleich die „Olper Mühle“ mit dem Kreuz der Eheleute Haasbach von 1886 zwischen Rhododendronbüschen. Dann wandern wir bachabwärts mit dem Fahrweg „Büchel“, kommen auf den Buckel im Gelände und entdecken in der Kehre vor dem **Fachwerkkotten** und den Häusern 9 und 11 am Strommast gegenüber den Hinweis auf den Weg „A 3“, der hier als Pfad am Zaun entlang zum Bach führt. Haus 11 gilt als das schönste Fachwerkhaus in der Gemeinde, besonders seine Sonnenseite verrät die Kunst des Zimmermanns im 17. Jahrhundert.

Fachwerkkotten

Nun folgen wir dem Pfad „A 3“ hinab, kommen vor dem Wiesental auf einen Querweg, gehen wenig links und folgen dann dem Pfad am Koppelzaun entlang auf den Weiler Kohlgrube zu (Rundweg um Kürten„„K“). So geht es wieder über den Olper Bach hinweg und neben einem Zulauf weiter bis an die eingefasste „Hermannsquelle“ von 1973, die einst der Nachbar mit der Wünschelrute aufgefunden hatte. Hier folgen wir dem Weg nach links und gehen mit dem Wanderweg „A 3“ gleich an der Buchenhecke rechts bis in den alten Kern des Dorfs, wo wir zwischen zwei gestutzten Linden ein altes Kreuz von 1788 finden. Hier gehen wir nach links und durch den Ort, vorbei an einem Kruzifix von 1835 und zum Ort hinaus. Am Ortsschild nehmen wir den schmalen Pfad nach links, hinunter in der Böschung. Unten geht es über einen Zufahrtsweg hinweg und auf einem schmalen Pfad schräg durch das breite Wiesental des Olper Bachs, den wir auf einem Steg zum dritten Mal nun überqueren. Am Rand des Bachtals geht es auf dem breiten Querweg rechts und weiter geradeaus („K“).

Olpe

Bald bringt der Weg uns an die Straße. Wir kreuzen sie, nur wenig rechtsversetzt, und folgen

In Kohlgrube

dann den Zeichen „K" und auch „A 2" dem schmalen Pfad, der auf dem Grat des Buckels über Wurzeln aufwärts führt, hinweg vom Bach. Nach 50 oder 100 Metern schwenkt der gut markierte Pfad nach rechts und führt uns in der Böschung weiter. Wir folgen jetzt dem Bach auf seinem letzten Kilometer, bis er die Sülz erreicht, kreuzen eine Kerbe in der Böschung und wandern nun auf einem breiteren Weg, noch immer mit denselben Zeichen. Auf den Hochwald folgt ein Intermezzo aus Birken und kleineren Fichten, dann geht es noch einmal durch eine Holzfabrik von braunen Fichten steil über dem Bach. Zuletzt erreichen wir das Naturschutzgebiet nah am Wasser und folgen ihm, bis wir an einer grünen Absperrung die Kreisstraße erreichen („Kaltenborn").

Hier halten wir uns rechts bis an die nahe Kreuzung, wo gegenüber Angler mit Geduld am Jagdrevier der „Grundermühle" stehen, und wandern mit der Landstraße in Richtung Olpe. Nach etwa 100 Metern verlässt der Weg „A 2" die Straße und nähert sich erneut dem Bach. Wir wandern nun rund einen halben Kilometer zwischen Tal und Straße halbhoch durch die Böschung. Dann stehen wir erneut vor einem Sträßchen, gehen links bis an die Einmündung und rechts ein Stück in Richtung Olpe, um gegenüber gleich darauf dann in den kleinen Fahrweg „Lange Gasse" einzubiegen („A 2").

Der Weg steigt über eine flache Höhe und nach Sülze, das längst dem Tal entwachsen ist. An Wohnhäusern vorüber geht es abwärts bis an einen **Bauernhof** zur Linken, vor dem das Vieh im Garten weidet. Dahinter folgen wir der Straße „Zu den Birken" rechts, nun wieder mit „A 1" und „A 3", vorbei an Nebenstraßen, die nach Buchen, Eichen und nach Fichten heißen. Auch die letzte Stichstraße nach links, „Zur Kiefer", lassen wir dort liegen und wandern geradeaus, auf schmalem Pfad vorbei am letzten Grundstück und bergauf, den Wald zur Linken und zur Rechten weite Weideflächen.

Bauernhof

Es geht vorbei an einem Kruzifix von 1985, dessen Inschrift uns zur Rast lädt, doch wir wandern weiter, aufwärts mit dem kiesigen Pfad, gleich über einen Querweg geradewegs hinweg, durch einen Streifen Wald und oben schließlich weiter auf Asphalt („A 1" und „A 3"). Links unten sehen wir im Tal die Dächer von „Gut Hungenbach", einem bergischen Freilicht-

Gezimmerte Kunst

museum mit Gastronomie, rechts fern den spitzen hohen Turm von Olpe.

Wo wir auf die kleine Straße stoßen, haben wir den halben Aufstieg seit dem Bachtal hinter uns. Dieselben 60 Höhenmeter liegen auch noch vor uns. Wir gehen rechts vorbei an einem hohen Holzkreuz hinter Bänken, das an die Laudenbergs erinnert („A 3"), nach Weier und nehmen etwa 100 Meter weiter den nächsten Fahrweg links, hinauf. Nach etwa einem halben Kilometer knickt der Fahrweg rechts, wir wandern geradeaus, vorbei am Sockel eines Bildstocks von 1860 inmitten einer Lindengruppe. Von links, von Hungenbach, kommt aus dem Tal ein Wanderweg mit Winkel. Wer hier hinuntersteigt, der findet unten das **„Kulturgut" Hungenbach**, ein altes Gut im schönen Fachwerkstil, jetzt ein Hotel mit Restaurant. Hinter dem Gutshaus mit dem Wehrturm sind alte Fachwerkhäuser aus der bergischen Umgebung wiederaufgebaut, die an ihrem früheren Platz im Weg gestanden haben, darunter auch das Haus von Johann Heinrich Jung, genannt Jung-Stilling, Augenarzt aus Elberfeld, berühmt als Schriftsteller und Freund aus Goethes Straßburger Studentenzeit. Deshalb nennt sich Hungenbach „Kulturgut" – ein Wortspiel, fast ein Kalauer: So könnte sich ein Gut am Meer auch Strandgut nennen.

Kulturgut Hungenbach

Wir halten uns hier oben weiter geradeaus. Wo der Weg sich etwa 80 Meter später gabelt, gehen wir nach rechts und folgen nun dem Feldweg an einer einzelnen Eiche vorüber und weiter auf die Höhe (Weg 9, Raute). Als wir den Umsetzer erreichen, haben wir den höchsten Punkt der Tour erklommen: 266,70 Meter. Entsprechend ist der Blick: Links zieht sich Kürten aus dem Talgrund hügelan, fern am Horizont entdecken wir die Türme Remscheids.

Wo wir dann bei Offermannsberg die „Kürtener Straße" überqueren, passieren wir das Kreuz der Eheleute Kalenbach von 1862. Nun folgen wir der kleinen Höhenstraße, die auch „Höhenstraße" heißt (Raute), und sehen Olpe bald zur Rechten unter uns. Auch Bornen hat ein Kreuz zu bieten, diesmal eins von 1851 unter einer Buche. Hier passieren wir das Sträßchen „Schlünke", gehen weiter mit der „Höhenstraße" und der Raute, am Einzelhaus vorbei, und nehmen dann bei einer Holzbank unter einer Eiche den „Alten Schulweg" rechts hinab („A 2", „A 3"), vorüber an den Häusern und auf einem Wiesenweg hinab, am Ende durch den Wald.

Rund 20 Meter vor dem jenseitigen Waldrand mit den ersten Grundstücken von Olpe folgen wir den Zeichen rechts und kommen auf dem schmalen Pfad entlang an einer Weide, bis uns der Pfad nach kurzem Stück halblinks und gleich in Kehren durch den lichten Laubwald abwärts führt („A 2", „A 3"). Bei einer großen Eiche überqueren wir den Bachlauf, von dem das Dörfchen Bornen mit der Quelle, Born, den Namen hat. Ihm folgen wir nun auf dem schönen neuen Wiesenpfad, bis wir zurück in Olpe und am Dorfteich sind, am Namen von Olpe, wenn man so will. Denn „ol" bezeichnete den Sumpf, und „pe" war nur der Rest von „apa": Wasser: Das Örtchen wie der Bachlauf unten heißen also beide nach dem Wasser.

Kein Schuss von der Kanzel

Auf alten Wegen bei Offermannsheide

Das kleine Offermannsheide, ein Örtchen am Rande von Kürten hoch über der Sülz, trägt seinen Namen nach dem Kirchendiener, dem „Opper-“ oder „Offermann“, weil der beim Gottesdienst die Opfer eintreibt mit dem Klingelbeutel. Doch kein Küster wurde hier je so berühmt wie der Vikar des Jahres 1795, Johann Peter Ommerborn, der „Heldenpastor“, wie man ihn im Bergischen noch immer gerne nennt. Er war dabei kein Pastor für die Helden, wie man denken könnte, sondern selber einer. Die Wipperfürther Franziskaner mochten ihm auch das Mathäusevangelium gepredigt haben, Kapitel 5, Vers 44: „Liebet Eure Feinde!“ Doch als im Herbst die Truppen der Franzosen den Rhein nach Osten über-

Kurzbeschreibung

Anfahrt	Offermannsheide liegt oberhalb der Sülztalstraße L 284 Untereschbach-Lindlar in Höhe von Schloss Georghausen. Oder von Köln mit RVK-Linie SB 42 im Stundentakt bis Lindlar-Schmitzhöhe.
Wegverlauf	Der Weg folgt bis auf das Teilstück zwischen Oberbörsch und Hähn dem Rundweg „A 2“.
Dauer	3 Stunden
Länge	9 km Varianten: Über „X“ 29 bis Biesfeld und Duhrhaus und über „A 5“ und „A 1“ Biesfeld-Oberbörsch ist der Weg mit Tour 26 zu einer großen Runde zu verbinden.
Wanderkarte	Landesvermessungsamt Nordrhein-Westfalen: Kürten. Wanderkarte 1: 25.000 (=Grüne Reihe) Landesvermessungsamt Nordrhein-Westfalen: Naturpark Bergisches Land (Nord). Freizeitkarte NRW Nr. 19, 1:50.000
Gasthäuser	Gaststätte „Auf der Heide“, Offermannsheider Str. 181, 51515 Kürten-Offermannsheide, Tel. 02207/6804, www.gaststaette-renz.de
Hinweise	Engel-Museum, Im Heider Feld 1, 51515 Kürten-Engeldorf, Tel. 02207/2727 www.engeldorf.de Der Hof Linde (am Weg) richtet Kindergeburtstage aus: Margot Döpper, Zur Linde 38, 51515 Kürten-Engeldorf, Tel. 02207/4146 www.mdbauernhof.de
Auskunft	Gemeinde Kürten, Tel. 02268/939 129, www.kuerten.de
www.	siehe Hinweise und Auskunft

Helmut von hinten

schritten und das Bergische verheerten, trafen sie auf einen Gegner, der gemeinsam mit dem jungen Rechtsanwalt Ferdinand Stucker das schlecht organisierte Bauernvolk zum gemeinsamen Landsturm formierte: Ommerborn. War er gegen die unheilige Dreifaltigkeit aus Liberté, Egalité und Fraternité nicht geradezu von Amts wegen gefordert? Und da kam von Frankreich her nicht nur ein Motto, sondern Menschen, Mannsleute und Marodeure: Hungerleider aus der Picardie, Bauernlümmel aus der Touraine und Schürzenjäger aus der Ile-de-France, mit politischen Parolen besser versorgt als mit Essen und Trinken, die mit Sengen und mit Morden durch die Dörfer zogen und holten, was es da nur zu holen gab.

Der junge Vikar war ein Streiter und ein Hitzkopf, der noch als Pfarrer von der Kanzel seine Leute als „des Teufels Haudegen" bezeichnen konnte und in der Sage seinen „Fuss", sein Pferd, zum „Deuvel" wünschte – nach frommerem Erzählen freilich auch zum „Kuckuck". In dieser **Kirche, Peter und Paul**, an der unser Rundweg für heute beginnt, hat Ommerborn einst angefangen als Kaplan, wenn auch nicht in diesem Bau von 1882, neben dem sein Denkmal steht: „Dem tapferen Beschützer der Heimat in schwerer Zeit. 1794-1796". Und sogar sein Haus von 1794 ist noch da, in dem er sich am 14. November 1795 mit anderen Verschwörern traf: Es ist das Walmdachhaus, dem Gasthaus „Auf der Heide" schräg gegenüber, unten mit verputztem Bruchstein, im ersten Stockwerk mit Schiefer bewehrt, ein unscheinbarer Zeuge einer wild bewegten Zeit.

Kirche Peter und Paul

Von der alten Vikarie sind es nur ein paar Schritte zur Kirche zurück. Hier machen wir uns auf den Weg und folgen, dem Turm gegenüber, der „Om-

Start und Ziel

merbornstraße". Gäbe es auch einen besseren Beginn? So bleibt die Zeit, beim Gang zum Ort hinaus, den Ausgang der Erhebung nachzutragen: Am 18. November traf sich das Bauernheer grimmig entschlossen bei Much – und wurde gleich von den Franzosen überrumpelt. Ihr Kampfplan war verraten worden. Stucker wurde gefangengenommen, Ommerborn entkam, und diesmal fand sich nirgendwo ein Judas für die 100 Louisd'or, die man auf seinen Kopf geboten hatte!

Naturschutzgebiet des Ölsiefens

Wir folgen größtenteils dem Wanderweg „A 2". Neben einer Wellblechgarage führt uns der Weg als schmaler Pfad hinab in das **Naturschutzgebiet des Ölsiefens**. Der Weg schwenkt links und bringt uns zügig an die Sülztalstraße. Hier gehen wir nach rechts, kommen über den Bachlauf hinweg und folgen gleich 10 Meter weiter dem Hinweis auf den Weg „A 2" nach rechts in der Böschung hinauf, bis wir nach ein paar Schritten einen alten Weg im Haubergwald erreichen. Ihm folgen wir ein Stück nach links, dann geht es etwa 40 Meter vor dem Waldrand abermals nach rechts im Weglosen hinauf bis auf einen zweiten alten Weg noch vor dem Waldrand und links bis auf den asphaltierten Fahrweg „Neulinde". Hier stößt von unten nun der Rundweg um Kürten („K") hinzu.

Wir berühren den Fahrweg nur kurz in der Kurve und steigen rechts gleich mit den beiden Zeichen weiter auf, es geht nach links und zwischen dem ersten Fachwerkhaus und einem Bienenhaus oberhalb auf einen Wiesenweg, der gleich nach rechts schwenkt und nah dem Waldrand weiter steigt. Der alte Karrenweg im Fichtenwald ist zur Rechten mit Eichen bestanden. Dann führt er uns zum Wald hinaus und zwischen Weidezäunen weiter auf die freie Höhe. Noch einmal schwenkt der Weg nach rechts, dann finden wir am Unterrand der alten Hofstatt Linde unter einem großen Lindenbaum das Kreuz der Eheleute Wilhelm Krumbach und Margaretha Irlenbusch mit ihren beiden Heiligenfiguren „zur Hebung christlichen Sinnes“ aus dem Jahr des Heils, das diesmal 1871 war, das Jahr des Heils im Siegerkranz: Da hatte man, was Ommerborn noch nicht gelungen war, den alten Feind zum zweiten Mal geschlagen. Wir stoßen auf den Fahrweg und gehen hier nach rechts, hinauf, und lassen Linde auf der Linken liegen. So finden wir gleich unter einer zweiten Linde das Kreuz vom 6. Juni 1830 „fuer die verstorbene Elttern Johan Selbach u Elisabeth Asselborn“.

Bald bringt der Fahrweg „Zur Linde“ uns nach Engeldorf, das seine Bauernhäuser nach und nach durch große Wohnbauten ersetzt hat; stehen geblieben sind meist nur die praktischen Scheunen und Schuppen. Der Weg biegt sich nach rechts und erreicht zuletzt die Kreisstraße nach Biesfeld. Rechts liegt das einzige **Museum Engeldorfs**, eins nur für Engel. Hier hat der Engeldorfer Johann Fischer, getreu seinem Motto: Alle Engel gehören nach Engeldorf, Engel zusammengetragen, Kunst wie Kitsch, aus Seife, Marmor, Holz und Gips, jung und alt, schwarz wie weiß, Erzengel wie Putten, auch Schutzengel. Mit denen nämlich fing es einmal an: Nach einem Unfall 1985 lag der Stifter über Monate im Krankenhaus und kam dahinter, dass Versicherungen doch nicht alles sind (er selbst war Versicherungskaufmann). So verlegte er sich sicherheitshalber obendrein auf Schutzengel, und bald war das Museum beisammen.

Engel-Museum Engeldorf

Wir folgen hier der Kreisstraße rund 50 Meter links und biegen wieder in das Sträßchen „Grüner Winkel“ ein, noch einmal quer durch Engeldorf

Zaungäste

(weiterhin „K" und „A 2"). An der letzten großen, weißen Hofstatt wird der Weg zum Pfad, führt halbrechts in den Wald und durch eine Doppelkehre bis hinunter an den eingefassten Lauf des Almig- oder Alemigsiefens. Dahinter geht es geradewegs hinauf, der Weg knickt links und führt dann weiterhin bergauf, bis wir den Waldrand erreichen. Hier gehen wir halbrechts und durch die Weiden bis nach Unterbörsch, wo bei einer grünen Schranke die Dorfgemeinschaft eine Bank gestiftet hat, die nirgends besser stehen könnte: In der Sonne mit dem Blick ins Freie und nach Engeldorf zurück.

Auf der Höhenstraße wandern wir nach rechts durch Unterbörsch, zuletzt vorbei am Kreuz der Eheleute „Joh Müller und Anna Kathar Rau" von 1878, und weiter durch die Wiesen, am Einzelhof Breidenassel vorüber und bis an die Gabelung vor Oberbörsch.

Nun verlassen wir fürs Erste die bekannten Zeichen und folgen rechts dem Sträßchen „Hähn", das am Ende des kleinen Waldstücks rechts schwenkt und nun dem Winkel des Eifelvereinswegs 13 folgt. Der Fahrweg führt über die Höhe hinweg und durch die weiten Wiesen. Gegenüber der Einmündung des „Schladerwegs" folgen wir dem Fahrweg an dem alten Einzelhof vorüber und wandern weiter auf der Höhe, bis wir die „Offermannsheider Straße" erreichen, die Kreisstraße nach Biesfeld, die hier kein Namensschild trägt.

Biesfeld

Biesfeld im Tal hat eine Tradition als Wallfahrtsort, seit hier ein Ochse durch den Zaun gebrochen war und durch den ganzen Flecken tobte, bis ein Baumstamm seiner Wucht ein Ende setzte. Der Ochse kam zum

Stillstand, und wo die Hörner an den Stamm geschmettert waren, sah man nun ein Bild der Muttergottes. So wurde aus dem ramponierten Baumstamm schnell ein Kreuz und aus dem Dorf ein Wallfahrtsort. Was aus dem Ochsen wurde, ist nicht weiter überliefert.

Mit dem Winkel gehen wir nach links, mit der Straße durch Hufe, das kaum mehr ist als eine Reihe von Wohnhäusern an der Höhenstraße. Dahinter geht es in den Wald, und wir erreichen die ersten Häuser oberhalb von Biesfeld. Hier wenden wir uns rechts und kommen gleich durch einen Linksknick und mit den Wanderzeichen weiter („A 1" und „A 2"). Nach 300 Metern erreichen wir bei Haus 18 eine Kreuzung mit einem Trafohäuschen vor dem Wasserhochbehälter: Hier biegen die markierten Wege ab nach rechts, dabei nun auch der Wanderweg 29 mit dem Andreaskreuz, der „Bergische Weg" für die 143 Kilometer von Essen bis nach Uckerath.

weiter Blick

Wir folgen ihnen, orientieren uns am Lichtmast leicht halblinks und wandern mit dem Hohlweg längs der hohen Vogelhecke sacht bergab, vorbei an einer Holzbank unter Apfelbäumen für den **weiten Blick** über das Bergische Land. An Ebereschen vorüber, kommen wir an Oberkollenbach heran, vorbei an Gartenzwergen, Pflücksalat und Stangenbohnen mit dem Fahrweg durch den kleinen Ort bis an ein hohes Kruzifix, von kleinen Buchen eingerahmt, vor dem die Wege sich verteilen. Kopf und Unterschenkel des Gekreuzigten sind weggebrochen, auch die Stifternamen (Joh Hongbeg und M A Klein) und die Jahreszahl sind nur noch schlecht zu lesen: 1851.

Weiterhin „A 2"

Hier gehen wir nun rechts und folgen bis zuletzt dem Weg „A 2" bis nach Offermannsheide zurück. Es geht hinab, am Unterrand des Dorfs entlang und dann mit dem gestreuten Weg im Schwenk nach links in eine Bachkerbe hinein. Zur Rechten steigt die Weidelandschaft an. Nach einem Viertelkilometer geht es durch einen Streifen hohen Buchenwald, von rechts kommt nun ein Wasserlauf hinzu, dahinter schwenkt der Weg nach links und führt uns in der Böschung weiter abwärts. Es geht zunächst vorbei an Fichten, dann stehen wieder Buchen in der Böschung, und von rechts kommt abermals ein Wasserlauf heran und lenkt den Kollenbach im breiten Talgrund sacht nach links ab. Wir wandern in der Uferböschung weiter, vorüber an den

rechts: Familienidylle

grünen Hängen unterhalb von Engeldorf. Dann steigt der Weg im Wald ein wenig an, bringt uns durch kühlen Fichtenwald und schwenkt dann sacht nach rechts, weil nun von links der zweite Arm des Kollenbachs hinzustößt.

Im Talgrund trifft dann Weg „A 2" wieder mit dem „Bergischen" zusammen („X" 29), wir wandern hier an einer Bank vorüber, 200 Meter weiter geradeaus, und nehmen schließlich den Pfad nach rechts hinauf („A 2"). So erreichen wir die Straße vor Offermannsheide in ihrer ersten engen Kehre über der Sülz und gehen rechts, im Schatten hoher, alter Linden bis zum Ausgangspunkt zurück.

Ommerborn kam auch nach Waterloo nicht mehr nach Offermannsheide zurück: Nach der Flucht vor den Franzosen wurde er kaiserlicher Feldprediger, häufte Ehre, Ruhm und Orden auf sich und wurde erst im Frieden wieder wirklich sesshaft: Seine Hoffnung auf eine Stelle in Sankt Aposteln zu Köln erfüllten sich nicht, so wurde er in Frielingsdorf bei Lindlar der allererste Pfarrer überhaupt und ging zuletzt, im Jahre 1826, nach Bergisch Gladbach-Sand, wo er 1837 starb und wo, wie hier und wie in Frielingsdorf, noch immer eine Straße nach ihm heißt.

Tour 30

Den fleißigen Bienen ein Kirchlein gebaut

Von Immekeppel nach Oberkühlheim

Der Altenberger Bruder Küchenmeister, Konrad mit Namen, war vom Alter etwas einfältig geworden, im Zählen war er nie ein großes Licht ge-

Kurzbeschreibung

Anfahrt	Immekeppel liegt an der L 284 Untereschbach-Lindlar nahe der A 4, AS Untereschbach. Parkplatz gegenüber der Kirche, rechts der Straße an der Feuerwehr. Oder aus Köln mit RVK-Linie SB 42 bis Immekeppel oder mit S 11 von Köln bis Berg. Gladbach, dort mit RVK-Linie 421 (Mo-Fr) nach Immekeppel (Sa/So Info unter Tel. 01805/131 313).
Wegverlauf	Weg 6 (Winkel) den Volbach hinauf bis „Grube Winter", „A 3" rechts hinauf, oben links und rechts mit „U", später auch „X" 11, bis Ottoherscheid. Weg 9 (Winkel) rechts, durch Bärbroich, dahinter „A 4" rechts nach Oberkühlheim, dort „X" 11 weiter hinab, „A 7" links hinab ins Sülztal, von Obersteeg auf, später neben der alten Bahntrasse („A 4"/„A 5") zurück.
Dauer	3,5 Stunden, zzgl. Besichtigungszeit
Länge	11 km Varianten: Etwas kürzer wird der Weg, wenn man von Oberkühlheim halbrechts dem Weg mit umgekehrtem „T" folgt und über Branderhof auf unmarkiertem Weg geradeaus weiter, zurück.
Wanderkarte	Landesvermessungsamt Nordrhein-Westfalen: Overath. Wanderkarte 1: 25.000 (=Grüne Reihe) Weitgehend auch in: Landesvermessungsamt Nordrhein-Westfalen: Bergisch Gladbach, Odenthal, Königsforst. Wanderkarte NRW Nr. 3, 1: 25.000 Landesvermessungsamt Nordrhein-Westfalen: Naturpark Bergisches Land (Süd). Freizeitkarte NRW Nr. 24, 1:50.000 Landesvermessungsamt Nordrhein-Westfalen: Köln, Nördliche Ville. Freizeitkarte NRW Nr. 18, 1: 50.000
Gasthäuser	„Sülztaler Hof", Lindlarer Str. 83, 51491 Overath-Immekeppel, Tel. 02204/7746 www.suelztaler-hof.de „Haus Thal", Haus Thal 4, 51491 Overath-Immekeppel, Tel. 02204/9755-0 www.haus-thal.de
Hinweise	Bauernhaus-Museum, Oberkühlheim 8, 51429 Bergisch Gladbach Tel. 02207/6350. Eintritt 3,10 / 1,60 Euro (montags bis freitags nach Voranmeldung, samstags, sonntags und feiertags von 10-16.30 Uhr, am dritten Wochenende eines jeden Monats geschlossen
Auskunft	Gemeinde Overath, Tel. 02206/602-0, www.overath.de Stadt Bergisch Gladbach, Tel. 02202/14-0, www.bergischgladbach.de
www.	www.moitzfeld-ev.de/bergbau.htm

Immekeppel

wesen, da fiel ihm nun das Vorrathalten schwer. So wurde er am Ende abgelöst und hatte im Sülztal die Bienen des Klosters zu hüten. Doch wer gelernt hat, mit Schinken und halben Schweinen zu rechnen, der schöpft wohl auch bei Honigwaben gerne aus dem Vollen. So wollte sich Konrad göttlichen Beistands versichern, stahl im Kloster eine Hostie und legte sie zwischen die Waben.

Das hätte ihn nun sicher auch noch den Posten des Imkers gekostet, doch unerfindlich sind die Wege des Herrn auch diesseits der Sülz, und außerdem hat er ein Herz für die Schwachen. – Der Abt bekam von dem Diebstahl erst tags darauf Wind, und da war es schon zu spät: Aus dem Frevel war ein Wunder geworden. Die Bienen hatten über der Hostie ein Kunstwerk aus Wachs modelliert, ein filigranes Abbild der Altenberger Klosterkirche mit allerfeinsten Ornamenten. Die Mönche holten den wächsernen Dom in ihr Kloster und bauten zum Dank ein Kirchlein zwischen den Bienen, das Immen-Keppel.

Das ist fast zu schön, um wahr zu sein, und ist ja auch nicht wahr, sondern nur eine schöne Legende, denn „ima capella" heißt die „unterste Kapelle", einfach die, die man nicht mit dem nahen „Hohkeppel" verwechseln soll. Und überhaupt hieß Immekeppel an der Sülz zuvor schon „Sulsen", 1166 so erwähnt, und die Kapelle tauchte erstmals 50 Jahre später auf als „Capella" in „Sulse". Wie daraus und warum dann 1309 und später „Ymmin kapellin" wurde, ist bis heute nicht geklärt. Mehrfach wurde die Kirche im Sülztal umgebaut, erweitert, schließlich 1885 abgerissen und durch den bekannten romanisierenden Neubau ersetzt. Denn aus einer kleinen Siedlung im Sumpf an der Sülz war mit der Zeit ein

Külheimer Mühle

großes Dorf geworden. Auch das erste Schulgebäude von 1822, gleich der Kirche gegenüber, wurde mit der Zeit zu klein und 1863 schon ersetzt. Heute ist es der **„Sülztaler Hof"**.

Sülztaler Hof

Am Parkplatz gegenüber beginnt unser Weg. Wir folgen am Parkplatz den versammelten Wanderwegzeichen nach links, kommen auf der Sülztalstraße am Sträßchen „Zur Ohlig" vorüber und biegen rechts dann in die „Löher Straße" ein. Es geht am Fahrweg „Jucker Berg" vorüber, dann weisen uns die Zeichen rechts und in den Wald.

Wir überqueren gleich den Volbach und wandern nun auf einem fest gestreuten Weg in seinem Tal hinauf, lange Zeit dem Winkel des Wanderwegs 6 auf der Spur (u. a. auch „A 3", „A 6"). Die Teiche, die wir bald passieren, halb verlandet und mit Rohrkolben bestanden der eine, waren einmal Klärteiche, vermutlich für den Bergbau oberhalb, ehe sie als Fischteiche Karriere machten.

400 Meter weiter gabelt sich der Weg, wo rechts das Fachwerk der „Külheimer Mühle" durch die Zweige blickt. Wir gehen nur für einen Blick hinüber durch das so genannte „Freudenthal" (mit „A 4" und „A 7"), kommen auf pittoresken Brückchen über den Volbach und den Mühlgraben dahinter und an das Mühlenhaus heran. Noch immer springt das aus dem Keller über das oberschlächtige Mühlrad und spiegelt dann im Graben das Fachwerk der Mühle.

Zurück auf Weg 6 mit dem Winkel, wandern wir weiter dem Volbach entgegen, vorbei an einem Gartengrundstück mit Skulpturenpark. Hier stehen Haus- und Wildtier, Berg- und Niederwild beisammen in Eintracht und Gips, wenn nicht Zement, von Dürers Hasen bis zum alten Karusselpferd knabbert hier der halbe Brehm – metaphorisch gesprochen – sein kostenloses Gnadenbrot.

Bald darauf passieren wir den „St. Bernhardszwinger vom Oulusee", diesmal mit lebenden Tieren. Hier haben wir den Bachlauf überquert und wandern noch 300 Meter seinem Lauf entgegen, rechterhand vorbei an alten Abraumhalden der **„Grube Winter"**. Schon die Römer sollen hier nach Erz gegraben haben. Hätte es später auch Spuren gegeben, sie wären in dem Bergwerksboom des 18. Jahrhunderts abgetragen worden. Schon 1512 hatte der Bergische Herzog Johann der Friedfertige den Erzabbau genehmigt, aber erst 300 Jahre später wurde intensiv geschürft. Man grub nach Quecksilber, nach Eisen, Kupfer, Blei und Zink. Von 10 Gruben im Herzogtum Berg zu Beginn des 18. Jahrhunderts sprang die Zahl auf 372 am Ende. 1880 gab es im Bensberger Revier 28 Gruben mit 2.348 Beschäftigten. Hochgerechnet lebten 7.000 Menschen hier vom Bergbau.

Grube Winter

Nach, wie gesagt, 300 Metern gabelt sich der Weg, und wir verlassen den Weg 6: Hier gehen wir nach rechts („A 3") und folgen dem Privatweg („Durchfahrt und Reiten verboten") in der Böschung reichlich steil bergauf, vorbei an einem Fachwerkhaus im Hang zur Rechten und einem zweiten, weiß verputzten Wohnhaus gegenüber. 200 Meter weiter und rund 70 höher erreichen wir den asphaltierten Fahrweg „Juckerberg". Hier hat unser Aufstieg einen Namen: „Grube Apfel". Für 100 Meter gehen wir nun links und steigen dann bei einer Eisenschranke im spitzen Winkel rechts und durch die Kehre links hinauf mit dem gesperrten Forstweg. Der Weg ist nun vom TV Herkenrath als „U" markiert. Er führt uns mitten durch den alten Abraum der vergangenen Jahrhunderte. Die größten Gruben der Umgebung waren bis ins 20. Jahrhundert in Betrieb: Berzelius, nur einen halben Kilometer weit von hier entfernt, bis 1924, die „Grube Weiß" bis 1930. Die Grube auf dem Lüderich sogar bis 1978. So kennt man ihr Erscheinungsbild von Fotos, nicht allein vom Hörensagen: Hohe Fachwerkbauten inmitten ausgeräumter Wüsteneien, rauchende Schlote im Wald, Geröllhalden am Hang, aus denen der Regen giftige Lösungen wusch. Die Bergleute, die im 19. Jahrhundert acht, vielfach auch zwölf Stunden am Tag arbeiten mussten, starben

Nur Persil bleibt Persil

meist recht jung und hinterließen hungernde Familien. Mit der Weltwirtschaftskrise kam der Niedergang, und inzwischen hat sich die Natur hier wieder durchgesetzt, nur die Formung des Geländes lässt die Wunden der Montanwirtschaft noch ahnen.

Wo wir nach 300 Metern erstmals auch zur Linken eine alte Abraumhalde haben, verbreitert sich der Weg zu einem Platz, zu dem drei Wege führen. Wir winden uns hier rechts und steigen weiterhin im Wald hinauf („U"). Dann aber gilt es aufzupassen: Nach knapp 200 Metern, ehe wir die flache Höhe ganz erreichen, zweigt nach links ein Pfad ab in den Wald, der deutlich mit Andreaskreuz markiert ist und „A 7" (sowie dem Hinweis „Reiten verboten"). Das ist der Weg 11a des SGV, der „Rheinische Weg", dem wir uns nun eine Zeit lang überlassen. Nach leichtem Rechtsschwenk steigt der schmale Pfad hinauf, bis wir oben zwischen Farn und hohen Kiefern **weite Blicke** haben.

weite Blicke

So steigen wir auf schönem Pfad im Wald hinan, bis wir nach einem halben Kilometer bei einer rot-weißen Schranke den Waldrand mit einem großen Ruheplatz bei einem Kruzifix erreichen. Hier liegt Dreispringen auf der Höhe, genauer gesagt: „Oberdreispringen", wie der Fahrweg besagt, dem wir nun folgen, weiter mit denselben Zeichen, so hoch, dass wir am Horizont den Kölner Dom entdecken. Es geht vorbei der hiesigen „Reiterfreunde", am Fahrweg „Unterdreispringen" vorüber und weiter bis in herrlich hohen Laubmischwald. Hier biegen die Wege „U" und 11a („X") nach links ab. Wir jedoch folgen, ehe wir den Wald verlassen, rechts dem Fahrweg „Ottoherscheid", weiter mit „A 7" und nun auch mit Weg 9 des Eifelvereins (Winkel).

Im Bauernhausmuseum

Nach 200 Metern kreuzen wir ein zweites Sträßchen mit demselben Namen und wandern weiter mit dem Winkel geradeaus, durch die freie Flur, am Schützenheim vorüber und der Hofstatt Wohn, nach Bärbroich. Hier folgen wir der Straße rechts und durch den Ort, vorüber an der Filialkirche St. Maria Empfängnis, die rings umher verschiefert ist, eingepackt in Grau. Was hätte wohl der Wuppertaler Heimatforscher August Arensmeier zu einem solchen Bau gesagt? „Der Teufel

Rechts oder links?

mag die Schieferplatten holen und sich damit zudecken", hatte er schon lang zuvor verkündet. Warum? „Die beschieferten Wände verdecken die Balken, das sind die Geschichtszüge, und erinnern an gepanzerte Ritter, die Gesicht und Gestalt verhüllt trugen." Mit offenem Visier dagegen liegt der alte Reiterhof „Gut Bärbroich" auf der Höhe, den wir bald erreichen. Hier reicht der Blick bis fern nach Remscheid.

Am Ortsrand schwenkt die Landstraße nach links – und mit ihr auch Weg 9. Wir halten uns hier geradeaus und dann nach rechts in Richtung Oberkühlheim („A 4"). So kommen wir nach Wildphal-Oberkühlheim, der Überlieferung zufolge nach dem rot bemalten Pfahl benannt, an dem die Jagdhoheit der Bergischen Herren endete. Haus Nummer 10 in Oberkühlheim sieht so aus, als sei ein U-Boot hier zu tief geflogen und sei als ganzes, wie als Strandgut, nun vereinnahmt worden. Sir Nicholas Grimshaw, ein berühmter Architekt aus England, hat das Haus gebaut, und wem die metallene Haut für ein Landhaus nicht zusagen will, der mag sich daran trösten, dass das Innere des Schiffs aus feinstem Holz ist.

Bauernhausmuseum

Wie man vor Zeiten hier und anderswo noch lebte, erfahren wir darauf in Nummer 8: Hier hat die Familie Clemens ihr preisgekröntes **Bauernhausmuseum** zusammengetragen. Gesammelt haben die Clemens schon immer: Puppen und Spielzeug, Dachziegel, Möbel, Werkzeug und Gerätschaft aller Art – eigentlich alles, was nicht niet- und nagelfest war. Dann hat man ihnen 1973 einen ganzen Bauernhof geboten, und seither sammeln sie sogar das scheinbar Niet- und Nagelfeste. Der Hof von 1973 steht seither im Garten. Er wurde zerlegt, vom Rand des Siegerlandes

ins Bergische gebracht, dort wieder aufgebaut und eingerichtet wie eine Puppenstube Maßstab eins zu eins. Das Wohnhaus ist zum Museum geworden, voll gehängt bis unters Dach mit Schrank und Bett für alle Kinder.

Die Brüder Clemens, der hier durch den Garten führen, können zu jedem Stück ihrer Sammlung ein Stückchen erzählen, Abgelauschtes, Überliefertes, auch Selbsterlebtes: Vom schweren Los der Kinderarbeit untertage, von der Kleiderordnung und auch, wie man sie umging, von der Butterhexe, gegen die man sich beim Buttern mit geschmiedeten Nägeln in der Sahne half, oder die Geschichte von der Stadtverwaltung Bergisch Gladbach, die von jeher mit Schwarzbauten ihre Erfahrungen hat und daher jahrelang Argwohn hegte und das Bauernhausmuseum am Anfang nur als „Kleintierstall" genehmigte.

Nur ein paar Häuser weiter gabelt sich die Straße. Rechts ginge es („Am Branderhof") auf schnellstem Weg zurück. Wir bleiben aber links und folgen einen halben Kilometer noch der Straße, berühren kurz den Wanderweg 11a („X") und folgen ihm zum Ort hinaus und auf Voiskülheim zu. Noch lange vor den ersten Häusern biegen wir dann in den Fahrweg „Scheurenhöfchen" auf der linken Seite ein. Zur Rechten liegt nun Weide. An ihrem Ende folgen wir vom Gatter aus dem Fahrweg nur noch ein paar Meter und nehmen dann den Pfad rechts in den Wald, hinab, wo wir aufs Neue den Rundweg „A 7" erreichen. Der Weg ist kaum zu sehen, dafür sind die Zeichen gut markiert. So geht es nah der Weide nun im Wald den Hang hinab, der links und rechts von Siefen eingekerbt ist. Ehe sich die Wasserläufe treffen, kommen wir halbrechts hinüber und ein Stück hinauf. Dann läuft der Weg „A 7" als breiter, fest gestreuter Abfuhrweg für lange Zeit hinab, bei der Gabelung gleich links, den Bachlauf dabei stets zur Linken.

Nach reichlich einem halben Kilometer kreuzen wir den Bach und bleiben – wie die Ferngasleitung – bei der Gabelung nun rechts, den Bachlauf weiterhin hinab („A 4", „A 7"). Noch vor dem Waldrand mit der Schranke gabelt sich erneut der Weg: Hier gehen wir links („A 3") und kommen rasch nach **Obersteeg** und an das Tal der Sülz heran, wo der asphaltierte Weg nach rechts schwenkt und dem alten Lauf der Eisenbahn folgt, die 50 Jahre lang hier fuhr.

Obersteeg

Bis 1912 war Immekeppel Endstation gewesen. Seit 1890 fuhr die Bahn von Deutz nach Dellbrück und nach Bergisch Gladbach, dann weiter über Bensberg, Rösrath an die Sülz, doch in Immekeppel endete die Reise ins Bergische Land, sodass der Fuhrunternehmer Fritz Klein seit 1905 mit einem vierzehnsitzigen Gespann Furore machen konnte, das sich in seinen Inseraten „den Anforderungen der Jetztzeit" gewachsen zeigte und einmal täglich bis nach Lindlar fuhr, hin und zurück. Erst im Dezember 1912 kam die Eisenbahn als „Bote einer neuen Zeit". Dreieinhalb Jahre hatte man daran gebaut, vor allem Gastarbeiter, Italiener und Kroaten, da floss das Geld, der Alkohol und manchmal auch das Blut. Doch schon als das erste Stück bis Hommerich befahren wurde, schrieb die Bensberger Zeitung: „Das Sülztal oberhalb Immekeppel, das bisher für den fremden ein unbekanntes Land war, wird in der schönen Jahreszeit durch seine idyllische Ruhe gewiss manchen Naturfreund anziehen."

Schon 1960 war die neue Zeit vorbei: Die Bahn, zumindest die Personenzüge, wurden eingestellt. Die neue „Jetztzeit" hatte andere Bedürfnisse. Fünf Bahnhöfe, zwei Viadukte und größtenteils der Bahndamm blieben auf der Strecke, das meiste blieb auch stehen, selbst der Bahnhof Obersteeg, der erste hinter Immekeppel, den wir als Haus 5 sogleich passieren. Hier wandern wir nun längs der schönen Linden auf der alten Zufahrtstraße, die auch heute noch „Am Bahnhof" heißt.

Oberschlächtiges Mühlrad

Das alte Bahngelände ist von einem Zaun umgeben. Daneben geht es durch ein rot-weißes Drängelgitter weiter auf dem Fußweg mit „A 4", „A 5", und wo der Zaun dann endet, weiter auf dem Bahndamm aus der Kaiserzeit.

rechts: Sülz

Bald nähern sich die Straße und die Sülz der alten Trasse, die zwischenzeitlich in die Böschung eingekerbt verläuft. Dann geht es rechts hinab und an die Landstraße hinab am Rand von Immekeppel. Wir kreuzen vorsichtig den Fahrdamm an der Haltestelle und folgen dann dem Weg am Sockel des Damms. Nach 600 Metern erreichen wir den Caravanpark in der **Aue am Fluss**, bleiben hier am Fluss, der durch ein breites Wehr gestaut wird. Es geht vorbei an einem hohen Steg und weiter mit dem Fluss, bis wir am nächsten Durchbruch, wenig vor der Straße mit der Brücke über die Sülz, den Damm nach rechts durchqueren und links zurück zum Parkplatz kommen.

Aue am Fluss

Das Sülztal oberhalb von Immekeppel war vor 100 Jahren auch in Lindlar unbekanntes Land. So kaufte sich ein Bäuerchen bald nach der Jungfernfahrt in Linde einen Fahrschein, um nach Köln zu fahren, einfach so. Und weil er mehr als eine halbe Stunde bis zur Abfahrt warten musste, wollte er bis Hommerich marschieren und sich die Strecke aus der Nähe fachgerecht betrachten. Prompt traf er einen Kontrolleur in Uniform, vielmehr: Der Kontrolleur traf ihn und schrieb ein Protokoll. Das Bäuerlein verstand die Welt nicht mehr und zückte seinen Fahrschein als Beweis: „Wann ich nur wollt', dann künnt ich sujar fahre."

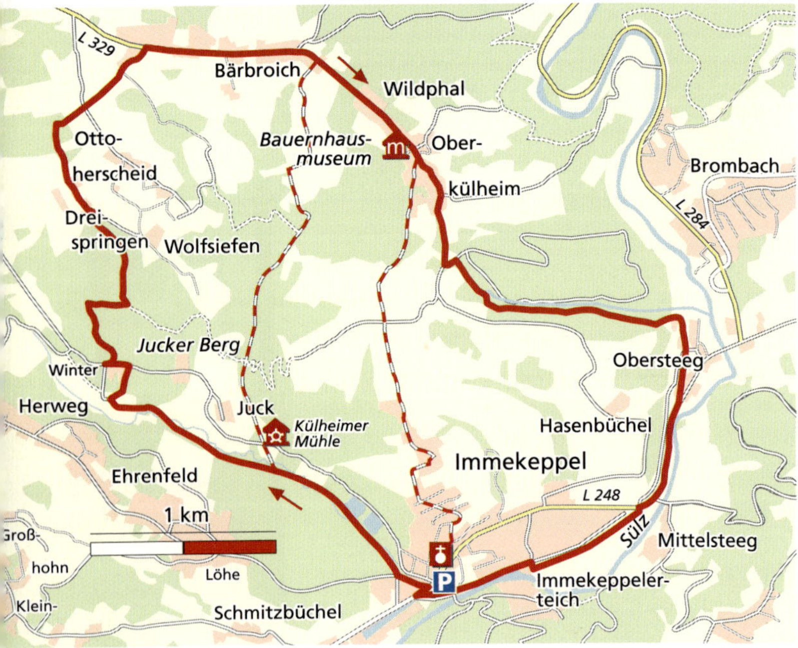

Tour 31

Wie die Herkenrather den Teufel vertrieben

Vom Milchborntal in Bensberg auf die Höhe

Jedem Jahr sein Jubiläum: 1793 köpften die Franzosen ihren König, 1794 kamen sie nach Köln, und 1795 war dann Frieden? – weit gefehlt: „Im Jahre 1795 gingen die Franzosen über den Rhein und kamen in unsere Heimat", schrieb Johann Bendel, Rektor, Patriot und Mann der Ordnung, mehr als 100 Jahre später in sein Heimatbuch des Kreises Mülheim. Er mochte die Franzosen nicht und hatte dafür gute Gründe: „Während die

Kurzbeschreibung

Anfahrt
Das Milchborntal liegt in Bergisch Gladbach am Nordrand des Ortsteils Bensberg, Parkplätze am Schwimmbad oder Sportplatz. Oder von Köln mit S 11 bis Berg. Gladbach sowie mit KVB-Strab-Linie 1 bis Bensberg, dort mit RVK-Linien 420, 421, 423 u. KWS-Linie 227 bis Haltestelle „Milchborntal".

Wegverlauf
Vom Start Wege 4 / 13 (Winkel) nordwärts, am Fünfweg rechts, nach 250 m links „A 2". In Sanderheide links (Kreissymbol) und über Hofstatt Oberlerbach zur Rochuskapelle und weiter bis Ortsteil „Breite". Hier links „N" hinab und rechts hinauf zur Kirche. Rechts Fahrweg „N" und 13 (Winkel) hinab, auf der Landstraße links 100 m und rechts mit „X" 11 a in den Wald und bis Naturfreundehaus. Dahinter links „X" 30 bis zum Kadettenweiher und rechts „A 1" zurück.

Dauer
3 Stunden

Länge
Ca. 10 km
Varianten: Durch Weg „X" 11 a Sanderheide bis NFH Hardt lässt sich die Runde in zwei Hälften aufteilen. Verbinden lässt sich der Weg mit Tour 22 durch die Berührung beider Wege bei Oberhombach.

Wanderkarte
Landesvermessungsamt Nordrhein-Westfalen: Bergisch Gladbach, Odenthal, Königsforst. Wanderkarte NRW Nr. 3, 1: 25.000
Landesvermessungsamt Nordrhein-Westfalen: Naturpark Bergisches Land (Süd) Freizeitkarte NRW Nr. 24, 1:50.000
Landesvermessungsamt Nordrhein-Westfalen: Köln, Nördliche Ville Freizeitkarte NRW Nr. 18, 1: 50.000

Gasthäuser
„Waldhotel Mangold", Am Milchbornbach 39, 51429 Bergisch Gladbach
Tel. 02204/955 50, www.waldhotel.de
„Naturfreundehaus Hardt", Hardt 44, 51429 Bergisch Gladbach
Tel. 02204/867 558, www.haus-hardt.de

Auskunft
Bergisch Gladbach, Tel. 02202/14-0, www.bergischgladbach.de

www.
www.cafe-kroppenberg.de

Rochuskapelle

verwundeten und kranken Franzosen im Lazarette zu Bensberg Heilung suchten, hausten die gesunden schrecklich im Kreise." Und so ließ er es zunächst bei einem „Überblick" bewenden: Plünderungen, Totschlag, Vergewaltigung. Mit einem Wort: Es war wie immer, überall. Die Wende inbegriffen: Nach der Völkerschlacht bei Leipzig war Bensberg wieder Lazarett, und zahllose tote Franzosen haben hier im Wald die letzte Ruhe. Es ist historischer Boden, auf dem wir heute wandern. Im Milchborntal zu Bensberg machen wir uns auf den Weg. Hinter uns, hoch auf dem Berg, das Neue Schloss Jan Wellems, das größte Barockschloss des Rheinlands, das Lazarett Napoleons und seiner Gegner: 1794 für die Kaiserlichen Truppen, schon im Jahr darauf für die Franzosen.

Milchbornbach

Neben dem „Waldhotel Mangold", dem „Hexenhäuschen" unserer Kindheit, nehmen wir die Straße über den **Milchbornbach** und folgen gleich dahinter rechts dem Winkel in den Wald und in der Böschung ein paar Meter aufwärts. Auf dem Querweg halten wir uns rechts und folgen bei dem Wegedreieck gleich darauf im Schwenk nach links den Wanderwegen 4 und 13 (beide mit dem Winkel) in den Wald.

Nach 200 Metern zweigt nach rechts der Weg „A 3" ab; wir bleiben geradeaus und finden gleich dahinter, auf der linken Seite, den Friedhof für Napoleons Soldaten: Sie waren dem russischen Winter entkommen, nun starben sie im Lazarett. 1861 stiftete ein Landsmann („Compatriote") mit dem deutschen Namen Müller ihnen dieses Eisenkreuz. „Aux soldats français enterrés ici en 1813."

Am Kreuz vorüber, geht es weiter mit dem Winkel durch den Wald, vorbei an einer Pflanzung und im Linksknick bis an eine Wegespinne. Unser

Kreuz bei Breite

Weg verläuft nun rechts; doch vorher halten wir uns links und kommen so nach einem kurzen Abstecher an einen zweiten Friedhof in der Hardt. Diesmal ist das Kreuz aus Sandstein: „Ruhestaette österreichischer Krieger 1794" steht auf der einen Seite, auf der anderen: „Errichtet 1854, Franz Joseph, Kaiser von Österreich". Johann Bendel hat hier noch ein zweites Schild gelesen: „1794. Hier ruhen 3000 tapfere österreichische Krieger. 1894." Sie hatten die Truppen der Revolution in Frankreich schlagen wollen und waren krank und aufgelöst zurückgekehrt. Auch ihnen diente damals Bensbergs Schloss als Lazarett. Dort starben sie in großer Zahl am Typhus.

Zurück zum Fünfweg, halten wir uns rechts und folgen nun dem unmarkierten Weg mit jungen Fichten rechts und lichten Eichen auf der linken Seite. Nach einem Viertelkilometer vereinigt sich der Weg mit einem weiteren von rechts und läuft nun links und weiter durch den Wald („N" und „A 2"). Es geht vorbei an einem eingezäunten Haus im Wald, dann in der Biegung über einen Wasserlauf hinweg und sacht hinauf. Nach 100 Metern stößt von links ein Wanderweg hinzu (Weg 13 mit dem Winkel, auch Weg 11 mit dem Andreaskreuz), und 150 Meter später verlassen uns die Wege „N" und 11 nach rechts. Wir gehen weiter geradeaus, wo der Weg nun auch mit einem Kreissymbol markiert ist, bis an ein Kruzifix am Waldrand vor dem Ortsteil Sanderheide mit kleinen Häusern in der Mulde.

Hier wenden wir uns links und folgen zwischen Wald und Grundstück dem mit dem Kreis markierten Pfad entlang der Buchenhecke, mit einem Siefen geradewegs im Buchenwald hinab. Am Ende überqueren wir den Lerbach und erreichen neben einem kleinen Fachwerkdoppelhaus den Fahrweg an der **Hofstatt Oberlerbach**. Hier geht es ein paar Meter links, dann rechts und zwischen Haus und Stall hinauf und weiter mit dem Kreis. Der Weg ist in die Böschung eingegraben; er schwenkt nach rechts und bringt uns auf die freie Höhe, in den Wind. Hinter uns liegt in der Ferne Köln und wird mit jedem Meter besser sichtbar. Wir gehen auf dem schönen Wiesenweg hinauf, entlang an einer Stützmauer am Unterrand des Grundstücks auf der Höhe.

Hofstatt Oberlerbach

So erreichen wir noch vor der Landstraße die historische Rochuskapelle, flankiert von gewaltigen Eichen. Sie wurde, wie wir lesen können, 1684 hier gebaut im Auftrag des Freiherrn Lers zu Lerbach und war gedacht als Dank und Denkmal nach der Pest. Beim Weitergehen folgen wir der Straße auf dem Fußweg rechts in Richtung Herkenrath. „Breite" heißt die Hofstatt auf dem flachen Buckel: „Höhe" wäre passender gewesen. Im Knick des Fahrdamms steht ein neues Kreuz aus Holz. Hier verlassen wir in ihrem Scheitelpunkt die Straße nach links, wandern auf dem Buckel weiter und schließlich geradewegs den Berg hinab, zwischen den Häusern und Höfen von Oberhombach hindurch und mit dem Zeichen „N" bis an den Hombach und die Straße.

Ihr folgen wir nach rechts und kommen so nach Herkenrath; rund 40 Meter hinter dem Ortseingangsschild halten wir uns rechts, überqueren den Bach und steigen mit dem Sträßchen „Im Wiedenhof" den Berg hinauf. Oben schauen wir uns dann die **Kirche St. Antonius Abbas** an. Sie stand so lange im Gerüst, jetzt zeigt sie sich in ihrer ganzen Pracht: spätromanisch und modern im Inneren mit ungewöhnlich hohem Turm. Sie war einmal gedacht als älteste im Lande, doch jeden Baubeginn vereitelte der Teufel durch Sabotage und Gestank. Die frommen Christen freilich wussten Rat: Sie bauten fern in Refrath heimlich eine andere Kirche, und deren Glockenklang vertrieb den Teufel von der Höhe, sodass man nun den Bau in Herkenrath zu Ende bringen konnte. Draußen, unter imponierenden Kastanien, steht in der offenen Feldkapelle ein bemerkenswerter Kalvarienberg.

Kirche St. Antonius Abbas

Wir wandern hier nun weiter, nehmen unterhalb der Kirche, am Ende des Parkplatzes und im Knick der Straße, den festen Fahrweg neben dem Friedhof, kommen auf diesem Weg an der Trauerhalle vorüber, unten über den Bach und mit dem schönen Pfad dann aufwärts durch die

Herkenrath

Kadetten-
weiher

Wiesen, links bis an die Landstraße heran. Ihr folgen wir nun abermals nach links und aufwärts, gut 100 Meter weit, und nehmen dann nach rechts den Forstweg in den Wald („X“ und Winkel). Nach etwa 150 Metern haben wir noch einmal einen freien Blick auf Herkenrath. Hier halten wir uns auf der Wegekreuzung nochmals rechts und folgen nun dem breiten Weg im Wald, dem Winkel nach in Richtung seiner offenen Seite. Nach einem Viertelkilometer, vor dem Eintritt in den Fichtenwald, verlassen wir den so markierten Weg und folgen hier dem Querweg links, die Buchen linker Hand, die Fichten auf der rechten Seite (Weg 30 mit Andreaskreuz). Wir steigen dabei sacht zu Tal. Nach 150 Metern nehmen wir den Querweg in der Böschung rechts und folgen weiterhin Weg 30 („X“), nun auch wieder „N“. Wir kommen an der Flanke des Rückens sacht hinab, dann schwenkt der Weg nach links und bringt uns rasch bis an den Bach hinab.

Dies ist erneut der Lerbach. Es geht hinüber, an der Grillhütte vorbei und mit denselben Zeichen auf dem breiten, windungsreichen Weg erneut hinauf. Ein rotes Wasser kommt uns hier entgegen, ein Hinweis auf die „Grube Blücher“, die hier vor Zeiten einmal lag. Rings um Bensberg wurden vielfach Erze abgebaut, Zink und Blei und Eisen, und an der Hardt, dem Waldstück oberhalb des Milchbornbaches, wurde gar das teure Quecksilber gewonnen.

Naturfreundehaus Hardt

Mit der Höhe erreichen wir das weiße **Naturfreundehaus Hardt**: Gelegenheit zur Einkehr und zur Pause auf dem Spielplatz. Dahinter halten wir uns links (Weg 30 „X“ und „N“) und wandern so die asphaltierte Zufahrtstraße hinauf bis an die Wegekreuzung mit der Schutzhütte, in deren Nähe links das große weiße Forsthaus liegt. Hier überqueren wir die Straße, kommen wieder in den Wald und bei der Gabelung gleich rechts hinunter, auf gut markierten Pfaden („X“) bis ins Tal mit dem „Kadettenweiher“. Die Preußen hatten 1815 die Franzosen abgelöst, und das Schloss zu Bensberg wurde nun zur preußischen Kadettenanstalt, der einzigen der Rheinprovinz. Aus jenen Tagen stammt auch dieser Weiher – er war die Schwimmanstalt der Offiziersanwärter. Später kamen noch die Nazis mit einer „Nationalpolitischen Erziehungsanstalt“ ins Bensberger Schloss und nach dem Krieg die belgischen Soldaten. Seit 1992 gehört es wieder ganz den rechtmäßigen Erben des Herzogtums Berg: dem Land Nord-

Im Milchborntal

rhein-Westfalen, und heute ist es ein Hotel mit Nobelrestaurant. Hier geht es rechts, am Bach entlang, zurück bis an den Ausgangspunkt dieser geschichtsträchtigen Tour. Wer aber vorher noch den Weiher auf dem Holzsteg überquert und rechts den Hang hinaufmarschiert, der kommt zurück bis an den Anfang der Geschichte mit der „Erdenburg", einem Ringwall der Germanen aus dem letzten vorchristlichen Jahrhundert.

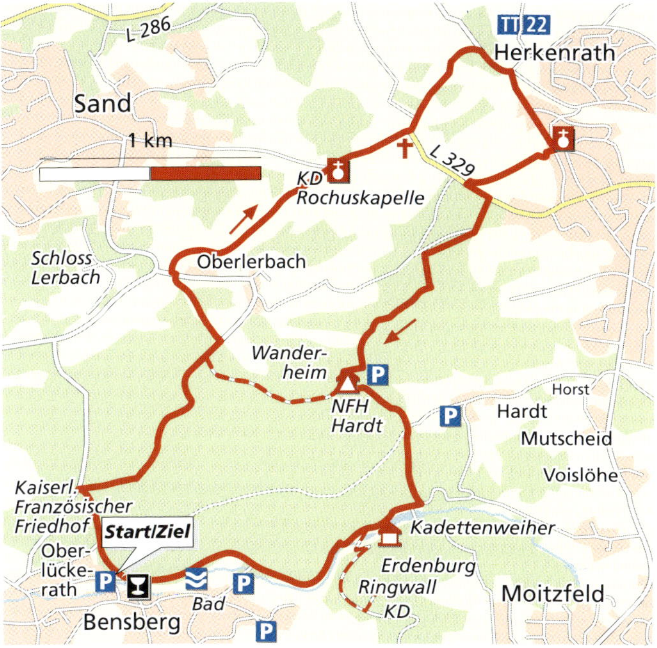

Tour 32

Wo Jan Wellem die Erbsen schmeckten

Durch den Königsforst

Seit dem August des Jahres 1904 fuhr die Vorortbahn mit schöner Regelmäßigkeit zum Königsforst. Noch zwei Kriege später, als wir Kinder waren, hieß sie deshalb „K". Werktags brachte sie die Arbeiter nach Deutz

Kurzbeschreibung

Anfahrt
Der Königsforst liegt auf dem Gebiet der Städte Köln, Bergisch Gladbach und Rösrath, der Ausgangspunkt ist Köln-Rath, Haltestelle „Königsforst", gegenüber Parkplatz „Forsbacher Straße". Mit KVB-Linie 9 aus Köln bis Endhaltestelle „Königsforst". Aus Berg. Gladbach, Bensberg und Rösrath mit RVK-Linie 423.

Wegverlauf
Mit allen Wanderwegen ostwärts in den Wald bis Wegespinne, von dort Weg 4 (Winkel) bis Schutzhütte und Brücke Giesbach, weiter 4 (Winkel) und 14 (Keil) bis über Wolfsweg hinweg, dahinter 14 (Keil) und „A 1" links, über Wegespinne hinweg. Am nächsten Wegekreuz rechts „X" 22, erneut über Giesbach hinweg, bis alte Bahntrasse. Links Weg 5a (Winkel) bis ehemal. Bhf. Forsbach, wieder links „A 1" bis „Kaisereiche", rechts „A 1" bis auf „Wolfsweg", spitzwinklig links zurück, am „Monte Troodelöh" vorüber, an nächster Kreuzung rechts, „Rennweg" kreuzen bis Wegespinne, unmarkierter Weg halblinks, vorüber am Bruch und am Rather Weiher, mit Waldlehrpfad geradeaus bis „X" 22 und rechts zurück.

Dauer
3-4 Stunden

Länge
13 km
Varianten: Vielfach möglich, vgl. Karte.

Wanderkarte
Landesvermessungsamt Nordrhein-Westfalen: Bergisch Gladbach, Odenthal, Königsforst. Wanderkarte NRW Nr. 3, 1: 25.000
Landesvermessungsamt Nordrhein-Westfalen: Naturpark Bergisches Land (Süd). Freizeitkarte NRW Nr. 24, 1:50.000
Landesvermessungsamt Nordrhein-Westfalen: Köln, Nördliche Ville. Freizeitkarte NRW Nr. 18, 1: 50.000

Gasthäuser
In Rath zahlreiche, an der Haltestelle:
„Schwalbennest", Rösrather Str. 760, Tel. 0221/661 889
„Café am Königsforst", Rösrather Str. 759, Tel. 0221/862 320

Auskunft
Stadt Köln, Tel. 0221/221-0, www.stadt-koeln.de
Deutscher Alpenverein, Sektion Rheinland – Köln e. V., Clemensstr. 5-7 50676 Köln, Tel. 0221/240 67 54, www.dav-koeln.de

www.
www.cafe-kroppenberg.de
www.123rath.de

Kölns höchster Berg

und Kalk zur Arbeit, sonntags an die frische Luft: „Zu den Aufgaben, welche durch das ungewöhnliche Anwachsen der Großstädte in den letzten Jahren an Bedeutung zugenommen haben und eine aufmerksame Beachtung der Verwaltung erheischen", so ein Gutachten vom Anfang des vergangenen Jahrhunderts, „gehört auch die Schaffung ausreichender Erholungsplätze für die städtische Bevölkerung, die ein Verlangen und ein Bedürfnis hat, an den Sonn- und Festtagen in reiner Luft und schöner Natur außerhalb des Getriebes der Großstadt Körper und Geist zu erfrischen."

900 Jahre war der Königsforst schon alt, als er zur grünen Lunge wurde, zur Sommerfrische für die Stadtbevölkerung im so genannten Ballungsraum. Vergebens hatte sich der Bürgermeister der Gemeinde Merheim gegen „die Elektrische" gewehrt, weil sie „ein Publikum herausbringe, welches den Vororten nicht gerade erwünscht sei". Gemeint war damit auch die Arbeitnehmerschaft der „Chemischen" in Kalk. Wo die einst lag, entstand für das gemeinte „Publikum" inzwischen ein „Urban Entertainment Center": Das ist dann auch von Rath aus mit der „9" leicht zu erreichen. So ändern sich die Zeiten!

Königsforst

Der alte Königsforst, 2.519 Hektar geballten Chlorophylls, ist noch immer mit der Bahn leicht zu erreichen. Wie andere vor 100 Jahren wandern wir hier los: Hinweg über den „Mauspfad", wo damals schon das „Schmitze Büdchen" stand, auch wenn es nicht mehr Schmitz heißt, sondern „Wimmer's", und größer ist als dazumal ein ganzer Kolonialwarenladen. Mit alten Schwarz-Weiß-Fotos dokumentiert der populäre Radler-Treff die eigene Geschichte. Dahinter in die „Forsbacher Straße" hinein und geradewegs bis an ihr Ende. Das letzte weiße Haus zur Linken ist die Förste-

„Entepöhle"

rei, halb in die alte Rheinterrasse eingegraben. Hier wurden damals Sand und Kies gebaggert für den Bau der Kölner Südbrücke, erst später kam die „Göttersiedlung" an den Königsforst. An der rot-weißen Holzschranke erreichen wir das Naturschutzgebiet Königsforst und folgen der Verlängerung der Straße mit vielen Zeichen in den Wald hinein.

Seit dem 10. Jahrhundert war der Forst schon Banngebiet der Könige mit einer Fülle abgestufter Nutzungsrechte – von der Viehtrift bis zum Leserecht an Heidekraut und Ginster, Farn und Laub als Einstreu für den Stall der umliegenden Bauern. Das Jagdrecht selber war allein den Herrschern vorbehalten. Bis heute ist der Wald im rheinischen „Dreiländereck" (weil immer noch drei Städte Anteil an ihm haben, Rösrath, Köln und Bergisch Gladbach), Staatsforst geblieben, bis heute angereichert durch Geschichte und Geschichten: Hier war es, wo sich der Räuber Hopsa dem Zugriff jeder Obrigkeit entzog, indem er sich im Hastunichtgesehen in einen Strauch verwandelte. Und hier war es auch, wo man dem Kurfürsten und Herzog Johann Wilhelm II., besser bekannt als Jan Wellem, dem Reiter aus der Düsseldorfer Altstadt, Lebenserfahrung an Erbsen und Speck servierte.

Tatsächlich soll Johann Wilhelm II. ein Prasser und Virtuose an der Steuerschraube gewesen sein, doch in der Erinnerung lebt er bis heute fort als leutseliger Freund des Volkes, der Speck und Erbsen mindestens so liebte wie Kanzler Schröder Flaschenbier. Und das kam so – zumindest wird es so erzählt: Bei einer Jagd von seinem Zweitschloss Bensberg aus verlief der Herzog sich im Königsforst und irrte viele Stunden durch den Wald. Der Eifelverein, der hier die vielen Wagmarkierungen in Stein gehauen hat, wurde erst 1888 gegründet. Führerlos und hilflos kam er zuletzt an eine Hütte, in der die Bauersfrau dem fremden Jäger, den sie vor sich glaubte, mit Speck und Kräften wieder auf die Beine half. So schmackhaft, ließ er hinterher verbreiten, sei noch kein Gericht gewesen – und war auch später keines mehr.

Zurück in Düsseldorf, verlangte er nach Speck und Erbsen forestière, soll heißen: à la Königsforst, doch sie schmeckten nur nach Speck und Erbsen, weniger nach Freiheit und Abenteuer. Er ließ die fremde Bauersfrau mit seiner Staatskarosse in die Hauptstadt bringen und hieß sie Speck und Erbsen kochen: Wieder nichts! Da ging ihm auf, dass ihm die eigentliche Würze fehlte, nämlich jener bislang unbekannte Hunger, und er pries die kleinen Leute und das karge Leben. Später taten seine Dichter in beflissener Frakturschrift noch den Spruch hinzu: „Wer sich vor Arbeit nicht tut schrecken, dem soll es wie Jan Wellem schmecken." Und wir dürfen sicher sein: Das Sprüchlein schmeckte ihm.

Mit solchen Weisheiten zum genius loci gerüstet, geht es in den Königsforst hinein: Zur Rechten liegen Pferdekoppeln. Nach 400 Metern im Wald erreichen wir an einer sechseckigen Hütte ein Wegekreuz und folgen nun halbrechts dem gut beschilderten **Waldlehrpfad** und den Wanderwegen 3 und 4, beide mit Winkel markiert. Es geht durch Reihen frisch gepflanzter Buchen mit Stieleichen dazwischen. Nach einem kurzen Stück mit Fichten kreuzt ein Querweg. Wir wandern weiter geradeaus, auch als uns der Waldlehrpfad scharf nach links verlässt. Der Boden ist mit braunem Laub bedeckt, vermoostem Holz, dazu den aufgeplatzten Eichenstämmen, die der Herbststurm umgeworfen hat.

Waldlehrpfad

An einer Ecke jungen Nadelwalds stehen wir erneut auf einer Kreuzung. Hier folgen wir den Zeichen rechts. So kommen wir, die Tannen links und hohe Kiefern rechts, nach 150 Metern erneut an eine Kreuzung mit einem Regenschutz für Wanderer. Dahinter fließt der Giesbach durch das Laub. Die alten Steine des Eifelvereins („K.E.V."), an denen wir als Kinder schon die Richtung buchstabierten, stehen hier noch heute. Wir gehen links („Forsbach 75 Min.") und wandern weiter mit dem Winkel für Weg 4, nun auch dem Keil des Weges 14, gleich über den Giesbach hinweg und nun für einen guten Kilometer auf der „Schnacke-Linie", der ehemaligen Verlängerung der Heumarer „Forststraße", von ihr seit langem durch die Autobahn getrennt, doch immer noch so „schnack", schnurgerade nämlich, wie im dritten Band von Wredes kölschem Wörterbuch: „ne schnacke Minsch", „ne schnacke Wäch".

Rather Weiher

Nach 400 Metern kreuzen wir den asphaltierten „Rennweg", der an die frühen Hochöfen, die „Renn"-Öfen, erinnert, in denen man das Eisen „rennen", nämlich rinnen machte. Seit der

Isola bella

Hügelgräber

Steinzeit war der Königsforst besiedelt, viele **Hügelgräber** zeugen heute noch davon. Als „Forst“ gewann er später seinen Ruf bis heute, da war er Jagdrevier und Fleischkammer der Herzöge von Berg, mit Privilegien nebst Rot- und Schwarzwild voll gestopft, dass das einstmals edle Waidwerk darüber zur Notdurft verkam. Denn das Wild war eine schlimme Plage für den Wald wie für die Bauern, die sich nur mit kleinen Hunden, harmlosen Möpsen oder Spitzen, auch nur mit untauglichen Waffen gegen die Vernichtung ihrer Vorräte an Haus und Hof zur Wehr setzen durften. Übergriffe zogen harte Strafen nach sich, oft genug die Folter. Wilddiebe ketteten die Förster bisweilen mit zerschossenen Gelenken an die Bäume des Waldes und überließen sie dort ihrem Schicksal. Wo keine Gnade herrschte, wo Wildpret höher angesehen war als die Bevölkerung und Wilderei härter bestraft als Mord, da wurden auch die Bauern gnadenlos. Sie lebten mit den Jägern ihrer Herzöge im Bürgerkrieg. Erst am Ende des Feudalzeitalters besserten sich die Verhältnisse. Kurfürst Karl Theodor erhörte die Bauern und gab die Hirsche bis auf 100 allesamt zum Abschuss frei, sämtliches Schwarzwild dazu. 4.000 Hirsche blieben so von Oktober bis Dezember 1790 auf der Strecke, und den größten Teil der Beute durften sich die Untertanen billig kaufen.

Der zweite, unscheinbare Querweg, den wir kreuzen, ist der alte „Wolfsweg“, der parallel zum „Mauspfad“ an der Rheinterrasse die Erdenburg mit Spich verband, 15 Kilometer mitten durch den Wald. Während der bekannte „Mauspfad“ an keine Maus erinnern mag, trägt der „Wolfsweg“ seinen Namen ohne Prätention: Wölfe waren einst im Königsforst so häufig wie die Mountainbiker heute, fast jeder Herzog legte neue Zirku-

larbefehle und Statuten auf zur Ausrottung der Wölfe. Sie hielten sich indessen, bis die Brüder Grimm ihnen Asyl gewährten.
An der nächsten Wegekreuzung, 100 Meter weiter, verlassen wir den Wanderweg 4 und folgen nun dem Keil des Wegs 14 in Richtung seiner Spitze, also nach links, auf dem „Lützeler Weg". Am Boden steht noch immer „Hummelsbroich" als Ziel: Das war einmal ein Herrensitz von 1368, seit 1928 ein beliebtes Ausflugsrestaurant, das 1978 der Autobahn zum Opfer fiel. Seither residiert am selben Ort die „Bundesanstalt für Straßenwesen", die bei Anwohnern meist zärtlich jene „für Straßenunwesen" genannt wird.
Nach einem halben Kilometer erreichen wir wieder eine jener großen Wegespinnen mit einer Schutzhütte im Wald. Rechts steht zwischen Eiben eine junge Eiche, die Bundespräsident Karl Carstens als Deutschland-Wanderer gepflanzt hat. Vielleicht hat man ihm damals jene Anekdote seines Vor-Vorgängers Jan Wellem erzählt, der inkognito im Wald auf einen Schweinehirten traf und ihn nach seinem Lohn befragte: „Drei Taler", sagte der, „dazu die Schuhe, einen Rock und Kost." So viel, entgegnete der Kurfürst, und mehr noch habe er an einem Tag! Darauf der Hirte: „Dunnerkiel! Dann ist Eure Schweineherde aber auch viel größer!" Das Bild vom Hirten schmeichelte gewiss dem Herzog und hätte sicher auch dem Bundespräsidenten gut gefallen.
Wen jetzt nach Abkühlung verlangt, dem käme wohl die Wassertretanlage gegenüber gerade recht. Links ginge es hier mit Weg 2 zurück zum Start. Wir wandern freilich weiter mit dem Keil (14), nun auf dem „Wolfsweg", der für lange Zeit die Kölner Stadtgrenze markiert, immer noch in Richtung Hummelsbroich.

Großer Steinberg

Der Weg steigt an, weil nun der **Große Steinberg** vor uns liegt. Noch immer steigend, wechseln wir von lichtem Buchenwald in dichtes Fichtenholz. Die Fichte kam als ungeliebter „Preußenbaum" einst in die Rheinprovinz: Anders als mit Nadelbäumen war der Raubbau der napoleonischen Besatzung nicht zu kompensieren. Nach 750 Metern erreichen wir bei einer Bank das nächste große Wegekreuz: Links lockt erneut die Umkehr, wir aber gehen rechts und folgen fortan dem Andreaskreuz („X") des „Kurkölner Wegs" von Köln nach Meschede sowie dem Winkel von Weg 5. So steigen wir die letzten Meter bis zum höchsten Punkt im Königsforst. Zur Linken liegt der Abraum vor dem Loch, das einst dem Berg zu seinem Namen verholfen hat, zur Rechten gleich darauf die flache Kuppe, 131,60 Meter hoch. Kaum zu glauben, dass die gelinde Höhe einst ein Belvedere war: Bis ins Rheintal reichte hier vor 100 Jahren noch

Bergische Buchen

der freie Blick. Da mochten dann die Väter an den abgezählten fernen Schloten von „Humboldt", „van der Zypen & Charlier" und der „Chemischen", bis 1893 „Vorster & Grüneberg", stolz den Kindern ihren Arbeitsplatz erläutern.

Dahinter fällt der Weg naturgemäß sacht ab, auf helle Buchen folgt ein Stück mit Fichten. Dann geht es neben Bänken über den Rundweg „A 3" hinweg und weiter geradeaus mit Winkel und Andreaskreuz, am flachen Mergelsberg entlang und dann hinab in die Geländekerbe mit dem Giesbach. Vor dem Bach vereinigt sich ein Weg von rechts mit unserem, wir wandern halblinks weiter, überqueren bald den kleinen Bach und steigen an, bis wir die alte Spur der Köln-Lindlarer Eisenbahn von 1912 erreichen, die rechts als Damm und links als Hohlweg im Gelände liegt. Von Deutz nach Bergisch Gladbach fuhr schon 1868 eine Eisenbahn, zwei Jahre später drang sie dann bis Bensberg vor, seit 1890 über Forsbach gar bis Immekeppel, mit Rauch und Feuer spuckend mitten durch den Königsforst.

Hier wandern wir nun auf der alten Trasse mit dem Weg 5a nach links, 600 Meter weit, vorbei an einer alten Rampe, bis zum nächsten Querweg, wo rechts der Bahn der Wald gepflastert ist. Als Kinder haben wir den Bahnhof Forsbach noch gekannt. Jetzt steht hier unter einer schützenden Kastanie bei einer Sitzgruppe ein Stein mit einer Bronzetafel, gestiftet von der „Dörper Einigkeit" zu Forsbach, und bestätigt unsere Erinnerung: „Von 1890 bis 1961 fuhr hier die Eisenbahn". Inzwischen ist die alte Schienenspur ein Tummelplatz für Jogger und für Fahrradfahrer.

Kaisereiche

Hier folgen wir nun links dem Weg 5a und seinem Winkel bis an die nächste Kreuzung mit einer schlichten Hütte und der so genannten **„Kaisereiche"**, die ihren Namensgeber samt einem ganzen Potpourri von Rechtsnachfolgern überlebt zu haben scheint. Dabei hat sie nur den stolzen Namen fortgeführt: Die alte, „echte" Kaisereiche stand einmal mitten auf dem Weg, der so für sie zum Feld der Ehre wurde. Denn Angehörige der Siegermächte nach dem Ersten Weltkrieg schossen sie in individuellem Siegesrausch zu Brennholz, worauf man später ihrem Nachbarn ihren Namen übertrug.

Hinter der Hütte gehen wir nach rechts und folgen mehr als einen Kilometer weit dem schnurgeraden „Pionier-Hüttenweg" („A 1"), als dessen Ziel und Fluchtpunkt heute noch die „Kaisereiche" gilt. Rechts wie links des Wegs gluckst Wasser und rinnt im braunen Laub dem Wahlbach entgegen. Die Landschaft wandelt sich zum Moorgebiet mit Erlen, Birken und Gesträuch. Nach mehr als 1.200 Metern stoßen wir im spitzen Winkel wieder auf den Wolfsweg. Rechts ginge es mit Keil und Winkel von der nahen Hütte rasch zu **Kettners Weiher**, einer Empfehlung für den Sommer, wo wir als Kinder Huckleberry Finn und „Big Missouri" spielten.

Kettners Weiher

Jetzt aber wenden wir uns links und wandern mit denselben Wanderwegen auf dem Kölner Stadtrand sacht bergauf, wo wir nach einem halben Kilometer den nächsten Höhepunkt erreichen, den „Monte Troodelöh", mit 118,04 akkurat vermessenen Metern über NN Kölns höchsten Punkt und deshalb hier von einer Bank mit einer „Gipfelbank" versehen, mit einem Stein und einem Gipfelbuch. Die feierliche „Erstbesteigung" dieses Gipfels am 11.11.1999 war ein Scherz von frohgemuten städtischen Bediensteten nebst einem selbst ernannten „Sherpa", und warum nach einem Wettbewerb der Berg nun seinen, diesen Namen hat, begreift man gleich, wenn man die Namen der städtischen Spaßvögel kennt: Troost, Dedden, Löhmer, also „Troo-De-Löh". Sie halten seither ihrem Berg die Treue, die Forstverwaltung stiftete den Felsen und die Kölner Abteilung des Alpenvereins zu ihrer 125-Jahr-Feier 2001 den – inzwischen gestohlenen – Gipfelstempel mit Kissen und Buch.

Nach kurzem „Abstieg" haben wir das nächste Wegekreuz erreicht: Jetzt folgen wir dem breiten unmarkierten Weg nach rechts. Nach einem halben Kilometer schwenkt der Weg sacht links und überwindet eine schmale Höhe im Gehölz. Bei einer einzelnen Eiche überqueren wir erneut den asphaltierten „Rennweg" und wandern gegenüber weiter, Kiefern und Buchen zur Linken, Fichten rechts, nunmehr auf dem „Naturfreundeweg" („N"). Nach 400 Metern kreuzen wir bei einer Holzbank einen Querweg und wandern weiter geradeaus, überqueren dann nach einem Schwenk nach links den kleinen Wasserbach und erreichen bald darauf den großen „Brück-Forsbacher-Weg" mit einer Wegespinne.

Hier nehmen wir nun gegenüber und halblinks den unmarkierten Weg, der wie ein Lineal im Wald liegt, anfangs zwischen hohen Eichen. Nach einem knappen halben Kilometer kreuzt ein Querweg, dann liegt, nur 100 Meter weiter und beim nächsten Querweg, in einer Senke rechts der halb verlandete „Seerosenweiher", auch „Entepöhle" genannt. Mehr als

rechts: Fremdes Gefieder der Sequoia

die Enten lieben wohl die Frösche diesen Teich, wenn sie im Frühjahr lautstark Hochzeit feiern. Wir wandern weiter, immer geradeaus, und erreichen nach dem nächsten Querweg bei einem großen Schutzpilz dann den „Rather Weiher", zu dem der Sellbach hier gestaut ist. Zur Rechten ragt ein Brocken von Konglomerat aus dem weichen Boden, zur Linken Entenbürzel aus dem Teich. Je nach Jahreszeit sind hier die Frösche „unplugged" zu bewundern, und wer Glück hat, so wie wir, der kann auch Schildkröten bestaunen. Wir haben nun die Rundwege „A 2/3" erreicht und lassen uns auf diesem letzten Stück vom Wald die Zeit vertreiben mit den Visitenkarten seiner Bäume am Waldlehrpfad.

Noch einmal kommen wir bei einer Bankgruppe über einen Weg hinweg. Dann erreichen wir den großen „Steinbruchsweg" und folgen ihm nach rechts mit Winkel und Andreaskreuz („X"), vorüber an der Schutzhütte vom Anfang, vorüber an den Pferdekoppeln und zum Wald hinaus, zurück.

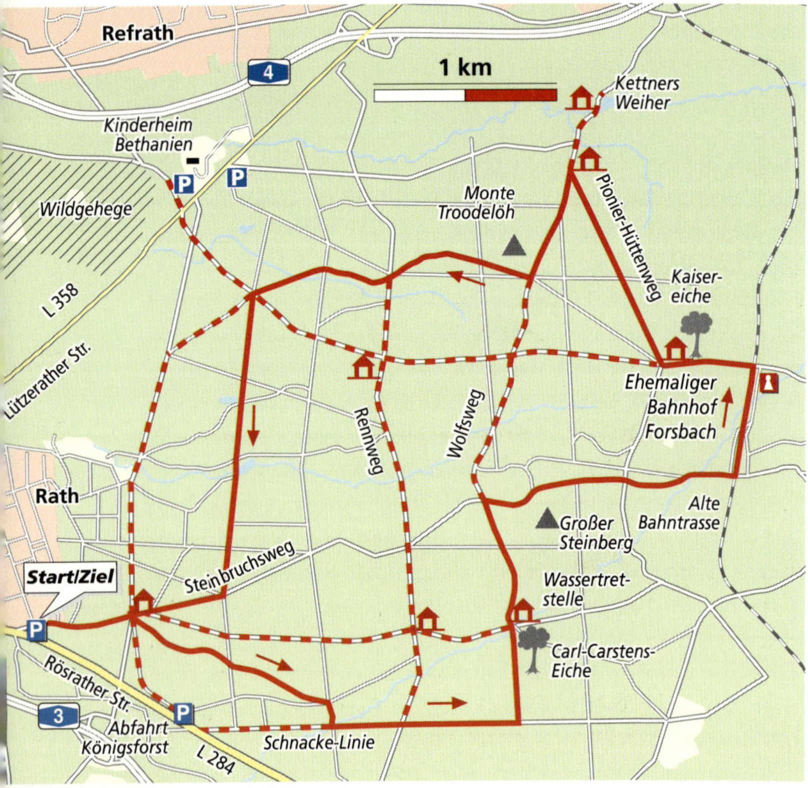

Tour 33

Zum Berg der Wichte

Von Hoffnungsthal auf den Lüderich

Hoffnungsthal ist Volberg – und Volberg Hoffnungsthal. Nicht immer schon, doch seit dem 19. Jahrhundert ganz gewiss. 1773/74 begründete

Kurzbeschreibung

Anfahrt	Rösrath-Hoffnungsthal ist zu erreichen über die A 3 (AS Rösrath) oder A 4 (AS Untereschbach), Parkplätze zahlreich im Ort, vor allem im nördlichen Teil der Rotdornallee. Vom Bahnhof Lindenallee hinab, mit der „Bahnhofstraße" durch zwei Schwenks an die „Hauptstraße", hier links, am Rathaus vorüber bis an die Brücke. Oder mit DB-Linie RB 25 aus Köln und mit Linie 556 aus Siegburg bis Rösrath Bf., dort mit RVK-Linie 422 bis Zentrum in Hoffnungsthal. Sa/So von Rösrath mit Taxibus (Info unter Tel. 01805/131 313).
Wegverlauf	Weg 12 (Winkel) bis zum Lüderich, unmarkierter Weg über Kuppe und rechts, mit Winkel links und „A 2" und „K" rechts hinab. Dann mit Weg 2 (Winkel) über „Franziskaschacht" hinab. Oder mit „X" 22 durch Bleifeld, über Durbusch bis an die Eisenbahnlinie bei Jexmühle und mit Weg 5 (Winkel) über Eigen und Brünsbach zurück.
Dauer	Ca. 2,5 oder 4 Stunden
Länge	Ca. 7 bzw. 13 km, je nach Variante, Abstecher zum Hauptschacht weitere 2 km hin und zurück. Varianten: Siehe Wegverlauf
Wanderkarte	Landesvermessungsamt Nordrhein-Westfalen: Bergisch Gladbach, Odenthal, Königsforst. Wanderkarte NRW Nr. 3, 1: 25.000 Landesvermessungsamt Nordrhein-Westfalen: Overath. Wanderkarte 1: 25.000 (=Grüne Reihe) Landesvermessungsamt Nordrhein-Westfalen: Naturpark Bergisches Land (Süd). Freizeitkarte NRW Nr. 24, 1:50.000 Landesvermessungsamt Nordrhein-Westfalen: Köln, Nördliche Ville. Freizeitkarte NRW Nr. 18, 1: 50.000
Gasthäuser	In Hoffnungsthal zahlreiche, u. a.: „Zur Brücke", Hauptstr. 41, Tel. 02205/2776 In Bleifeld: „Bleifelder Hof", Bleifelder Str. 58, Tel. 02205/864 07 In Durbusch: FKK-Familiensauna „Residenz" mit Restaurant/ Café „La Residencia", Schlehecker Straße 45, 53797 Lohmar-Durbusch Tel. 02205/9273-00 Am Golfplatz, Hauptschacht: „Golf & Sport 2000 e. V.", Tel. 02204/976 00
Auskunft	Rösrath, Tel. 02205/802-0, www.roesrath.de
www.	www.gv-roesrath.de/wir.htm www.mgv-bleifeld.de/index.htm www.golfsport2000.com www.deraggertaler.de.vu

Kirche Volberg

ein hellsichtiger Monsieur Boullé bei Volberg an der Sülz ein Hammerwerk und nannte es den „Hoffnungsthaler Hammer", um sich bei den Nachbarn populär zu machen. Im Flusstal schnarchten ein paar Rittersitze vor sich hin und träumten von der guten alten Zeit, ansonsten aber lag man hier abseits von allem, mit dem sich Geld verdienen ließ. Und die ortsansässigen Krautsiedereien waren auch nicht gerade eine Wachstumsbranche. So schlug der Hammer bald den Takt, und schon seit 1780 nannte Volberg links der Sülz sich Hoffnungsthal.

Doch der Durchbruch kam erst 1830 mit dem Bau der Olper Straße durch das Aggertal – weniger der Straße wegen als des Bruchs. Beim Steinebrechen für die neue Straße stießen Arbeiter bei Altenbrück am Hang des Lüderich auf Erz: Zwar hatten dem Vernehmen nach auch hier die Römer geschürft, und seit 1518 ist der Erzabbau auch urkundlich erwähnt, aber erst im 19. Jahrhundert gab es neu gefundene Verfahren der Verhüttung, die den Abbau profitabel machten. Und seit man Zink aus Zinkblende gewinnen konnte, gab es auf dem Lüderich kein Halten mehr. Zu den Stollen kamen Schächte, Nordschacht (1870) und Zentralschacht (1876), Südschacht (1883) und Franziskaschacht (1892). 1880 waren am, im oder um den Lüderich herum 28 Gruben mit rund 3.000 Bergarbeitern in Betrieb. Am 1. Juli 1890 kam die Eisenbahn von Bensberg, am 1. Dezember des folgenden Jahres fuhr sie bis nach Immekeppel und 1912 sogar bis Lindlar. Im 20. Jahrhundert gab es endlich eine feste Straße an der Sülz entlang, um den Segen aus der Tiefe abzutransportieren, und nur selten noch erzählte jemand die Legende von den heidnischen Zwergen im Berg – und wie der böse Liebe Gott sie ausgerottet hat.

Die Zwerge also sind verschwunden, aber sonst ist alles noch am Ort, und unser Weg führt mittendurch: Von Volberg geradewegs nach Hoffnungsthal und auf den Lüderich bis zum Franziskaschacht.

Volberger Kirche

Wir beginnen an der Brücke mit dem harmonischen Ensemble von (evangelischer) **Volberger Kirche**, Pfarrhaus und Gasthaus „Zur Brücke", von denen das Wirtshaus das älteste ist (1754/55) und das Kirchenschiff das jüngste (1788/90). Nur der Sockel des Turms und die Apsis des Chors

Bleifelder Hof

sind noch romanisch. Hier, am urkundlich ältesten Teil von ganz Rösrath, zu dem Hoffnungsthal gehört, folgen wir am linken (!) Ufer dem „Sülzpfad" auf dem Damm flussaufwärts durch den hübschen kleinen Park mit dem barocken Rathaus von Rösrath dahinter. An der nächsten Brücke nehmen wir die „Volberger Straße" nach rechts. Ehe sie die Landstraße erreicht, wo einmal der Bahnhof für die Linie nach Immekeppel – Lindlar lag, biegen wir nach links („Am Hammer") ein und laufen schnurstracks auf die alte Fabrikantenvilla zu. Der zartrosa Bau von 1784 wurde 100 Jahre später, als die Zeiten wieder „Gründerjahre" hießen, aufgestockt und klassizistisch überhöht. Woher das Geld kam, im 18. Jahrhundert wie im 19., zeigt er an der Rückfront heute noch: An die Villa schließt sich gleich der Hammerteich an. Die alten Industrieanlagen selber sind dem Untergang geweiht, der hier, wie häufig, „Aldisierung" heißt.

Villen

Mit der „Gebrüder-Reusch-Straße" kommen wir rechts an die Landstraße heran. Die Familie Reusch hatten Haus und Hammer 1816 übernommen und baute 1864 und dann noch einmal 1894/95 und 95/96 jene selbstbewussten **Villen** Nr. 310, 312 und 314, die wir nun jenseits der „Bergischen Landstraße" finden. Hier, gegenüber „ihrer" Straße, folgen wir dem „Rothenbacher Weg" bergauf, mit ihm den Wanderwegen 2 und 12, beide mit einem Winkel markiert. Der kleine Bach springt neben dem Sträßchen zu Tal. Nach 200 Metern folgen wir links der Straße „Auf dem Rosenberg" und dem Winkel des Wegs 12, weiterhin bergauf. Nach abermals 200 Metern, ehe das Gelände wieder abfällt, biegen wir rechts in die Straße „Im Kläfberg" ein und folgen nun auch den Wegen „K2" und dem „Kurkölner Weg" 22 des SGV mit Andreaskreuz („X"). Es geht

Lüderich

am „Krähenhüttenweg" vorüber und weiter geradeaus, dem **Lüderich** entgegen, der höchsten Höhe zwischen Sülz und Agger, also lange Zeit bergauf. Am Ende der Straße passieren wir die rostige Barriere und kommen in den Wald, vorbei an dichten Ilexbüschen, und mit jedem Schritt bergauf.

Auf der Höhe führt der gut markierte Weg entlang an ein paar eingezäunten Grundstücken, einmal gar entlang an einem Zaun, der den Ilex hinter sich mit Stacheldraht bewacht. Dahinter folgt zur Linken Fichtenwald und auf der rechten Seite eine Pflanzung Buchen. Dahinter überqueren wir den breiten Abfuhrweg („A 1", „A 2") und wandern weiter geradeaus („X", Winkel und „K"). Nur einen Steinwurf weiter schwenkt der Wanderweg sacht rechts, vom Fichtenwald hinweg, und steigt dann weiterhin dem Lüderich entgegen. Vor hohen Fichten schwenkt er wenig später links und bringt uns an ein Wegekreuz.

Wir kreuzen hier den Querweg und wandern mit den alten Zeichen weiter, jungen Fichtenwald zur Linken und zur Rechten hohe Kiefern. Nach etwa 80 Metern schwenkt der Weg mit den vertrauten Zeichen rechts und bringt uns 150 Meter weiter an eine Gabelung im Wald. Rechts verläuft ein unmarkierter Weg, links verlässt uns der Kurkölner Weg („X"), wir wandern weiter geradeaus mit Winkel und mit „K". Hier lag zur Eisenzeit ein Ringwall um den Lüderich, und nachgewiesene Holzkohlespuren legen die Vermutung nahe, dass die Befestigung vor ungefähr 2.500 Jahren gewaltsam eingenommen wurde. Auch Hügelgräber hat man hier entdeckt.

In Hoffnungsthal

Park an der Sülz

Nach knapp 200 Metern erreichen wir die Wegegabelung kurz vor der flachen Kuppe des Bergs. Hier trennen sich die Wege: Der Winkel weist nach rechts, das „K" nach links. Wir folgen ihm noch ein paar Meter, aber steigen dann nicht links hinunter, sondern keine 100 Meter weiter geradeaus bis auf den flachen Gipfel mit Heidekraut und Ginster und einem grün im Stabgitter gerahmten Wasserhochbehälter. Mit seinen 260,20 Metern ist der Berg als solcher vollkommen unspektakulär. Der Plan zu einem Turmbau des „Landesfremdenverkehrsverbands" gedieh kurz vor dem Zweiten Weltkrieg nur bis zum Entwurf. Dafür aber hat der Lüderich es, ganz buchstäblich, in sich, ein System von Stollen und Schächten, von denen der längste sich von Altenbrück bis Bergsegen 5 Kilometer weit durch den Berg zieht. Und das sind nur die, die man kennt. Die anderen behindern dann und wann die freie Fahrt auf der A 4, indem sie den Asphalt in Falten legen. Hier also ist es endlich Zeit für eine Pause und Zeit auch für die Sage vom Lüderich-Berg.

Vor langen Jahren, als das Wünschen noch geholfen hat, lebte an den Flanken des Bergs eine Horde heimtückischer Zwerge, die heidnisch Frevel trieb. Längst war das Bergische bekehrt, sonntags läuteten im ganzen Tal die Glocken, nur die heidnischen Wichte trotzten der Taufe und verlachten ihre frommen Nachbarn jenseits von Agger und Sülz. Tagsüber gruben sie Stollen in den Erzberg, und feierabends kegelten sie auf dem Lüderich. Doch statt mit Kegeln und Kugeln taten sie's mit Brotlaibern und Pferdeschädeln – wenn sie nicht gerade kleine Kinder raubten. Nur einer war den garstigen Gnomen gewachsen, und das war Gott persönlich. Er zitierte einen schmucken Hirsch, der die Heiden allesamt in ihren Stollen lockte, dann ließ er unter Blitz und Donner den Eisenberg zusammenstürzen. Da nützte alles Schreien nichts, die Zwerge gingen elendig zugrunde, und aus der Grube floss ein Blutstrom zu Tal, dass es die wackeren Kirchgänger zwischen Volberg und Immekeppel freuen durfte. Heute noch, so wird gesagt, erinnert der Ortsteil Rothenbach an das Massaker!

Soviel zum lüder-lichen Leben auf dem Lüderich. Es stimmt nur nicht: Der Rothenbach erinnert eher an das oxydierte Wasser, die Zwerge waren wohl die Kinder, die man ihrer vorteilhaften Größe bis ins 19. Jahr-

hundert wegen in die Stollen trieb, mit Ledermütze und dem so genannten „Arschfell", aus dem die Uniform der Gartenzwerge wurde, und der Lüderich bedeutet „Lot", will sagen: Blei, und wenn nicht „reich", dann „ric", soviel wie Wasser, das hier immer schon nach allen Seiten floss.
Wir wandern links am Wasserbehälter vorüber und folgen lange Zeit dem breiten, unmarkierten Weg, der sich, ehe das Geländer steiler abfällt, rechts dreht und uns so den Lüderich auf seinem Hochplateau halb umrunden lässt. Wo der Weg dann stärker abfällt, stoßen wir gleich auf den Querweg mit dem Winkel, den wir bei der Gabelung zuvor verlassen hatten, gehen hier nach links und erreichen nach gut 100 Metern vor hohem Kiefernwald den Querweg mit „A 2" und „K". Links und zweimal dann nach rechts bietet der „A 2" Gelegenheit für einen Abstecher zum **Hauptschacht mit dem alten Förderturm** mitten auf dem neuen Golfplatz und zum Barbarakreuz,„den Bergleuten der Grube Lüderich errichtet von der Kirchengemeinde St. Barbara in Steinenbrück" am 6.9.1997. Schon bei der Anfahrt kann man sehen, was der Abstecher bestätigt: Dass die ganze Pracht mitsamt dem Kreuz auf der alten Abraumhalde vor dem Hauptschacht aufgestellt und ausgebreitet ist.

Haupt-schacht mit altem Förderturm

Ansonsten geht es rechts mit Winkel, „K" und mit „A 2", durch einen Streifen Kiefernwald und sacht hinab, bald vorbei am weißen Haus 58, wo einmal der „Frühlingsschacht" war. Bald darauf verlässt uns der „A 2" nach rechts. Wir gehen geradeaus, vorbei an einer grün-weißen Schranke und zu dem gelben Einzelhaus Nr. 30 im Wald. Hier trennen sich die Wege, um sich den Hoffnungsthaler Bergen einmal montan- und einmal eisenbahnhistorisch anzunähern (beide Varianten werden hier beschrieben).

Unterwegs

Franziska-schacht

Variante 1: Das nächste Ziel ist hier schon angezeigt: An der grün-weißen Schranke zur Rechten steht das Hinweisschild **„Franziskaschacht"**. Hier folgen wir dem Weg hinab, der nach etwa 150 Metern wieder als Weg „K" (und mit Winkel) markiert ist, und wandern geradewegs durch alte Abraumhalden aus der Zeit des Booms, bei der Gabelung links und weiter, bis wir an der nächsten Gabelung im Rechtsschwenk das Umspannhäuschen „Hauptschacht" und den wiederhergestellten Förderturm erreichen: Mit einer Teufe von 237,40 Metern war der Franziskaschacht 1892 der vierte Schacht auf dem Lüderich. Der Turm datiert wohl aus demselben Jahr. Über 5 Millionen Tonnen wurden hier noch nach dem letzten Weltkrieg abgebaut, ehe der Stollen ab 1954 nur noch als Wetterschacht diente und mit der Einstellung des Förderungsbetriebs am 31. Oktober 1978 ganz geschlossen wurde.

Wir wandern halbrechts zwischen Umspannhaus und Förderturm nun weiter, wie die Stromleitung verläuft; zur Rechten sieht man gut die aufgetürmten Abraumhalden aus den Zeiten des Betriebs. Dann weist der Winkel uns ganz unvermittelt rechts zu Tal und in der dunklen Böschung rasch bergab, wir kreuzen einen Graben oder alten Karrenweg und erreichen bei den ersten Dächern des Rothenbacher Quertals einen Weg, der quer zu unserem verläuft. Hier gehen wir nach links, durch einen Streifen Fichtenwald, und sehen gleich darauf im hellen Buchenwald zur Rechten, unterhalb, die alte Waschkaue der Bergarbeiter vom Franziskaschacht, gut erkennbar an dem Lüftungs-Aufbau auf dem Dach: Dort zogen sie sich um und wuschen sich, und einmal in der Woche gab es dort den Lohn.

Golfen unter Palmen

Hauptschacht

Wir folgen weiterhin dem Winkel, vorbei an einem Rudel Damwild, geradewegs vorüber an Haus 22 B, quer durch das Tal des Rothenbachs und mit ihm dann zurück.

Variante 2 führt über – nomen et omen – das Höhendorf Bleifeld: Wir folgen von Haus 30 geradeaus dem Andreaskreuz. Wo wir bei einer Bank zum Wald hinaustreten, verlässt uns auch das Zeichen „K", wir halten uns geradeaus auf der Straße, die noch immer „Zum Frühlingsschacht" heißt. Wo sie in die „Großlödericher Straße" übergeht, wenden wir uns „Auf dem Steinacker" nach rechts. Die Steine, die hier einst geackert wurden, sehen wir im Garten von Haus 4 auf einer alten Lore.

Schräg gegenüber führt die alte Straße „Bleifeld" durch das Dorf hinab und hinunter zum „Bleifelder Hof", wo sich seit 1922 die weit bekannten Sangesbrüder treffen und die Wanderer zur Rast. „1863" steht in einem Stein der Tür. Nach der Einkehr geht es dann vorbei an liebevoll gepflegten Fachwerkfassaden, vorüber am Lokal des MGV. Am Ortsrand, zwischen den Garagen der Häuser 10 und 12, verlassen wir die Straße und folgen dem gesperrten Weg nach links hinab. Nach etwa 100 Metern geht es in der Senke rechts. Der Weg führt in den Wald mit moderater Steigung in der Böschung, verläuft oben fast im rechten Winkel um ein weites **Steinbruchloch** herum zum Wald hinaus, geradewegs über die freie Flur und auf das nächste kleine Waldstück zu. **Steinbruchloch**

Hier stoßen wir bei einer Bank auf einen asphaltierten Querweg, den wir nun rechts verfolgen („X" und nun auch „5a" mit Winkel).

Am nächsten kleinen Waldstück schwenkt der Weg erst links, dann rechts und bringt uns an das Dörfchen Lüderich heran.

Noch ehe wir es recht erreichen, knickt der Wanderweg im spitzen Winkel links und bringt uns an der Schranke auf dem Forstweg in den Wald. Der Weg führt in der Flanke des Berges hinab. Nach rund 400 Metern erreichen wir den Talgrund mit dem kleinen Bach, der sich dem Gelände mit Nachdruck eingegraben hat, überqueren den Bach und steigen, wieder rechts, erneut hinauf. Nach einem halben Kilometer schwenkt der Weg nach links, und wir erreichen bei einer grün-weißen Eisenschranke einen Fichtenwald. Der Wanderweg senkt sich hinab zu einer Bank mit einem Wasserloch, dann beginnt der lange, sachte Aufstieg bis zum

Wirtshaus von 1754

nächsten Höhenrücken. Am Waldrand sehen wir nach einem halben Kilometer über uns die ersten Häuser von Durbusch. Noch einmal geht es in den dunklen Fichtentann nach rechts und folgt dann links dem breiten Abfuhrweg bis an die Schranke und die Landstraße heran. Wir haben hier schon zweimal, ohne es zu ahnen, die Eisenbahn gekreuzt, die tief unter uns auf einem Gleis, mit 10 Minuten Sicherheit dazwischen, den Berg in beide Richtungen durchfährt.

Seit 1884 konnte man von Köln per Bahn bis Ründeroth gelangen, an die Agger, allerdings im weiten Bogen über Siegburg und den Fluss hinauf. Umgekehrt fuhr man von Hoffnungsthal nach Kalk noch immer Arabesken über Bergisch Gladbach. Mit dem Finger auf der Karte kam man leicht auf andere Verbindungen: von Overath nach Hoffnungsthal und geradewegs nach Kalk. Dazwischen allerdings lag noch der Berg, auf dem wir gerade stehen, brüchiges Gestein, die Wasserscheide zwischen Sülz und Agger, von Wasseradern kreuz und quer durchzogen wie ein gutes Steak von Fett. Drei Jahre, drei Monate und sechs Tage dauerten die Arbeiten am Tunnel, vom ersten Spatenstich „mit laubumkränzten Spaten" am 24. Juli 1906 bis zum Durchstich 1909. Und selbstverständlich stieß man wieder mal auf Erz, und die Grube Annacker hatte jahrelang zutun. Die Streckenführung mit der hohen Tunnelöffnung auf der Hoffnungsthaler Seite machte einen zweiten Bahnhof nötig, den so genannten „Südbahnhof", hoch auf dem Aushub aus der Tunnelröhre. Von hier aus ging es dann seit 1910 in 28 Minuten bis nach Köln.

Wir gehen mit dem Wanderweg nach links, als wollten wir nach Durbusch, ein regionales Kuriosum, denn das Örtchen liegt zur einen Hälfte im

Rheinisch-Bergischen Kreis, zur anderen im Rhein-Sieg-Kreis. Folglich nannte der hiesige Kegelverein sich einst „Die Grenzgänger". Doch ehe wir den Ort erreichen, biegen wir nach rechts in die Anliegerstraße „Auf dem Durlaß" ein. Der Fahrweg bringt uns zügig in den Wald. Nach 50 Metern im Wald weist uns das Zeichen nach links, und wir erreichen vor der Kerbe eines Bachs aufs Neue den Weg mit dem Winkel und kommen rechts nun mit dem Bachlauf, den wir einmal überqueren, rasch zu Tal und an das Gleis der Eisenbahn heran, die ein paar Meter weiter rechts im Berg verschwindet und erst nach 1.097 Metern erneut das Tageslicht erreicht.

Wir überqueren den Schienenstrang und wandern neben einer Teichanlage weiter. An der Unterführung nach Jexmühle verlässt uns der Weg 22 („X") nach links. Wir bleiben diesseits der Eisenbahn und folgen rechts nun dem Weg 5, ebenfalls mit Winkel, im Bogen um ein ländliches Anwesen mit einem weißen Einzelhaus herum, das sich die Bewohner mit Hühnern, Gänsen und auch Igeln teilen, bald wieder sacht hinauf, dem Lauf des **Jexmühlenbaches** entgegen. Ungefähr 200 Meter weiter, wo links der Wald beginnt, weist uns der Winkel scharf nach rechts; der Wanderweg steigt in der Böschung an bis auf den felsdurchsetzten Kamm der Höhe. Hier wenden wir uns links und wandern auf dem flachen Rücken weiter, im Grasboden über die Kuppe des Wolfsbergs hinweg und weiter durch den Wald, an einer Waldweide entlang. An deren Ende geht es rechts und 100 Meter weiter wiederum nach links. So kommen wir zum Wald hinaus und überqueren nun ein zweites Mal die Höhenstraße. Dort folgt der Wanderweg der Sackgasse „Eigen". Gegenüber dem Haus 51

Jexmühlenbach

Barbarakreuz

rechts: Idyll an der Sülz

Tal des Brünsbachs

verlässt er die Fahrbahn und bringt uns, in derselben Richtung weiter, in den Wald. Wir kommen bald an einem weißen Einzelhaus vorüber und weiter, jetzt schnurgeradeaus auf dem geschotterten Weg, bis wir nach einem Dreiviertelkilometer in einer weiten Doppelkehre ins **Tal des Brünsbachs** steigen und bei einer Eisenschranke den Fahrweg erreichen. Hier geht es links über den Bach hinweg und hinauf in die Hofstatt Brünsbach, vorbei an Gänsen, Ziegen, Hühnern. Nach einer Rechtskehre kommen wir durch die schön geweißten Höfe. Hinter dem letzten Haus auf der rechten Seite nehmen wir den Weg rechter Hand durch die Wiesen, in der Böschung weiter. Vorbei an Tennisplätzen und am Fußballplatz der „Sportanlage Bergsegen", wo bis 1908 noch Blei und Zink gefördert wurden, erreichen wir den asphaltierten Fahrweg, der uns an die Straße bringt, hinweg über die Eisenbahn und auf die Kirche zu. Die „Rotdornallee" kreuzend, die noch bis 1966 in ihrer ganzen Länge links wie rechts die Linie der Eisenbahn nach Immekeppel war, kommen wir an die „Hauptstraße" heran und an den Ausgangspunkt zurück, aus der Vergangenheit des Hoffnungsthaler Industriezeitalters in der Vorvergangenheit von Volberg.